FML. SCHOLZ
3. ARMEE
Kaltern
Predazzo
Tesero
Cavalese
Pergine
Levico
Borgo
Asiago

Meinen Freunden,
den Bundeswehr-Offizieren
Jelto Burmeister, Uwe Holdorf, Hans-Georg Seitz,
gewidmet.

Heinz von Lichem

Der Tiroler Hochgebirgskrieg 1915-1918

im Luftbild

– DIE ALTÖSTERREICHISCHE LUFTWAFFE –

STEIGER VERLAG

Das Titelbild zeigt den Feldpiloten Oberleutnant Freiherr von Plener, der am 9. Juli 1917 über dem Flugfeld bei Brixen tödlich abstürzte. Weiters zu sehen der Beobachter Oberleutnant Jäger. Diese Aufnahme entstand vor einem Start des Flugzeugs. Beide Offiziere waren Angehörige der Fliegerkompanie 15 Österreich-Ungarns (Foto: Archiv Steiger/Innsbruck).

Vorsatz und Nachsatz: Die Kriegskarte zeigt den Frontverlauf Tirols gegen Italien von General der Infanterie Ritter Roth von Limanowa-Lapanow erstellt. Der gesamte Frontverlauf entspricht in etwa, von wenigen Ausnahmen abgesehen, der alten Tiroler Landesgrenze. Während des gesamten Krieges wurde diese Front gehalten. Italien konnte an keiner Stelle nach Tirol einbrechen. Zu beachten ist, daß ab Anfang November 1917 die hier eingezeichnete, gesamte italienische Dolomitenfront zwischen Valsugana und Kärnten vernichtend besiegt wurde und von den Italienern fluchtartig geräumt werden mußte (als Folge der siegreichen 12. Isonzo-Schlacht durch Österreich-Ungarn und seinen deutschen Verbündeten). Dasselbe Los erlitt auch die italienische Front auf den Karnisch-Julischen Alpen (Landkarte: Gebirgskriegsarchiv Lichem).

CIP-Kurztitelaufnahme der Deutschen Bibliothek
Der Tiroler Hochgebirgskrieg 1915–1918
im Luftbild/Heinz von Lichem. –
Aufl. 1985 – Innsbruck: Steiger, 1985

ISBN 3-85423-052-4

Auflage 1989

Druck: Wiener Verlag, Himberg bei Wien
Printed in Austria.

Inhaltsverzeichnis

Vorwort

Erstmals und bisher einzigartig auf der Welt, zeigt dieses Buch den Tiroler Hochgebirgskrieg 1915–1918 gegen Italien im zeitgenössischen, militärischen Luftbild. Zusätzlich werden auch alle weiteren Fronten gegen Italien im Luftbild der damaligen Zeit dargestellt. Damit ergibt sich eine, seit 1918 erstmalige Dokumentation jenes unerhörten Ringens mit den Mitteln der damals ganz jungen Luftbildfotografie.

Das vorliegende Werk ist eine Gemeinschaftsproduktion von Ingenieur Johannes Steiger, dem Innsbrucker Verleger, aus dessen Besitz diese unerhörten Fotos stammen, und mir als Autor.

Im Mai 1985 erstellte ich die Endfassung dieses Buches: Im denkwürdigen Mai 1985! Vor 40 Jahren endete 1945 der Zweite Weltkrieg, der 55 Millionen Menschen das Leben kostete. Vor 40 Jahren wurde 1945 die Zweite Republik Österreich gegründet. Vor 30 Jahren wurde der Staatsvertrag in Wien unterzeichnet, der zur endgültigen Wiedergeburt Österreichs führte. Und vor genau 70 Jahren, am 23. Mai 1915, erklärte Italien an Österreich-Ungarn jenen Krieg, über den dieses Buch berichtet. 70 Jahre nach Ausbruch des Krieges gegen Italien entstand also dieses Buch, das erstmals das Ringen mit den Mitteln der Luftbildfotografie dokumentiert. So möge dieses Buch auch an den Kriegsausbruch 1915 erinnern, der schließlich zum größten Hochgebirgskrieg aller Zeiten führen sollte.

Gewidmet habe ich dieses Buch meinen Freunden Jelto Burmeister, Uwe Holdorf, Hans-Georg Seitz. Als Offiziere mit jahrzehntelanger Berufserfahrung geben mir diese drei Freunde sachliche Kritik, Anregungen fachlicher Art und vor allem viel Sympathie für meine Arbeit. Das Gespräch mit diesen Fachleuten gibt mir viele Hinweise, wie man zum Beispiel heute ein Buch über den Ersten Weltkrieg so abfassen sollte, damit auch breitere Kreise die schon so fern liegende Materie verstehen können. Beeindruckt hat mich auch bei allen drei Freunden, wie sehr sie selbst gerade als Berufsoffiziere überzeugt und bemüht sind, durch ihre Arbeit den Krieg zu vermeiden, den Frieden zu gestalten und zu sichern. Alle drei Offiziere gehören zu den engagierten und treuen Freunden Tirols und der einstigen Frontgebiete. Alle drei Offiziere sind Musterbeispiele dafür, wie der Soldat in einer modernen, demokratischen und pluralistischen Gesellschaft sein sollte: Mit Understatement, Nüchternheit, Sachlichkeit sehen sie sich selbst als Teile moderner Demokratien. Absolut identische Erfahrungen dieser Art konnte ich auch seit vielen Jahren bei meiner Arbeit mit Offizieren Österreichs, der Schweiz und Italiens machen. Alle diese Berufssoldaten unserer Zeit beweisen, daß der Beruf des Soldaten heute sehr modern, sachlich und weltoffen ist. So manche Menschen machen sich vom heutigen Berufssoldaten ein ganz veraltetes

Bild. In allen meinen Büchern habe ich immer versucht, das Bild des Soldaten unserer Zeit wahrheitsgetreu darzustellen. Für mich als militärischen Fachautor wiederum sind solche Kontakte äußerst wichtig, weil ich dadurch auch den Sinn eigenen Tuns kritisch überdenken kann.

Danken möchte ich meinen langjährigen Freunden, den einstigen K.u.k. Offizieren Heinrich von Mast (Hall in Tirol) und Dr. Franz Haller (Meran), die beide jenen Krieg an allen Brennpunkten mitmachten, die mir in großer Treue ihr Augenzeugenwissen gaben und geben.

Herzlichst danke ich außerdem Oberst Gerald Reisinger (Innsbruck), Mario Jori ex Marmoléda (Alba di Canazei) und Dr. ing. Commendatore Dante Ongari (Trient). Alle drei gehören zu den treuen Förderern meiner Arbeiten seit vielen Jahren. Erfahrungen und Wissen dieser drei Männer ziehen sich auch durch dieses Buch. In Treue und tiefer Freundschaft danke ich meinem Gefährten und Frontbergkameraden Werner Schels (München), dem altbayerischen, verdienten Freund Tirols für das Viele, das er diesem Buch schenkte.

Schließlich möchte ich zuletzt dem Verleger aus Innsbruck danken, der dieses einmalige und auf der ganzen Welt einzigartige landesgeschichtliche Bildmaterial Tirols entdeckte, rettete und nun publiziert. Der Forschung und Landesgeschichte Tirols hat er damit einen unschätzbaren Dienst erwiesen.

Wir beide haben dieses Buch in Liebe und Treue zu Tirol gemacht. Es ist ein sehr persönliches Buch zur Kriegsgeschichte, zur Geschichte Tirols und Österreichs. Jede Zeile, jedes Bild wurden von uns beiden sorgsam bedacht, ebenso bemühten wir uns intensiv um eine inhaltliche Buchstruktur, damit die Menschen von heute das 70 Jahre zurückliegende Geschehen leichter begreifen können. Und jetzt, nach 70 Jahren, beginnt das Wissen um den Ersten Weltkrieg zu verdämmern, im Dunkel der Geschichte zu versinken – in jenem Dunkel, das wir beide nun etwas aufhellen können.

Das vorliegende Werk wurde in Bild und Text wie folgt konzipiert: Dokumentation der damals blutjungen Luftwaffe; zugleich einmalige luffahrttechnische Dokumentation aus den Pionierzeiten der Fliegerei; Dokumentation des Kriegsgeschehens an sich; Beweisführung vieler Frontverläufe; präzise Dokumentation von einst kriegsentscheidenden Front- und Stellungssystemen.

Der Freund der Berge und Gletscher wiederum wird ein sagenhaftes alpenfotografisches Bildmaterial sehen, das es bisher nicht zu sehen gab. Der am Militärischen Interessierte wiederum wird – zusätzlich zur militärgeschichtlichen Aussage – sehen, wie grenzenlos die Einsamkeit in hochwinterlichen Stellungen gewesen sein muß: Da lebten die Soldaten tatsächlich, wie man mir oft sagte, »wie auf dem Mond« – seelisch, körperlich und geographisch unvorstellbar exponiert. So hat dieses Buch viele, nicht nur kriegerische, Facetten.–

Erinnern möge es an die Treue der Tiroler Standschützen, der Tiroler Kaiserschützen und Kaiserjäger und an die ritterliche, tapfere altösterreichische Armee, die sich aus 14 Nationen zusammensetzte, die sich nie selbst verraten hatte (auch nicht im Zeichen des sicheren Unterganges). Erinnern möge dieses Buch aber auch an die ebenso ritterlichen, anständigen Gegner von einst, an die italienischen Alpini, Bersaglieri und Soldaten schlechthin.

Beide Seiten führten diesen Krieg hart, aber immer anständig und ehrlich. Die einstigen Frontsoldaten beider Seiten haben sich gegenseitig nichts vorzuwerfen, sie brauchen sich ihres Einsatzes zu Lande und in der Luft nicht zu schämen.

GEDANKEN ÜBER DEN KRIEG, ÜBER KRIEGSURSACHEN, ÜBER SCHULDIGE AM KRIEG ...

Seit Jahren richten Leserinnen und Leser, Politiker und Staatsmänner, Fachleute an mich die Frage, ob es denn erneut einen »großen« Krieg, also einen Dritten Weltkrieg geben könne. Zugleich werden Fragen nach den Ursachen eines Krieges an sich, nach Schuldigen gestellt. Ich vertrete seit vielen Jahren die Ansicht, daß der nächste Krieg fast unvermeidlich ist, daß Krieg ein Teil des irdischen Lebens war, ist und sein wird. Ich bin überzeugt, daß Augustinus, der große Kirchenvater, prophetisch Recht hatte, als er meinte, daß unser ganzes irdisches Leben gekennzeichnet ist durch den Kampf des Guten gegen das Böse, daß sein Werk »De Civitate Dei« (»Über den Staat Gottes«) die nackte Wahrheit ist. Die Frage für uns Lebende ist nur, ob wir mit dem Guten das Böse besiegen können. Doch warum sind Kriege fast unvermeidlich?

Am Vorabend des Ersten Weltkrieges waren nahezu alle beteiligten Staaten, zum Großteil Monarchien, bereit und willens, den Krieg zu führen. Und alle damals kriegführenden Staaten waren politisch unfähig, nach Methoden friedlichen Lebens zu suchen. Die Schuld am Ausbruch des Ersten Weltkriegs lag, darin sind sich heute alle Experten einig, auf allen Seiten. Folgerichtig wurden nach Kriegsende 1918 die monarchischen Formen gestürzt und durch Demokratien ersetzt. In diese neuen Demokratien richtete sich die Hoffnung von Millionen von Menschen.

Heute wissen wir, daß Monarchien, Demokratien, Diktaturen in der Lage sind, Kriege zu beginnen. Ebenso wissen wir, daß Monarchien, Demokratien, Diktaturen Kriege – zumindest für das eigene Volk – zu verhindern wissen (löbliche Beispiele dafür: Das monarchische Schweden; die demokratische Schweiz; und General Franco konnte bewußt sein Volk vom Eintritt in den Zweiten Weltkrieg befreien!). Abgesehen von politischen Ursachen, war der Zweite Weltkrieg direktes Resultat des Ersten. Auch der Zweite Weltkrieg war ein niederschmetternder Beweis dafür, daß die Menschheit nicht die geringste Bereitschaft, Kriege zu verhindern, besitzt.

Heute kann sich die gesamte Menschheit pro Kopf tausendfach vernichten, die Erde auf ewig zerstören. Am Ende des Ersten Weltkrieges, spätestens nach dem

Zweiten, hatte Europa aufgehört, eine Großmacht zu sein. Die Machtzentren über Frieden und Krieg wurden die USA und die UdSSR. Diese Entwicklung ist aber in erster Linie im eigenen europäischen Versagen begründet.

Immerhin: Europa hat heute seit 40 Jahren gelernt, ohne Kriege zu leben. Ein innereuropäischer Krieg ist ausgeschlossen – was für ein wirklich großer Fortschritt! Andererseits steht fest, daß Europa im Falle eines Dritten Weltkrieges zwischen Ost und West das Glacis totaler Vernichtung sein wird. Für uns Menschen in Europa, nach den Kriegen 1870/1871, 1914/1918 und 1939/1945, gilt es, eine militärische Konfrontation zwischen Ost und West mit allen Mitteln zu vermeiden. Das ist unsere einzige Chance, die Zukunft des Friedens zu gewinnen.

70 Jahre nach Ausbruch des Krieges mit Italien stimmt mich nur weniges hoffnungsfroh, daß die Menschheit global bereit ist zu lernen, ohne Kriege auszukommen. Entgegen aller geschichtlicher Erfahrung wäre es heute das erstemal, daß unsere globalen Vernichtungswaffen nicht eingesetzt werden würden. Und jede Abrüstung, jeder noch so ehrliche Pazifismus ist totaler Unsinn, da nach völliger Abrüstung sich Völker und Staaten mit Messern, Faustkeilen und Knüppeln bekriegen würden.

Die ganz große Gefahr liegt im kriegerischen Nord-Süd-Gefälle der Erdkugel. Die alten Völker und Staaten Europas haben gelernt, daß Krieg keine Lösung darstellen kann. Dafür aber ist die Dritte Welt von Kriegen geradezu verseucht. Die Dritte Welt durchläuft jetzt alle jene Phasen von Krieg, Völkermord, Rassismus und Ausrottung, die wir in Europa hinter uns gebracht haben. Zugleich aber haben wir durch Krieg und Leid erfahrene Europäer nur minimale Chancen, in der Dritten Welt Kriege vermeiden zu helfen.

Andererseits: Auch die Dritte Welt wird in wenigen Jahrzehnten durch Krieg und Leid erfahren haben, daß es friedlichere Wege des Zusammenlebens gibt. Für die Menschheit insgesamt geht es nur noch um das Überleben eines halben Jahrhunderts. Wenn wir bis dorthin den Dritten Weltkrieg verhindern konnten, dann hat die Menschheit auf der ganzen Erde die Chance, in Zukunft ohne Kriege zu leben. Gefordert sind Staatsmänner und Politiker, denn nur sie können Frieden (oder Krieg) bewirken. Europa und seine Staatsmänner haben seit 1945 gezeigt, wie das möglich ist, mit einstigen »Erbfeinden« in Frieden zu leben.

Der Krieg und der Soldat

Der Beruf des Soldaten ist so alt, wie die Menschheit an sich. Und immer waren Soldaten Teil der jeweiligen Gesellschaft, waren und sind Menschen wie Du und ich. Um heute Frieden zu sichern, meinen viele Menschen, den, bzw. die Soldaten diffamieren zu können. Dabei aber wird vergessen, daß Soldaten nichts anderes sind als Teile einer bestimmten Gesellschaft. Ich kenne Soldaten vieler Völker und Staaten beruflich und privat sehr gut, und von winzigsten Ausnahmen abgesehen, habe ich in keiner nicht-soldatischen Gesellschaftsschicht so viele Menschen getroffen, die Frieden statt Krieg wollen, wie unter den Soldaten. Der Kenner weiß es, dem Laien mag es paradox erscheinen: Das Gros aller Berufssoldaten denkt mehr über die Sicherung des Friedens nach als das Gros aller zivilen Kreise. Und Soldaten haben noch keinen einzigen Krieg verursacht. Kriege wurden und werden durch die Politik verursacht, also durch Menschen, die sich dem Beruf des Staatsmannes verschrieben haben.

Alle diese Überlegungen haben nur mit staatspolitischen, nichts mit soldatischen Aspekten zu tun. Deshalb und wegen der im Ersten Weltkrieg erbrachten soldatischen Leistungen trete ich in allen meinen Arbeiten der Diffamierung des Soldaten entgegen. So auch in diesem Buch. Außerdem kann ich als Militärhistoriker im nachhinein nur berichten, wie ein bestimmter Krieg verlief. Und damit komme ich folgerichtig zur Berichterstattung über jene Menschen, die im Krieg kämpften, fielen, verwundet wurden – komme ich zur Berichterstattung über die Soldaten.

Aus Tausenden von Gesprächen mit Soldaten weiß ich, wie anständig und ehrlich die Menschen dieses alten, ehrwürdigen Berufes sind. Davon soll auch dieses Buch Zeugnis ablegen. Niemals könnte eine totale Abrüstung Frieden sichern, niemals! Nur bestimmte Formen der Staatspolitik können tatsächlich Kriege verhindern, können Frieden erhalten.–

Das bisher Gesagte war notwendig, um den Leserinnen und Lesern dieses Buches eine Grundlage zur Einordnung des Fakteninhaltes zu bieten. Die Aufgaben von Gegenwart und Zukunft gehen in ganz andere Richtungen. Dieses Buch will nur etwas dokumentieren, das vor 70 Jahren begann, das Teil unserer Indentität ist, das wir benötigen zu wissen, um uns selbst besser verstehen zu lernen.

Das kriegsgeschichtliche Luftbildarchiv des Tiroler Verlages Steiger

Ein Mann mit Gautschbrief, Bergsteiger, hat gedient, ist Pilot, ist Verleger landeskundlicher Werke, ist ein Self-made-Mann. Er fliegt allein über weiße Gletscher, über gleißende Gipfel – und fotografiert hinreißende Aufnahmen während des oft gefährlichen Alpenfluges. Alle fotografischen Techniken sind ihm vertraut. Er bevorzugt größere Aufnahmeformate aus Qualitätsgründen. Daß er deshalb Kameras und Objektive mit mehreren Kilogramm Gewicht während des Fluges bedient, das stört ihn nicht.

Er ist ein Mann seiner Tiroler Heimat, wo man die bleibenden Werte zusammenlegt, um für Gegenwart und Zukunft etwas Großes, Starkes, Selbständiges daraus zu machen.

Johannes Steiger hat aus dieser, dem alpenländischen Menschen angeborenen Konstellation, die Synthese von Luftfahrt der Pioniere plus Tiroler Hochgebirgskrieg 1915–1918 plus Alpinismus plus Luftbildfotografie gesucht – und gefunden. Nur weil diese Wurzeln und Interessen in ihm ruhen, konnte er diese Bilder entdecken und retten. Aus dem gesamten Fundus des Archivs bringen wir ausgewählte Bilder in diesem Buch. Es gibt auf der gesamten Welt kein Bildmaterial, das den hohen Stand der damaligen Luftbildfotografie so dokumentieren könnte, wie die Bilder des Archivs Steiger. Kriegsgeschichtlich 1915–1918, alpengeographisch, glaziologisch, morphologisch und landesgeschichtlich handelt es sich um eine einzigartige Rettungstat. Weltweit gibt es nichts dergleichen (und ich kenne alle öffentlichen, wie privaten, geheimen Sammlungen).

Jeder Mensch, der dieses Buch in Händen hält, muß wissen, daß die Bebilderung das Gegenteil von heute Üblichem darstellt. Jedes Bild ist absolutes Einzelstück (Unikat), reproduziert nach dem nur einmal vorhandenen Original. Fotogeschichtlich ist jede Aufnahme eine vollkommene Rarität, ja Sensation. Ob man das Bild nun mit dem Auge des Fotografen, des Luftbildners, des Soldaten, des Alpengeographen, des Naturschützers, des Alpinisten, des Historikers sieht – das alles ist gleichwertig einmalig! Mit der Rettung dieses Bildmateriales wurde ein Werk geschaffen, das Generationen nach uns Bestand und Gültigkeit haben wird.

☆

Der generelle Ablauf des Krieges gegen Italien 1915 – 1918

Obwohl Italien in Form des »Dreibundes« mit dem Deutschen Kaiserreich, mit Österreich-Ungarn einen gegenseitigen militärischen und politischen Beistandspakt getroffen hatte, hielt Italien die Vertragstreue nicht ein, erklärte einseitig am 23. Mai 1915 an Österreich-Ungarn, dessen gesamte Streitmacht zu diesem Zeitpunkt gegen Rußland, am Balkan kämpfte, den Krieg. Die Kriegserklärung Italiens an Österreich-Ungarn, das nachweislich keinen Krieg gegen Italien plante, kam zu einem für Tirol und Österreich-Ungarn denkbar ungünstigen Zeitpunkt. Italien wollte sich dadurch, indem es auf die Seite der Gegner schwenkte, den Vertragsbruch mit territorialen Belohnungen erkaufen. Das Streben Italiens ging nach Südtirol, nach Unterkärnten, nach Teilen Sloweniens, nach Istrien, nach Dalmatien. Italiens Kriegseintritt war ausschließlich in den expansionistischen Begierden, eines extrem jungen, extrem nationalistischen Staates gelegen.

Wir wollen hier zur Ehre der altösterreichischen Armee festhalten: Sie wurde gezwungen, in einen reinen Verteidigungskrieg gegen einen aggressiven Gegner zu ziehen, der Anspruch auf wesentliche Teile Österreich-Ungarns erhob. Der Krieg im Gebirge, entlang des Isonzo, gegen Italien war ein Tirol und Österreich-Ungarn aufgezwungener Krieg, dessen Verursachungsschuld zu hundert Prozent auf der Seite Italiens lag. Von Seite der altösterreichischen Verteidiger handelte es sich um einen gerechten, moralisch legitimierten Einsatz gegenüber einem feindlich gesinnten Nachbarstaat. Das entspricht, und nichts anderes, der nackten historischen Wahrheit.

Vom Stilfser Joch lief die Front in einem Bogen durch die ganze Ortler-Gruppe bis zum Tonale, durchquerte dann von hier nach Süden die gesamte Adamello-Presanella-Gruppe und durchlief Judikarien zuerst nach Süden, dann nach Osten bis zum Gardasee. Dieser Frontverlauf westlich der Etsch hatte Bestand vom Kriegsausbruch 1915 bis zum Kriegsende am 3./4. November 1918.

Vom Gardasee stieg die Front empor zum Pasubio, östlich der Etsch, erfaßte die gesamte, strategisch entscheidende Hochfläche der Sieben Gemeinden (Sette Comuni), stieg von hier nach Norden ab in die Valsugana und von hier hinauf zum ersten Dolomiten-Gebirge, den Fleimstaler Alpen. Deren südlicher Kamm wurde bis zum Rolle-Paß Front. Von letzterem stieg die Front über Passo di Valles empor zu den nördlichen Fleimstaler Dolomiten. Von hier durchzog die Front folgende Dolomiten-Gruppen: Fassaner Dolomiten, Marmolata und Padon, Col di Lana mit Monte Sief, Valparola, Falzarego, Lagazuoi, Tofanen, Monte Cristallo, Monte Piano, die gesamten Sextener Dolomiten über Rotwand und Kreuzbergsattel. Nun stieg die Front hinauf auf den gesamten Karnischen Hauptkamm bis zu dessen Ostteil, stieg von hier hinab in das Kanaltal, stieg von hier hinauf auf die Julischen Alpen. In Flitsch (Bovec) erreichte die Julische Front ihren südlichen Punkt (neben Krn und Vrsic). Ab Flitsch-Tolmein-Karfreit (Bovec-Tolmin-Kobarid) begann die nach Süden, bis gegen Triest ziehende Isonzo-Front, das Verdun Österreich-Ungarns mit zwölf grausam-blutigen Groß-Schlachten.

Diese gesamte Front östlich der Etsch hatte bis zum 4. November 1917 Bestand, wurde dann durch den großen Sieg im Rahmen der 12. Isonzo-Schlacht Österreich-Ungarns (ab 24. Oktober 1917) aufgelöst, die Italiener erlitten eine der größten Niederlagen im Felde.

Nach der siegreichen 12. Isonzo-Schlacht, ab Anfang November 1917, war die gesamte italienische Front in den Dolomiten, auf den Karnisch-Julischen Alpen, entlang des Isonzo vernichtend geschlagen worden. Die neue Front ab Anfang November 1917 bis Kriegsende 1918 östlich der Etsch verlief vom Gardasee und dessen benachbarten Bergen zum Pasubio ansteigend, ging über die Hochfläche der Sieben Gemeinden (von West nach Ost), querte östlich davon zum gesamten Massiv des Monte Grappa, stieg von diesem nach Süden zum Piave, entlang dessen gesamten Laufes die Front von Nord nach Süd bis zur Piave-Mündung zog.

Zeitlich gesehen hatten wir also drei Fronten: 1915–1918 westlich der Etsch; 1915–1917 Dolomiten, Karnische, Julische Alpen, Isonzo; November 1917 bis November 1918 entlang des Piave, am Monte Grappa, auf Sieben Gemeinden (mit Pasubio, Zugna Torta, Vallarsa-Brandtal).

Geographisch gesehen, ist dabei zu betonen: Westlich der Etsch, abgesehen von Judikarien, tobte der größte Gletscherkrieg aller Zeiten auf Ortler-Adamello-Presanella bis fast 4000 m Höhe (Ortler-Gipfel) mit den zeitlich und personell größten Gletscherkämpfen aller Zeiten. Östlich der Etsch, abgesehen von der vergletscherten Marmolata, drehte es sich um den größten, längsten, ausgedehntesten Krieg in Felsgebirgen mit seinen eigenen Gesetzen.

Auf der Hochfläche der Sieben Gemeinden wurden große Massenschlachten, kombiniert mit intensivem Einsatz ungeheurer Festungswerke geführt. Am Isonzo wiederum war das totale Grauen, mehr als in Verdun, beheimatet. Hier zählte der Mensch nichts, hier zählte nur das Material, das Abschlachten, das Hinmorden. Am Piave und am Grappa wiederum war die altösterreichische Armee in völliger Passivität, mangels Mann und Material, festgehalten. In diesem letzten Kriegsjahr entlang des Piave und am Grappa versickerte das Leben von Österreich-Ungarns Armee, von Österreich-Ungarn selbst.

Italien wollte über Sieben Gemeinden nach Inner-Tirol einbrechen, alle Nachschubwege im Etschtal versperren, weiter nach Norden vorstoßen. Westlich der

Etsch wollte Italien über Gletscher und höchste Gipfel in den Vinschgau vorbrechen, beides gelang nie. An der Dolomitenfront hätte nur der Monte Piano den Durchbruch in das Pustertal ermöglicht, auch das schaffte Italien nicht. Entlang des Isonzo wiederum, wo Italien seine Hauptmacht in Groß-Schlachten einsetzte, wollte es über Laibach den Stoß nach Wien führen. Das gelang ebenso nie. Entlang absolut aller Gebirgsketten der Front hatten Tiroler, Kärtner, Österreicher alle Gipfel und Kämme bei Kriegsausbruch vor den Italienern besetzt, konnten diese von winzigsten, unbedeutenden Ausnahmen abgesehen, immer halten: Der Krieg im Gebirge war sehr rasch zu einem Krieg in festgefahrenen Stellungen geworden.

Für Freund und Feind gab es zwei strategisch entscheidende Räume, die Sieben Gemeinden, den Verlauf des Isonzo. Österreich-Ungarn versuchte mehrmals vergeblich, in Form von Groß-Offensiven von der Hochfläche der Sieben Gemeinden in das italienische Tiefland siegreich vorzustoßen, schaffte dies nie, hielt aber die Front auf Sieben Gemeinden. So setzten Österreich-Ungarn und das mit ihm verbündete Deutsche Kaiserreich ihre Hoffnungen auf die Isonzo-Front. Dort wurde ab 24. Oktober 1917 von beiden Verbündeten eine der größten Landschlachten, die 12. Isonzo-Schlacht, siegreich geschlagen. Als Folge davon marschierten die Verbündeten binnen weniger Tage bis zum Piave vor. Die Italiener waren zu 80 % vernichtet, die Regierung in Rom plante, in den Süden Italiens zu fliehen. Italiens Armee bestand zu diesem Zeitpunkt nur noch aus zahlenmäßig unbedeutenden Kräften im Gebirge westlich der Etsch.

Die Ursachen der Niederlage Österreich-Ungarns

Ab Anfang November 1917 stand Österreich-Ungarn mit starken deutschen Kräften (fast ohne Verluste) am Ostufer des Piave. Beide verbündeten Front-Truppen planten das sofortige Fortführen der Offensive über den Piave bis nach Mailand. Westlich des Piave gab es keine italienischen Linien mehr, das Überschreiten des Flusses wäre für die harten, fronterprobten Truppen eine Kleinigkeit gewesen, denn sie hatten im Westen, im Osten, schon ganz andere Flüsse gegen starke Gegner (Franzosen, Russen) xmal siegreich gequert. Psychisch, aufgrund des Erfolges ohne Verluste, materiell, personell waren die Verbündeten am Höhepunkt. Italien bestand zu diesem Zeitpunkt militärisch nur noch auf dem Papier. Zusätzlich war die gesamte italienische Gebirgsfront östlich der Etsch zerschlagen worden. Da kam vom österr.ung. Armee-Ober-Kommando (AOK) der Befehl zum Halt am Ostufer des Piave. Diesen Befehl bezeichneten die Fronttruppen von damals als »Verrat«, und für mich ist er, ungeachtet der Motive des AOK, auch nichts anderes, höchstens noch das Resultat grenzenloser Unfähigkeit.

Damals entstand jene Legende, die zur österreichischen Dolchstoß-Legende wurde, die aber der reinen Wahrheit entspricht. Nun eilten Engländer und Franzosen Italien zu Hilfe, bauten die Front westlich des Piave ungestört auf, schafften Mann und Material in zehnfacher Überlegenheit herbei, setzten sich am Grappa eisern fest. Zugleich, ab Jahresanfang 1918 versiegten Österreich-Ungarns personelle und materielle Kräfte total. Italien hatte mit seinen Verbündeten nur noch ein Jahr zuzuwarten, bis die altösterreichische Armee nichts zu essen, nichts anzuziehen, keine Munition, keine Waffen mehr hatte. Das war Ende Oktober 1918 der Fall, als das Durchschnittsgewicht der Verteidiger unter 48 kg lag.

Geschichtlich ist festzuhalten: So lange Österreich-Ungarn Männer und Material zum Kämpfen hatte, konnten Italien und seine Verbündeten keinen Fußbreit österreichischen Bodens erobern. Im Gegenteil, Italien wurde an der Dolomiten- und Isonzo-Front vernichtend geschlagen. Der Sieg Italiens wurde erst möglich, als die K.u.k./K.k. Streitmacht aus waffenlosen, kranken, ausgemergelten Gestalten bestand. Im Augenblick der fast sicheren Zerschlagung Italiens nach der 12. Isonzo-Schlacht haben die militärische und politische Führung Österreich-Ungarns unendlich versagt. Ende Oktober 1917 verspielte man selbst Südtirol, Unterkärnten, die Untersteiermark und ganz Österreich-Ungarn. Auch höhere Offiziere jener Zeit sagten mir, daß nicht Unfähigkeit, sondern Verrat im Spiele gewesen war. Wenn man andererseits bedenkt, welche großen Siege im Osten, am Balkan, gegen Italien von Österreich-Ungarn gegen übermächtige Gegner in einem Mehrfrontenkrieg errungen wurden, dann kann man am Piave Unfähigkeit fast ausschließen. Was dann bleibt, könnte man mit Absicht, mit Verrat definieren. Keiner, der damals dabei war, hat es mir gegenüber anders formuliert.

Wir aber dürfen nicht vergessen, mit welchem Einsatz an Treue und Mut, an Leid und Tod die Männer Tirols und Österreich-Ungarns in diesem gerechten Verteidigungskrieg gerungen haben. Angesichts der erbrachten Leistungen, ist der Ausgang politisch und menschlich umso tragischer zu beurteilen: Für das große Ganze, für jeden einzelnen Verteidiger, der dabei war. Und bei Beurteilung der Vorgänge dürfen wir nicht vergessen, daß Österreich-Ungarn ja in einen mörderischen Mehrfrontenkrieg verwickelt war, daß gegen Italien nur Teile der alten Armee zum Einsatz kamen. So sind die Leistungen von Vater Radetzkys Armee, deren »Fahnen am Piave auf ewig sanken« (Fritz Weber) noch viel höher zu bewerten, während Italien sich mit allen Kräften auf nur eine Front zu konzentrieren brauchte.

Die technischen Mittel der Fotografie 1915–1918

Bereits zur Jahrhundertwende gab es Kameras (z. B. von Anschütz), deren Verschluß 1/1000 s (s=Sekunde) bot. Damit konnte man damals, so wie heute, auch schnellste Bewegungsabläufe fotografieren – oder aus schnell fliegenden Flugzeugen Luftbilder aufnehmen. Das Ganze nannte man damals »Moment-Fotografie«, um sich von der langsam-statischen Fotografie mit simplen Kameras zu unterscheiden. Es gab zahlreiche, einäugige Spiegelreflexkameras mit Wechselobjektiven. Letztere waren hauptsächlich Tele-Objektive von 400 mm Brennweite, und noch länger. Nur im Weitwinkelbereich gab es damals fast nichts Brauchbares, außer Objektive, deren Bildwinkel einem 35-mm-Kleinbildobjektiv von heute entsprach. Bei der Luftbildfotografie wurden aber ohnedies nur extreme Teleobjektive (damals »Fernobjektive«) benötigt. An Aufnahmematerialien gab es Platten und Rollfilm mit ganz enormen Formaten. Zum Beispiel Rollfilm mit Format 9 x 10 cm und ähnliches mehr, ebenso Rollfilm 3 x 4 cm, und alle beliebigen Rollfilmformate bis 9 x 12 cm! Bei Einsatz von Plattenkameras wiederum gab es Kassetten mit je zehn Platten, die in einem Magazinsystem von Aufnahme zu Aufnahme schnell gewechselt wurden.

Die Qualität der Schwarzweiß-Filmemulsionen aber war im Vergleich zu heute sehr gering, daher bevorzugte man aus Qualitätsgründen eben die genannten großen Aufnahmeformate! Im Gegensatz zu den heutigen, schwarzweiß-panchromatischen Filmemulsionen wurde damals nur mit orthochromatischen Emulsionen fotografiert. Diese aber bieten im Gebirge viel mehr Bildkontrast, Dunstunterdrückung, Herausarbeitung von Geländestrukturen – nur der Himmel kommt ziemlich dunkel in der fertigen Papiervergrößerung (bzw. damaligen Kontaktkopie). Apparate und Objektive hohen Standards aber waren schwer, umständlich zu bedienen und langsam im Einsatz. Umso höher ist der Einsatz jener Fotografen zu bewerten, die zu den Pionieren der Fotografie zählten.

Die militärische Luftbildfotografie 1915–1918

Aufnahmen am Boden wurden damals zu fast 99 % mit einfachen Kameras (Verschluß bis 1/125 s maximal) gemacht. Bei der geringen Empfindlichkeit der Aufnahmematerialien bedeutete dies, daß fast nur, auch im Krieg, statische, sich nicht bewegende Motive fotografiert wurden. Die Luftbildfotografen von damals dagegen fotografierten aus Flugzeugen während des Fluges. Sie praktizierten in der Geschichte der Fotografie erstmals die Moment-Fotografie in ganz großem Stil. Die Luftbildfotografie war aufnahmetechnisch der Fotografie am Boden haushoch um Jahre voraus. Die militärischen Luftbildfotografen 1915–1918 (bzw. 1914–1918) gaben der allgemeinen Fotografie die mit Abstand größten Impulse.

Der militärische Hauptzweck lag dabei bei der Erkundung feindlicher Linien, Unterkünfte, Bewegungen, Nachschublinien. Der K.u.k. Oberst Herman von Czant, einer der bedeutendsten Pioniere des Gebirgskrieges, sagte dazu kurz nach dem Ersten Weltkrieg: »Wo die Aufklärung im Gebirge versagt, ist die Führung machtlos, da die Kampfhandlungen nur durch den Zufall geleitet werden ... dem Überraschungsmoment ist jede Möglichkeit gegeben, was gerade eine zielbewußte Aufklärung indirekt unbedingt zu verhüten hat ... und da kein Kriegsschauplatz gleich viele Möglichkeiten zur Überraschung bietet wie das Gebirge, tritt dort die Wichtigkeit intensiver Aufklärung, um das Überraschtwerden zu verhüten, in den Vordergrund ... die Flieger haben in Gebirgsgegenden mit erheblichen Schwierigkeiten zu kämpfen. Der Mangel an Landeplätzen erschwert ihren Einsatz und hat zur Folge, daß die Fliegerabteilung meist weit hinter der Front bleiben muß. Häufiger Nebel und Schneefall, Luftströmungen und Böen behindern das Fliegen außergewöhnlich.

Tiefes Fliegen, um die Täler einzusehen, wird vom Feinde von den Höhen aus bekämpft (Erhöhung der strategischen Bedeutung von Höhenzügen). Das Beobachten vom Flugzeug aus wird durch die Bodenformen und die Bewachsung erschwert. Trotzdem ist der Flieger am ehesten in der Lage »hinter die Berge« zu sehen. Seine Aufklärungsarbeit ist daher nicht zu entbehren. Die Orientierung im Großen findet er beim Fluge am besten nach Gebirgszügen, Tälern und durch über die Gebirgszüge hinausragende Bergspitzen. Das Zurechtfinden im Detail erfordert dagegen ein gründliches Studium der Karten und Pläne. Einzelne Lichtbilder sind schwer in die Karten einzupassen, daher empfiehlt es sich, nach einer Vielzahl von zusammenhängenden Lichtbildern eine Übersichtsaufnahme zu machen. Schützengräben, die zusammenhängen, stützpunktartig, gleich größeren Feldwachstellungen erscheinen, sind im felsigen Gebirge kaum zu erkennen; im Schnee, wenn ausgeschaufelt wurde, sind sie dagegen gut sichtbar. Die Stärke der Gefechtskraft im Hochgebirge ist lediglich an den zahlreichen Unterkünften, die zumeist am Abhange angelehnt und unweit der vordersten Linie liegen, zu schätzen. Vermehrung der Unterkünfte und Zeltlager im Tale, sowie Wegbauten und Bohren von Minenstollen weisen auf Angriffsabsichten des Gegeners hin. Im Stellungskriege sind Geschütze meistens kaverniert, im Bewegungskriege sind sie an den Zufahrtswegen leichter zu erkennen. Skispuren können leicht mit Gehwegen verwechselt werden ... wo nur alte, unzuverlässige Karten vorhanden sind, müssen auch über schon eingezeichnete Kommunikationen (Straßen, Wege, Bäche) und zur Verbesserung der Karten und Pläne auch über ganze Geländeteile Luftbilder gemacht werden. Flieger und Kriegsmappierungsabteilungen arbeiten in dieser Hinsicht zusammen.«

Diese Worte des Militärwissenschaftlers und K.u.k. Oberst Hermann von Czant sagen besser als alles andere, worin die Aufgaben der Fliegerkompanien Altösterreichs an der Hochgebirgsfront lagen. An der Hochgebirgsfront kam es fast nie zu Luftkämpfen und nur ganz selten zum meist erfolglosen Bombenabwurf auf gegnerische Gebirgsstellungen und fast nie zur Bekämpfung von Gebirgstruppen mit Flugzeugen. Da ging es fast zu hundert Prozent um Aufklärung und Beobachtung. Ganz anders dagegen an Isonzo, Piave, Grappa, wo Jagd-, Bombenflugzeuge und Flugzeuge zur Bekämpfung von Bodenzielen infanteristischer Art oft zum Einsatz kamen.

Die Methoden der k.u.k. »Fliegerfotografie« nach k.u.k. Hauptmann Dr. Fritz Dubowsky (1917)

Zahlreiche Militärflugzeuge waren zweisitzig, mit Pilot und »Beobachter« zum Einsatz gekommen. Anfänglich fotografierte der Beobachter oft noch, indem er die Kamera freihändig mit der Hand bediente. Doch rasch gab es fototechnische Fortschritte. Wie der einst weltberühmte Standard altösterreichischer »Fliegerfotografie« (so sagte man damals) war, wollen wir nun nach Hauptmann Dr. Fritz Dubowsky auflisten:

1. »Die Hauptaufgabe des Fliegers ist die Erkundung. Das beste Mittel dazu gibt ihm die Fotografie. Die beste Kammer, das beste Plattenmaterial versagen, wenn nicht kühnes, aufopferndes Wagen das Bild in die Kammer bringt«.
2. Sehr bald wurden die Feldflugzeuge mit »Kammern«, also mit fest eingebauten Fotoapparaten zur Luftbildfotografie ausgerüstet. Man bevorzugte Objektive mit 1000 mm und 180 mm Brennweite, auch mit noch wesentlich längeren Brennweiten. Luftbildfotografie im Krieg 1915–1918 war fast immer identisch mit Telefotografie.
3. Abgesehen von sogenannten »Flugzeugkammern« (fest eingebauten Fotoapparaten zur Luftbildfotografie), die meistens mit Platten ausgerüstet wurden, gab es auch noch Flugzeuge mit fest eingebauten »Reihenbildapparaten«. Diese arbeiteten ähnlich wie eine Kino-Filmkamera, aber mit größeren Aufnahmeformaten und dienten ausschließlich dazu, um während des Fluges große Geländeabschnitte fotografisch zu erfassen. Dabei überlappten sich alle Aufnahmen an den Rändern etwas, so daß das gesamte Gelände fotografisch abgedeckt wurde.
4. Fotografiert hat nur der »Beobachter«, meist ein Offizier. Er entschied, je nach Erkundungszweck über die Wahl der Brennweite, mit der die Kammer be-

stückt wurde. Nur für Übersichtsaufnahmen kamen kürzere Brennweiten zum Einsatz, die aber den Nachteil hatten, Objekte am Boden sehr klein darzustellen.

5. Der Fotograf, also der Beobachter, entschied alleine, zu welcher Tageszeit welches Gelände fotografiert werden sollte. Er war ein Fachmann für die Wirkungen von Licht und Schatten, die ihrerseits die Auswertung der Luftbildaufnahmen erleichtern oder erschweren können (je nach Gelände, in der Ebene, im Gebirge).

6. Die militärische Auswertung, Analyse der so gewonnenen Luftbildaufnahmen oblagen ausschließlich dem Beobachter, der zugleich ja auch der Fotograf war. Während des Fluges hatte der Beobachter aber auch den gesamten Luftraum laufend zu kontrollieren, um das Anfliegen feindlicher Flugzeuge rechtzeitig zu erkennen. Und je nach Bewaffnung des Flugzeuges, hatte der Beobachter dann im Ernstfall auch Abwehrwaffen (wie Maschinengewehr) zu bedienen. Zu betonen ist, daß anfänglich noch zu Kriegsbeginn wie bei der Bodentruppe mit Gewehr und Pistole aufeinander, aus kürzester Distanz, geschossen wurde!

Sehr viele Beobachter waren übrigens dann auch jene Menschen, die nach der Rückkehr vom Feindflug bzw. vom Beobachtungsflug die Aufnahmen selbst entwickelten. Aufgrund der größeren Aufnahmeformate wurden Filme bzw. Platten eher selten vergrößert, um ein Papierbild zu erhalten, sondern meist im Maßstab 1 : 1 (ohne Qualitätsverlust durch Vergrößerung!) kontaktkopiert. Dazu verwendete man Kontaktkopierrahmen: Das lichtempfindliche Papier wurde mit Schicht nach oben eingelegt, darauf wurde die transparente Platte (bzw. Film) aufgelegt. Mit einem stabilen Rahmen mit Glasfenster wurde das Ganze unverrückbar befestigt – und eine gewisse Zeit belichtet. Die Qualität der so gewonnenen Aufnahmen, das Buch beweist es, ist unwahrscheinlich groß und kann sich ohne jede Einschränkung mit heutigen hohen Standards der Schwarzweißfotografie messen.

Mit im Vergleich zu heute simplen Flugzeugen (»Fetzenflieger« sagten die Soldaten aufgrund der Bauweise und Bespannung ohne Metall; nur Holzrahmen, lackierte Tuchbespannung), simplen Fotoapparaten und vor allem wirklich schlechten Aufnahmematerialien schufen die K.u.k. Fliegerfotografen Unvergeßliches an Qualität.

Zur Herkunft der Originalaufnahmen dieses Buches

Mit großer Wahrscheinlichkeit hatte diese hinreißenden Kriegsaufnahmen Raimund Pichler während des Krieges gesammelt. Raimund Pichler, das wissen wir, war »Einjährig-Freiwilliger«-Oberjäger im K.k. Tiroler Landesschützen-Kaiserschützen-Regiment Nr. III, dessen Heimatgarnison Innichen war. Raimund Pichler war also Angehöriger der altösterreichischen Hochgebirgstruppe, der drei Tiroler Landesschützen-, dann Kaiserschützen-Regimenter. Er trug am Kragenspiegel das Edelweiß, auf der Kappe den Spielhahnstoß der altösterreichischen, spezifisch Tiroler Hochgebirgstruppe, der zweitältesten (nach den Alpini) der Welt. Als »Einjährig-Freiwilliger« mußte er demzufolge das Gymnasium und die Matura bestanden haben, und er mußte ein heimattreuer, junger Mann gewesen sein, sonst hätte er sich nicht als »Einjährig-Freiwilliger« gemeldet, um nach einem Jahr erfolgreicher Dienstzeit die Offizierslaufbahn, beginnend als Fähnrich der alten Armee, zu beschreiten.

Aus diesem Fundus an fotografischen Schätzen vergangener Zeiten haben wir bewußt nicht nur Luftbildaufnahmen ausgewählt, sondern absichtlich auch viele Aufnahmen des Fundus' von Szenen, die am Boden spielen: Flugplätze, Begräbnisse, Soldaten, ausländische Besucher der alten K.u.k. Luftwaffe, Kraftfahrzeuge, Werkstätten und vieles mehr. Nahezu alle Bilder, die nicht zur Kategorie Luftbild zählen, gehören aber zum eigentlichen Bereich der damaligen Fliegerkompanien und berichten von deren Leben am Boden. So zeigt dieses Buch auch das Leben der K.u.k. »Fliegerkompanien« (wie sie hießen) im Krieg gegen Italien im weitesten Sinne.

Ich bitte alle Leserinnen und Leser jede einzelne Abbildung in Muße und Ruhe zu studieren, ja sich darin zu versenken. Menschen, die Generation unserer Vorfahren, erblicken wir. Fast immer, wie bei allen Kriegsfotos, sind die Gesichter von Ernst und Nachdenklichkeit gezeichnet, niemand lacht. Der Mut jedes Piloten und Beobachters ist höher einzustufen als der jedes Astronauten der heutigen Zeit. Jeder der abgebildeten Männer setzte alle seine Kräfte dafür ein, Tirol und Österreich-Ungarn vor fremdem Zugriff zu schützen. Und bis zuletzt hatten diese Männer den Sieg fast in Händen, mußten dann nach mehreren, opferreichen Kriegsjahren erleben, wie der Sieg *verschenkt* wurde.

Aus vielen Gesprächen mit Augenzeugen weiß ich, daß dieses Schicksal die Frontsoldaten von einst mehr getroffen hat als alle im Krieg erbrachten Opfer. Sofern sie nicht bei Kriegsende in Gefangenschaft gerieten, fanden sie keine Heimat mehr vor. Unsäglich war nach 1918 das existentielle Schicksal vieler Berufssoldaten, auch jener der Fliegerkompanien. Wer nicht in die zahlenmäßig niedrigen Stände des Bundesheeres der Ersten Republik übernommen wurde, erhielt seine militärische Pension aufgrund der Berechnung in Kronenwährung, die nach Einführung der Schillingwährung nicht angepaßt wurde. Hochverdiente Soldaten vegetierten buchstäblich bis zu ihrem Tode dahin. Dieses Schicksal traf vor allem die bereits älteren Berufssoldaten am härtesten, während die jüngeren nach 1918 wenigstens versuchen konnten, in Zeiten enormer Inflation und Arbeitslosigkeit Arbeit zu finden. Die »Behandlung« der Frontsoldaten nach 1918 zählt zu den sozial düstersten Kapiteln (fast vergessen) der Ersten Republik. Auch das sollten wir beim Betrachten dieser so soldatisch-lebenskräftig wirkenden Bilder bedenken …

Ein wichtiger Hinweis zur kriegsgeschichtlichen Aussage der Bilder dieses Buches

Alle Aufnahmen zeigen Positionen, Menschen, Soldaten, Ausrüstungsgegenstände etc. der Tiroler Landesverteidigung bzw. der K.u.k./K.k. Armee während des Krieges gegen Italien 1915–1918. Es wird darauf nicht gesondert in jeder Bildlegende hingewiesen, daß es sich um Positionen etc. der Verteidiger handelt.

Nur dann, wenn es sich um italienische Positionen, Soldaten, Ausrüstungsgegenstände etc. handelt, wird dies grundsätzlich in allen Bildlegenden extra ausgewiesen.

Durch dieses inhaltliche Verfahren lassen sich die in den Bildern gezeigten Fakten getrennt für beide Seiten ausweisen.

►

Die militärische Luftbildfotografie 1915–1918 unterschied grundsätzlich zwischen Aufnahmen in möglichst senkrechter Draufsicht und Aufnahmen in »Schrägsicht« (wie der militärische Terminus hieß). Schrägsicht wurde höchstens für mehr oder weniger private, nichtmilitärische Aufnahmen eingesetzt und zeigte, so wie hier, das Motiv besonders plastisch. Die fotografierenden Beobachter verglichen die Wirkung von Schrägsichtaufnahmen mit der Sicht des Bergsteigers, der vom Gipfel zu Tale blickt. Beide Schrägsicht-Aufnahmen stellen Brixen dar, wurden von der damals sehr bekannten Fotoabteilung des Oberleutnants Randa bzw. von der Fliegerkompanie 45 aufgenommen.

Draufsicht-Lichtbilder sollten, das war militärische Direktive, möglichst von allen feindlichen Objekten erstellt werden. Man vertrat die Ansicht, daß Draufsicht-Aufnahmen die spätere Analyse und Auswertung des Luftbildes erleichtern. Nur dann, wenn es das gegnerische Gelände, Witterung, feindliche Einwirkung nicht zuließen, durften anstelle von Draufsicht-Aufnahmen solche in Schrägsicht erstellt werden.

Diese 1915 fotografierte Luftbildaufnahme von Brixen zeigt den Domplatz und die Domkirche Maria Himmelfahrt. Diese Aufnahme, mit Teleobjektiv geschossen, wirkt viel plastischer als das Bild links, das mit kürzerer Brennweite (= größerer Bildwinkel) aufgenommen wurde.

Luftbildaufnahme von Bruneck, 1916, wo sich das Armeekommando der Dolomitenfront unter Feldmarschall-Leutnant Goiginger befand. Eindrucksvoll zu sehen das Schloß Bruneck, bestechend die Aufnahmequalität trotz diesig-kontrastarmen Aufnahmelichtes.

Eine exzellente Schrägsicht-Aufnahme (oben) von Stegen im Pustertal des Jahres 1916. Bemerkenswert die plastische Geländedarstellung des Civetta-Massivs (rechts oben). Aus 2000 m Höhe wurde die Fliegeraufnahme rechts unten fotografiert. Wir sehen die Einmündung des Tauferertales, Bruneck, und die Siedlungen Dietenheim, Aufhofen, Uttenheim, St. Georgen und Stegen. In der Mitte befindet sich das Flugfeld der Fliegerkompanie Nr. 15.

Diese Aufnahme ist nicht nur foto- und kriegsgeschichtlich von hohem Wert, sondern ebenso in Hinsicht der Tiroler Agrarkultur. Eindrucksvoll zu sehen das unregelmäßige Muster landwirtschaftlicher Anbauflächen und die insgesamt intensive landwirtschaftliche Nutzung des im Gebirge ohnedies nur in geringem Maße vorhandenen Anbaubodens.

Ein Bild vom Schlern, dem Wahrzeichen Südtirols (oben), wie es wohl noch kaum ein Mensch gesehen haben wird. Wie überirdisch feine Filigranspitzen heben sich die Felskämme vom dunkel-seidigen Hintergrund ab. Ganz anders dagegen die Aufnahme rechts oben mit italienischen Stellungen im Raum der Marmolata-Fronten. Sehr gut im Schnee zu sehen die italienischen Wege zur Front.

Das Rekognoszieren feindlicher Stellungen, Wege, Linien im schneelosen Sommer stellte die militärische Luftbildauswertung vor oft unlösbare Aufgaben, da sich die gegnerischen Kommunikationen oft zu wenig im Fels abhoben. Bei Schneebedeckung dagegen konnten gegnerische Positionen im Luftbild exaktest ausgewertet werden.

Die Luftbildaufnahme unten zeigt einen Einblick in die Welt der Civetta-Gruppe (die nicht Frontgebiet war).

Fliegeraufnahme vom Paternkofel, Büllelejoch und der Obernbacherspitze (oben) im Frontabschnitt Sextener Dolomiten. Diese Aufnahme könnte mit heutigen Schwarzweißfilmen auch nicht besser werden. Wege, Unterkünfte, Laufgräben sind gestochen scharf zu sehen.

Rechts oben vermutlich die erste, zumindest eine der allerersten Luftbildaufnahmen der Königin der Dolomiten, der Marmolata von überirdisch schöner Bildaussage. Rechts vom Gipfelkamm der Marmolata die Steilabfälle der senkrecht abstürzenden Marmolata-Südwand, dahinter die Gipfel der Fassaner Dolomiten. Diese Aufnahme erfolgte aus ca. 3600 m Höhe über dem Meer.

Umwoben von den nebeligen Schleiern der ladinischen Sagen die bleichen Berge: Die Drei Zinnen mit Toblinger Knoten, Paternsattel und Paternkofel (Bild rechts unten). Besonders diese Aufnahme unterstreicht das künstlerische Empfinden dieser fotografierenden Soldaten. Ihre Flugzeuge bestanden fast nur aus Holzskeletten, bespannt mit Tuchmaterialien, um möglichst an Gewicht zu sparen. Im Vergleich zur heutigen Zeit handelte es sich um federleichte Maschinen, die dennoch erstaunliche Werte an maximaler Höhe, Steigleistung, Geschwindigkeit aufwiesen, wie wir im nächsten Textkapitel sehen werden.

Wie wirksam die Österreichisch-ungarische Luftbildaufklärung arbeiten konnte, das unterstreicht das obige Bild italienischer Stellungen im Abschnitt Coltorondo. Gleichzeitig ein Musterbeispiel, wie beide Seiten, soferne es das Gelände gestattete, vorderste Stellungen anlegten. Knapp hinter dem Drahtverhau mit spanischen Reitern verläuft der vorderste Kampfgraben, der nicht geradlinig, sondern kurvig, gezackt, mit spitzen Ausbuchtungen angelegt wurde. Drang der Feind in eines der geraden Grabenstücke ein, so konnte er von den vorspringenden Ausbuchtungen flankierend unter Feuer genommen werden. Außerdem war der kurvig ausgebuchtete Kampfgraben viel länger als ein gerader Kampfgraben. Die Verteidiger hatten mehr an Graben zur Verfügung, um den Feind im Graben noch aufreiben zu können. Im Graben-Nahkampf kamen dann nur Gewehrkolben und 60 cm lange Sturmmesser, sowie Schlagringe zum Einsatz.

Trichter um Trichter schwerer Granateinschläge reiht sich am Gipfelkamm der Costabella (rechts) aneinander. Die Costabella war der blutigst umkämpfteste Berg der Fassaner Dolomiten und erhebt sich nördlich des Val di San Pellegrino. Wer diesen Berg besaß, der beherrschte auch das darunter liegende Val di San Pellegrino, die wichtigste Verbindungsfurche von West (vom Fassatal) in den östlichen Dolomitenraum. Tausende Soldaten beider Seiten fielen in diesem Inferno, doch die Tiroler konnten den Kamm immer halten, der heute fast vergessen ist. Wie die Rauchwolken der Einschläge zeigen, wurde dieses Luftbild während der Beschießung aufgenommen: Als der Flugbeobachter auf den Auslöser drückte, da starben auf der Costabella Menschen, Verwundete schrien in tiefem Leid, da herrschte die Apokalypse.

Der Tod flog immer mit (oben): Die Abholung der sterblichen Überreste des Feldpiloten Oberleutnant Freiherr von Plener, der bei Brixen am 9. Juli 1917 abstürzte. Oberleutnant Freiherr von Plener war Angehöriger der Fliegerkompanie 15. Am Titelbild dieses Buches sehen wir diesen einst bekannten Feldpiloten im Cockpit seines Flugzeuges (damals sagte man: Flugapparat).

Mit einem österr. ung. Skoda-Mörser des Kalibers 30,5 cm wird die italienische Panzerhaubitzbatterie Valfredda beschossen (rechts oben). Während der Einschläge vom Flugzeug aus fotografiert, wie die hoch aufspritzenden Erdfontänen beweisen. Fast alle Einschläge sitzen im Zielbereich, die Batterie wurde vernichtet. Kriegsgeschichtlich 1915–1918 sind derartige Aufnahmen von größtem Seltenheitswert (so wie das Bild der Beschießung der Costabella vorher), da sie nur vom Flugzeug aus gemacht werden konnten. Es gibt nachweislich nahezu keine Bodenaufnahmen, die Wirkung der Waffen und Artillerie so zeigen wie hier im Luftbild. Derartige Aufnahmen unterstreichen wie keine andere Text- oder Bodenfoto-Ausssage, wie groß das Inferno tatsächlich war.

Am Flugfeld von Brixen (rechts unten) besuchen türkische Offiziere der mit Österreich-Ungarn bzw. mit den Mittelmächten verbündeten Türkei die Fliegerkompanie 15. Heute fast vergessene Ereignisse, und dennoch vor erst 70 Jahren auf der Bühne des Krieges stattgefunden ...

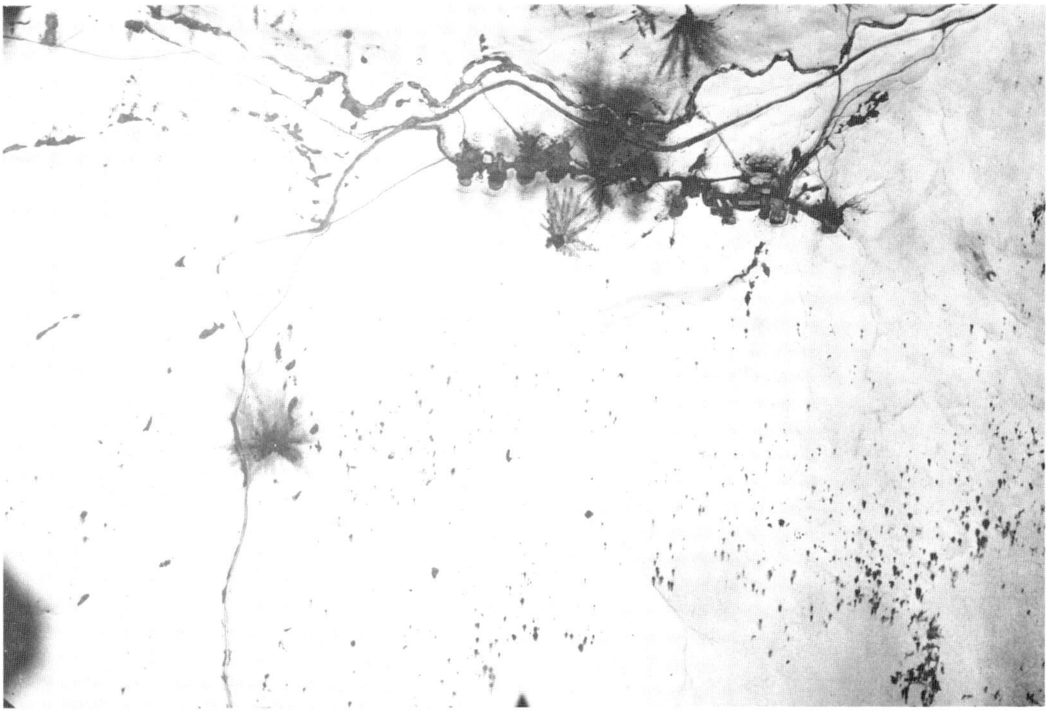

Fliegeraufnahme von Feltre (oben), das dann im Zuge der 12. Isonzo-Schlacht in stürmischer Offensive von den österreichisch-ungarischen und deutschen Truppen regelrecht überrannt wurde. In Feltre war übrigens der Sitz des Kommandos von General Cadorna, des großen militärischen Gegenspielers, der nach der 12. Isonzo-Schlacht abgesetzt und durch General Diaz ersetzt wurde.

Der Doppeldecker (rechts oben) nach dem Absturz am Flugfeld Brixen, wo Oberleutnant Freiherr von Plener den Tod fand.

Hier (rechts unten) sehen wir den Motorfahrer (wie es damals hieß) Raimund Pichler vor der Holzhammer-Garage in Innsbruck. Am Steuer sitzt also jener Soldat Altösterreichs, der mit allergrößter Wahrscheinlichkeit, die Aufnahmen dieses Buches während des Krieges sammelte. Ob Raimund Pichler die Aufnahmen, zumindest teilweise, selbst fotografierte, ist nicht mehr rekonstruierbar. Denkbar wäre es aber durchaus, daß Raimund Pichler auch als Flugbeobachter, damit als militärischer Luftbildfotograf zum Einsatz gekommen ist. Piloten und Luftbildfotografen-Beobachter gab es damals in den jungen Tagen der Luftwaffe ja noch nicht so von Haus aus. Vor allem dann während des Krieges (infolge der Verluste) wurden zunehmend technisch begabte, technisch interessierte Soldaten anderer Einheiten zur Luftwaffe berufen und in kurzen Lehrgängen ausgebildet. Übrigens meldeten sich die meisten Männer der Fliegerkompanien, ähnlich wie zu den Bergführerkompanien, freiwillig.

Rechts unten eine klassische Draufsicht-Aufnahme von Trient, das damals noch zu Tirol gehörte. Die Aufnahme oben zeigt die Endstation Calalzo der italienischen Belluno-Bahn, eine der wichtigsten italienischen Nachschubeisenbahnen zur Dolomitenfront. Rechts oben sehen wir das italienische Barackenlager San Vito im Boite-Tal.

Diese beiden Aufnahmen stellen klassische, meisterhafte militärische Luftbilder in der exakten Draufsicht dar. Große italienische Versorgungs- und Nachschubeinrichtungen werden bis ins Detail sichtbar gemacht. Anhand der Anzahl von Baracken und Magazinen konnten die österreichisch-ungarischen Luftbildauswerter (die Flugbeobachter und zugleich Fotografen) ziemlich genau die personelle und materielle Stärke des Gegners schätzen. Beide Aufnahmen können ohne weiteres aus 3000 bis 4000 m Höhe gemacht worden sein, da die Fliegerkompanien Altösterreichs die fotografischen »Kammern« der Flugzeuge auch mit Teleobjektiven von 1000 mm Brennweite (!) bestückten, teils sogar mit noch längeren Brennweiten. Nur bei möglichst senkrechter Aufnahmeposition (Draufsicht) konnten im Bild dann z. B. alle Gebäude einzeln erfaßt und später ausgewertet werden. Bei starker Schrägsicht dagegen würden zum Beispiel mehrere Einzelbaracken zu einem Gebäude im Bild zusammenwachsen. Wir ersehen daraus, daß bereits damals bei der ersten militärischen Luftbildfotografie in jeder Hinsicht sehr systematisch und durchdacht vorgegangen wurde. Kaum etwas blieb dem Zufall überlassen …

533.

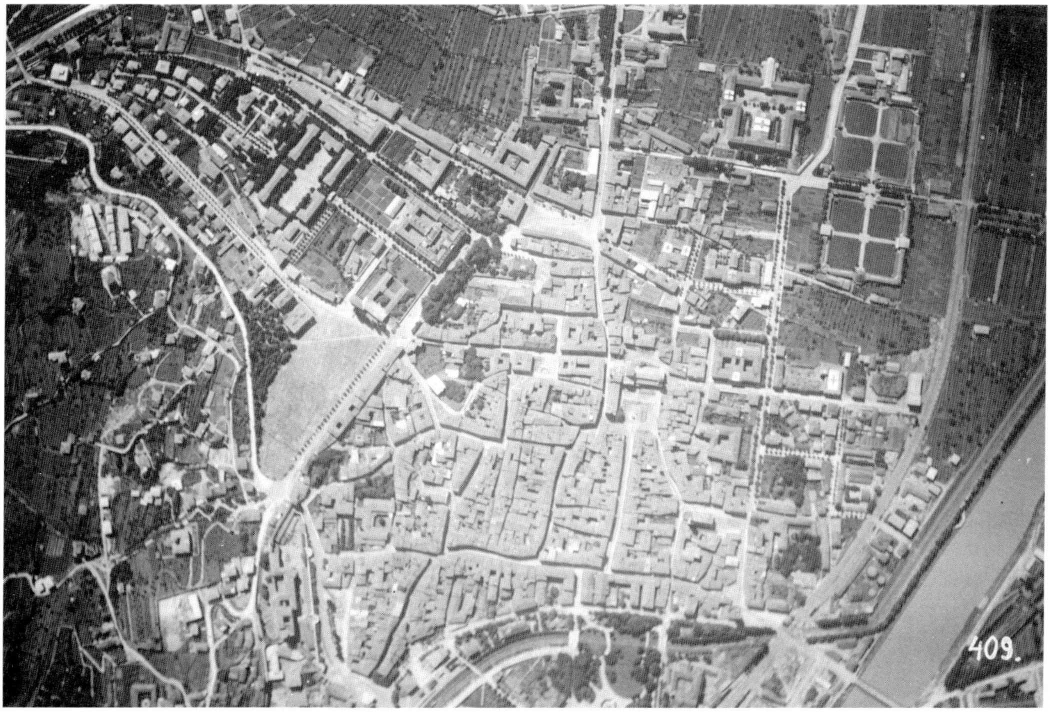
409.

Die Luftwaffe Österreich-Ungarns 1915–1918

Zu einer Zeit als Automobile 10 PS hatten, übte die blutjunge Luftfahrttechnik unvorstellbare Faszination auf alle Schichten der Bevölkerung, auf Jung und Alt, aus. Immerhin waren die Flugzeuge mit Motoren von 100 PS (und noch viel mehr!) schon bestückt, konnten ohne weiteres 3000 und 4000 m hoch fliegen, waren insgesamt der Autotechnik um Jahre voraus. Allein der Flugmotorenbau war dem Bau von Automotoren so weit voraus, daß jeder Vergleich dafür hinken würde.

Die Feldpiloten des Ersten Weltkrieges an der Hochgebirgsfront müssen ungeheuer zähe Männer gewesen sein. In offenen Cockpits flogen sie im Sommer wie im Winter in Höhen von oft über 5000 m. Wind, Wetter, arktische Kälte umgaben die Piloten und Beobachter in direktem Kontakt. Einrichtungen für Blindflug waren natürlich völlig unbekannt, die Navigation erfolgte durchwegs mittels Kompaß und Orientierung anhand des überflogenen Geländes. Teuflisch waren die extrem unterschiedlichen Flug-, Start- und Landeeigenschaften der Flugzeuge. Jedes Modell wies gänzlich konträre Eigenschaften auf. Und jeder geringste Fehler führte fast unweigerlich zum Absturz, zur Bruchlandung, auch zum Tod der Besatzung.

Internationale Experten sind sich einig, daß die führenden Nationen bei der Entwicklung des Flugzeuges England, Frankreich, Deutschland waren. Österreich-Ungarn spielte, von zwei Ausnahmen abgesehen, keine Rolle. Interessant und bemerkenswert, daß auch während des Krieges der Austausch von Patenten und Lizenzen (im Frieden begonnen) zwischen den nun verfeindeten Staaten voll aufrecht erhalten wurde.

Von den Feindmächten Österreich-Ungarns erfundene neue Konstruktionsdetails fanden Eingang in den österreichisch-ungarischen Flugzeugbau. Umgekehrt wurden zahlreiche deutsche Erfindungen via Lizenz in Flugzeuge der Gegner eingebaut. Ab 1916 aber hatte die österreichisch-ungarische Flugzeugindustrie trotz des Krieges den technischen Rückstand auf-, ja sogar teilweise überholt und konnte technisch gleichziehen. Dieser Fortschritt kam aber in den letzten zwei Kriegsjahren, vor allem im letzten, nicht mehr zum Tragen, da alle Resourcen Österreich-Ungarns rasch versiegten. Wie gering die Bedeutung des Flugzeuges militärisch eingeschätzt wurde, das unterstreicht auch 1911 das amtliche Werk »Das Heerwesen der österreichisch-ungarischen Monarchie« von K.u.k. Feldmarschall-Leutnant Karl Glückmann. Nur drei Jahre vor Kriegsausbruch 1914 ist da von militärischer Luftfahrt keine Rede. Ausgewiesen wird nur eine winzige Abteilung, die die technische Entwicklung zu beobachten, zu registrieren und zu archivieren hatte. –

Die Technik der Luftfahrt am Vorabend des Ersten Weltkrieges

Technisch fand da der Wechsel vom Flugzeug großer Eigenstabilität, das aber schwer lenkbar war, zum leicht steuerbaren Flugzeug statt. Dieses hatte glatte Tragflächen und eine sehr gute Massenkonzentration. Vorbild aller dieser Flugzeuge war der legendäre französische Nieuport-Doppeldecker. Pilot, Motor, Tank, Beobachter wurden auf kleinstem Raum (Massenkonzentration!) vereinigt. Tragflächen geringer Spannweite kamen hinzu. Dadurch ergab sich, bezogen auf die Längsachse des Flugzeuges beim Doppeldecker, noch mehr beim Dreidecker (drei Tragflächen übereinander) die vor allem im Krieg benötigte exzellente Wendigkeit und Manövrierbarkeit.

Erst die heutigen Eindecker mit dicken und hochbelastbaren Tragflächenprofilen sind in Punkto Wendigkeit den damaligen Zwei- und Dreideckern ebenbürtig. Die Steuerung erfolgte bereits durch Höhen- und Seitenruder und stützte sich hauptsächlich auf die Flügelverwindung unter Ausnutzung der Eigenelastizität!

Als Baustoffe kamen Holz, Sperrholzplatten, Stoffe und Drahtseile zur Verwendung. Der Grund dafür lag ausschließlich in der großen Gewichtsersparnis. Bei Versuchen mit Metallteilen erzielte man zwar das gleiche Gewicht, aber nicht dieselbe Festigkeit. Nur mit extrem dünnwandigen Metallteilen konnte dasselbe Gewicht erzielt werden. Holz, Platten, Stoffe, Drahtseile boten dagegen denselben Gewichtsvorteil und den unbedingt notwendigen Vorteil größerer Stabilität bei Einschüssen, Beschädigungen. Rumpf und Tragflächen bestanden aus skelettartigen Holzrahmenkonstruktionen, teilweise aus gespannten Drahtseilen. Nur das Fahrwerk wurde in Form von Stahlprofilen gefertigt. Bereits 1914 errang der Deutsche Oelerich den Höhenrekord mit 8150 m. Den Geschwindigkeitsrekord aber erzielten 1913 die Franzosen mit 200 kmh.

Der berühmte Albatros D-III hatte nur 660 kg Eigengewicht, bot 225 kg Nutzlast, war mit 160-PS-Motor ausgerüstet, konnte in 12 Minuten auf 3000 m Höhe, in 29 Minuten auf 5000 m Höhe steigen (Werte jeweils: Steighöhen). Berühmt war auch eine besondere Ausführung des Doppeldeckers von Siemens-Schukkert, welcher in 8 Minuten auf 4000 m, in 36 Minuten auf 8150 m Höhe stieg. Typenmäßig unterschied man im Krieg zwischen Beobachtungsflugzeugen, Jagdflugzeugen, Bombenflugzeugen und Wasserflugzeugen. Vor allem bei den Jagdflugzeugen wurden Motoren bis zu 700 PS eingesetzt, deren Leistung durch Vorverdichtung der Luft mittels Gebläse für Dauereinsatz stabilisiert wurde.

Alle bisher und später gemachten Flugzeugdaten entsprechen keinen damaligen Standardwerten, wohl aber Mindest- und Durchschnittswerten: Während des Krieges wurde nämlich ein- und derselbe Flugzeugtyp (bei allen Luftwaffen) dauernd modifiziert, verändert, verbessert. Dadurch erklärt sich auch, daß die damaligen Flugzeugdaten für ein- und dasselbe Modell sehr unterschiedlich ausfallen. Wir geben jedenfalls immer Mindestdaten an.

Ignaz Etrich und Edmund Rumpler: Österreichisch-ungarische Flugpioniere von Weltruf

Ignaz Etrich wurde in Oberaltstadt bei Trautenau in Böhmen am 15.12.1879 geboren. Mit seinem Freund Franz Wels erfand und baute er 1907/1908 die Etrich-Taube (ein Tiefdecker) mit verspannten Tragflächen (man sagte damals: Flügel). Diese Etrich-Taube wurde seit 1910 von Edmund Rumpler in Berlin gebaut. Edmund Rumpler, geboren am 4.1.1872 in Wien, errichtete in Berlin im Jahre 1908 die erste deutsche Flugzeugfabrik. Edmund Rumpler soll übrigens der erste Konstrukteur gewesen sein, der im Kraftfahrzeugbau die Schwingachse, den Vorderradantrieb und die Stromlinienform erfunden und erstmals gebaut hatte (dies dürfte mit Sicherheit stimmen). Aus mündlichen Berichten, auch mir überliefert, habe ich außerdem folgendes erfahren: Jahrzehntelang hielt sich in Kreisen einstiger Feldpiloten, die Rumpler und Etrich noch kannten, folgende Behauptung: Rumpler habe Etrich die Erfindung sozusagen abgeluchst, um sie kommerziell groß auszuwerten. Wie immer es sei: Edmund Rumpler hat die Etrich-Taube in Serie ab 1910 in Berlin gebaut und als Rumpler-Taube, nicht als Etrich-Taube, verkauft. Andererseits hat Edmund Rumpler die ursprüngliche Etrich-Taube dauernd in allen Details stark verbessert, so daß sie schließlich als Rumpler-Taube in die zivile und militärische Geschichte der Luftfahrt einging. Beide Erfinder und Kostrukteure jedenfalls zählen bis heute zu den wenigen, aber dafür weltberühmten Pionieren der Luftfahrt Österreich-Ungarns.

Die österreichisch-ungarische Luftwaffe im Krieg gegen Italien

Einleitend sei folgendes klassifiziert: An der Hochgebirgsfront wurden fast nur zweisitzige Beobachtungsflugzeuge eingesetzt. Jagdflugzeuge und Flugzeuge zur Bekämpfung von Bodenzielen, sowie Bombenflugzeuge kamen, abgesehen von Beobachtungsflugzeugen an den Fronten von Isonzo, Piave und Grappa intensiv zum Einsatz. Wasserflugzeuge setzte die K.u.k. Kriegsmarine, ausgehend von den Seeflugstationen Triest und Pola, in der Adria ein, um die Bewegungen gegnerischer Schiffsverbände rechtzeitig zu orten. Die erste und einzige Bombardierung an der Italienfront gegen zivile Ziele erfolgte übrigens durch die Italiener, die mit Caproni-Jagdflugzeugen und Caproni-Bombenflugzeugen Görz, damals österrechisch (heute italienisch und jugoslawisch), massiv zerstörten.

Während des letzten Kriegsjahres 1918 entwickelten England, die USA und Frankreich die ersten Langstreckenbomber, die bis zu fast einer Tonne Bomben mitführen konnten. Geplant war das intensive Bombardement ziviler Ziele in Österreich-Ungarn, da diese Flugzeuge große Distanzen überwinden konnten und von Österreich-Ungarn keine wirksame Abwehr vom Boden aus oder in der Luft erwartet war. Das Kriegsende hat diese Eskalation verhindert, ansonsten wäre bereits 1919 das Zeitalter des Luftkrieges gegen zivile Ziele angebrochen.

Die österreichisch-ungarischen Fliegerkompanien

1914 gab es nur fünfzehn Fliegerkompanien zu je 106 Mann, zusammen mit 1590 Mann. Diese Kompanien verfügten nur über Beobachtungsflugzeuge, nicht über Jagdflugzeuge. Bei Kriegsausbruch mit Italien 1915 lag in Kärnten eine Fliegerkompanie mit vier Flugzeugen, am Isonzo gab es vier Fliegerkompanien mit zusammen 16 Flugzeugen. An der Tiroler Front lagen 2 Fliegerkompanien. Pro Fliegerkompanie wurde bereits damals der Sollstand von sechs Flugzeugen nicht erreicht, sondern nur von vier Flugzeugen. Demgegenüber verfügte Italien bei Kriegsausbruch 1915 bereits allein am Isonzo über zwölf bis vierzehn »Squadrillen« mit annähernd 72 bis 84 Flugzeugen. Im Frühjahr 1916 verfügte die K.u.k. Luftwaffe am Isonzo erst über zwölf Fliegerkompanien. Erst im Frühjahr 1916 setzte der große Aufschwung ein, als die Gesamtzahl der Fliegerkompanien auf 48 erhöht werden konnte. Die Produktion konnte auf 1000 Flugzeuge und auf 500 Ersatzmotore gesteigert werden.

Zum Jahresende 1917 gab es bereits 66 Fliegerkompanien, deren Stände an Männern und Flugzeugen aber nur 66 % des Sollstandes betrugen. Bis Kriegsende 1918 konnte Österreich-Ungarn immerhin den Stand auf 77 Fliegerkompanien erweitern.

Im letzten Kriegsjahr allerdings wurde die Unterlegenheit der Fliegerkompanien immer drückender. Am Piave stiegen allein 12 italienische Jagdflugzeuge im Durchschnitt auf, um ein einziges österreichisches Beobachtungsflugzeug abzuschießen. Zunehmend setzten Italien, England, Frankreich am Piave auch tieffliegende Schlachtflugzeuge zur erfolgreichen Bekämpfung von Bodentruppen ein. Letzteren hatte Österreich-Ungarn waffenmäßig nichts entgegenzusetzen.

1917 und 1918 umfaßte der durchschnittliche Stand an Feldpiloten nur 500 bis 600 Mann, zugleich kalkulierte man einen durchschnittlichen Abgang von 100 % ein (durch Tod, Verwundung, Gefangennahme). Die durchschnittliche Lebensdauer eines Flugzeuges der altösterreichischen Fliegerkompanien betrug im Feld ab 1917 maximal vier Monate. Dies alles bedingte, daß im letzten Kriegsjahr gegen Italien maximal 200 Flugzeuge einsatzfähig waren. Dieser kleinen Streitmacht Altösterreichs standen 6500 italienische Flugzeuge, allein 1918 hergestellt, gegenüber! Dennoch nahmen die Feldpiloten Österreich-Ungarns noch jeden Luftkampf auf, hatten aber zu fast 100 % Verluste, meist tödliche. Der Mut jener Männer in aussichtloser Situation war grenzenlos und stellt der jungen K.u.k. Luftwaffe ein großes Zeugnis aus. Insgesamt hatte die K.u.k. Luftwaffe von allen Waffengattungen prozentual die höchsten Verluste im Krieg zu tragen: 1000 tote Feldpiloten bei einem Gesamtstand von 2800 Piloten während des ganzen Krieges.

Noch nach 1918 zogen einstige Feldpiloten ihre Spuren in der Geschichte: Der K.u.k. Feldpilot Philipp Vacano wurde Kommandant eines Schweizer Luftwaffenkorps und setzte sich intensiv für die Einführung der Mirage bei der Schweizer Luftwaffe ein. Der K.u.k. Feldpilot Theodar Karman wurde einer der berühmtesten aeronautischen Forscher der NATO. Und der einstige K.u.k. Feldpilot Stepan Stec führte an seinem Flugzeug einst ein persönliches Abzeichen in Form eines rot-weißen Schachbrettmusters. Nach 1918 diente Stepan Stec bei der polnischen Luftwaffe, benützte dasselbe Abzeichen seines Flugzeuges, das sich bis heute bei der polnischen Luftwaffe findet.

Die innere Gliederung der K.u.k. Fliegerkompanien (Stand 1917)

Die amtliche Bezeichnung lautete »Luftfahrtruppe«. In den amtlichen Unterlagen werden zwei Flugapparate ausgewiesen: Der Etrich-Monoplan, an dessen »Volant« (!) der Feldpilot sitzt, unmittelbar hinter ihm der »Beobachter«. Unter Monoplan verstand man den Eindecker (wir verwenden hier möglichst zeitgenössische Ausdrücke). Weiters gab es den Pfeilflieger-Doppeldecker, der »derzeit als das Gros aller Apparate« ausgewiesen wird. Seine Höchstgeschwindigkeit betrug 100 kmh, die Maximaldistanz 400 km.

Ergänzungswesen: Offiziere nach zweijährigem Truppendienst, werden dann zum Piloten- oder Beobachterdienst bestimmt. Sie bleiben dann ständig bei den Fliegerkompanien, »bei zeitweiser Dienstleistung bei ihrer Stammtruppe«. Die Mannschaft wurde größtenteils aus dem Rekrutenkontingent bestimmt, nur gelegentlich durch Abkommandierungen aus bestehenden Einheiten. Sehr interessant folgender Passus: »Uniform für Offiziere und Mannschaft noch nicht festgesetzt«!

Im Krieg wurden die Fliegerkompanien den Höheren Kommandos, den Armee- und Korpskommandos zugewiesen. Die Offiziere wurden amtlich als Luftfahroffiziere (nicht: Luftfahrtoffiziere) und als Beobachteroffiziere ausgewiesen. Als Beobachteroffiziere wurden Truppenoffiziere bestimmt, die einen zweimonatigen »Beobachtungskurs« zu absolvieren hatten. Beobachter waren nur Offiziere, bei den Feldpiloten konnten auch Mannschaften herangezogen werden.

Eine Fliegerkompanie gliederte sich wie folgt: Kommando, zwei Züge, ein Reservezug, Train. 6 Flugzeuge war der Sollstand, nur 4 Flugzeuge wurden in der Praxis pro Kompanie zugewiesen. Die Kompanie hatte ca. 10 Offiziere (inklusive vier Beobachteroffizieren). Der Mannschaftstand betrug ca. 100 Mann, meist geringfügig weniger. An »Bedeckung«, also an militärischem Schutz hatte die Fliegerkompanie höchstens eine Halbkompanie von ca. 60 Mann zugeteilt bekommen. Telephonmaterial wurde selten zugeteilt. Die Fliegerkompanien wirkten also sehr mobil, je nach Bedarf, eben so, wie es der großen Mobilität der neuen Waffengattung entsprach. Funkverbindung bestand keine.

Die »Luftfahrtruppen im Hinterlande« setzten sich wie folgt zusammen: Feldformationen, Luftfahr-Ersatztruppen, Luftfahr-Arsenal, Fliegerkompanien, Fliegergruppen (mehrere Fliegerkompanien), Fliegeretappenparks, Fliegerersatzbataillon, Lehrbataillon, Luftfahr-Werft, Zeugsabteilung, Versuchskompanie. Das Lehrbataillon leitete die gesamte Ausbildung. Diese bestand aus der »Fliegeroffiziersschule in Wiener Neustadt«, der Abteilung für den Entwurf militärtechnischer Vorschriften, aus der Abteilung für Fachkurse und aus der Versuchskompanie.

Entwicklung und Ereignisse während des Krieges

Während des Krieges 1915–1918 aber war die Luftwaffe Österreich-Ungarns zahlenmäßig, typenmäßig, technisch der italienischen Luftwaffe immer unterlegen. Bereits ab Kriegsbeginn 1915 konnte Italien seine gesamte Luftwaffe gegen Österreich-Ungarn, vor allem am Isonzo einsetzen, während Österreich-Ungarn seine kleine Luftwaffe gegen Italien, gegen Rußland und am Balkan gegen Serbien aufsplittern mußte. Von Anfang an war der Kräftevergleich erschütternd. Bereits während der 4. Isonzo-Schlacht im November/Dezember 1915 wurde Görz planmäßig durch italienische Artillerie und Bombenflugzeuge weitgehend zerstört. Die italienische Luftwaffe flog die ersten nächtlichen Bombenangriffe des Krieges gegen Görz, verursachte schwere Brände, bombardierte auch Lazarette und Sanitätsanstalten, die auf den Dächern mit dem Roten Kreuz gekennzeichnet waren. Von 2000 privaten Häusern in Görz wurde ein Viertel komplett vernichtet, hunderte schwer beschädigt. Vor Beginn der Zerstörung betrug die Bevölkerung 30.000 Einwohner, danach durch Flucht und Tod nur noch 2500. Der Angriff gegen rein zivile Ziele war natürlich kriegs- und völkerrechtswidrig. Die italienische Führung begründete dieses Vorgehen gegen eine Zivilbevölkerung damit, daß man sagte, man meinte, die Stadt sei entvölkert gewesen und der Angriff hätte nur das Ziel gehabt, der österreichisch-ungarischen Isonzo-Truppe die Quartiere zu zerstören. Selbstverständlich wußte Italien ganz genau, daß Görz mit Einwohnern wie vor dem Krieg bewohnt war. Es störte Italien auch keineswegs, daß damit vor allem fast nur Italiener getroffen wurden ...

Im Mai 1916 konnte der Stand der Fliegerkompanien immerhin auf bereits 25 gesteigert werden (zusätzlich 15 Feldballonabteilungen). Wie sehr aber die anderen Fronten gegen Rußland und am Balkan ihren Tribut forderten, das zeigt die »Kriegsgliederung vom August und September 1916«: In dieser Kriegsgliederung werden für den gesamten italienischen Kriegsschauplatz nur zwölf Fliegerkompanien und fünf Ballonabteilungen ausgewiesen. Wenn wir von vier Flugzeugen pro Kompanie ausgehen, dann bedeutete dies, daß insgesamt gegen Italien zu diesem Zeitpunkt nur 48 österreichische Flugzeuge im Einsatz standen, wobei davon sicher immer ein gewisser Teil in Reparatur war. Wenn wir nun wissen, daß die Länge der vordersten Front gegen Italien zwischen Stilfser Joch und Triest ca. 3500 km betrug, dann sehen wir erst, wie gering die österreichisch-ungarischen Luftstreitkräfte hier waren.

Bereits Anfang 1916 plante das AOK, den Ausbau auf 48 Fliegerkompanien plus die Errichtung von zwei Kompanien mit Großkampfflugzeugen. Letztere wurden noch nicht errichtet, da keine Großkampfflugzeuge zur Verfügung standen. Der Stand von 48 Fliegerkompanien wurde aber erzielt. In diesem Zeitraum wurden auch die ersten österreichisch-ungarischen »Fliegerabwehrkanonenbatterien«, also Flakbatterien aufgestellt, um sich besser gegen feindliche Flieger schützen zu können. Diese neuen Flakbatterien wurden als fünfte Batterie den Feldkanonenregimentern zugeteilt.

Trotz der Unterlegenheit konnten die wenigen Feldpiloten Altösterreichs vor allem an der Isonzo-Front wirksam eingreifen. Allein während der 10. Isonzo-Schlacht absolvierten 64 Flugzeuge 711 Feindflüge, schossen in 210 Luftkämpfen 22 italienische Flugzeuge ab, warfen 10 Tonnen an Bomben auf italienische Stellungen.

Vor Beginn der 12. Isonzo-Schlacht konzentrierten Österreich-Ungarn und das Deutsche Kaiserreich alle Kräfte in den Angriffsraum von Flitsch-Tolmein-Karfreit und entlang des Isonzo. Trotz aller Anstrengungen standen dann aber dennoch nur 25 Fliegerkompanien mit ca. 100 Flugzeugen zum Einsatz bereit. Während der Schlacht, die sich binnen weniger Tage zur blitzschnellen Großoffensive entwickelte, die bis zum Piave führte, leisteten die Fliegerkompanien Entscheidendes bei der Aufklärung des feindlichen Hinterlandes.

Seit Herbst 1917 kam es nun zu einer völligen Umwandlung des Einsatzes des Flugzeuges im Krieg. Bisherige Jagd- und Beobachtungsflugzeuge warfen wenn, dann Bomben mit 20 kg Gewicht ab, verfügten über ein oder zwei Maschinengewehre. Ab Dezember 1917 setzten Italien und seine Verbündeten an der Front erstmals moderne Formen des Luftkrieges ein, denen Österreich-Ungarn praktisch nichts entgegenzusetzen hatte:

Sobald sich ein Aufklärungsflieger zeigte, wurde er von italienischen Jagdflugzeugen angegriffen, abgeschossen, oder zur Umkehr gezwungen. Die österreichisch-ungarische Luftaufklärung wurde zunehmend behindert bzw. verhindert. Beide Seiten schickten nun erstmals ihre Aufklärungsflugzeuge mit Geleitschutz durch Jagdflugzeuge in den Kampf. War bisher die Aufklärung mit Flugzeugen relativ gefahrlos, so wurde sie nun zum permanenten Luftkrieg. Beide Seiten setzten nun zunehmend auch Flugzeuge ein, sogenannte Schlachtflugzeuge, die mit Bomben und Maschinengewehren ausschließlich den Gegner am Boden zu bekämpfen hatten. Auch dabei war die zahlenmäßige Überlegenheit Italiens enorm.

Im Zuge der Armee-Reform 1917/1918 versuchte Österreich-Ungarn auch seine Luftwaffe den neuen Kriegsbedingungen anzupassen. Die Luftwaffe wurde nun untergliedert in: Divisionsfliegerkompanien, Fernaufklärungskompanien, Jagdfliegerkompanien, Schlachtfliegerkompanien, Großflugzeugkompanien, Fotofliegerkompanien. Der Gesamtstand aller dieser Kompanien betrug bei Kriegsende 77, wie schon vorher gesagt. Die Sollstände einer Jagdfliegerkompanie mit 18 Jagdflugzeugen wurden nie auch nur zur Hälfte erreicht, ebensowenig die Sollstände einer Fernaufklärungskompanie mit 6 Aufklärungs- und 2 Jagdflugzeugen.

1917 gab es in Österreich-Ungarn sieben Flugzeugfabriken und sechs Fabriken für Flugmotore. Diese erzeugten 1917 zusammen 1740 Flugzeuge und 1230 Motore. 1918 konnte die Produktion noch auf 2378 Flugzeuge und 1750 Motore gesteigert werden. Ende 1917 gab es immerhin 66 Fliegerkompanien und das erste und einzige Großkampfgeschwader zur Bekämpfung von Bodenzielen. Doch betrugen die Stände nie mehr als 66 %.

1917 produzierte Italien 4000 Flugzeuge und 6300 Motore, 1918 produzierte Italien 6500 Flugzeuge und 15.000 Motore – all das kam nur gegen Österreich-Ungarn zum Einsatz. Zusätzlich gaben England und Frankreich einen Teil ihrer Produktion des Jahres 1918 (zusammen: 29.000 Flugzeuge und 35.000 Motore) an den italienischen Verbündeten, inklusive Truppen der englischen und französischen Luftwaffe, ab. Das österreichisch-ungarische Armee-Ober-Kommando (AOK) konnte ab Jahresanfang 1918 an allen Fronten, trotz gesteigerter Flugzeugproduktion, maximal 450 bis 500 Flugzeuge einsatzfähig erhalten. Davon kamen an der italienischen Front nicht mehr als 200 zum Einsatz. Diese Zahlen sagen erst so richtig aus, wie unterlegen die altösterreichische Luftwaffe war. Unterlegen war sie auch technisch, da ab 1917/1918 die alliierten Flugzeuge nebst

Waffen deutlich besser waren. Trotz dieser aussichtslosen Situation beschloß das AOK noch Mitte 1918, die Fliegerkompanien auf 100 mit 1000 Piloten auszubauen, schaffte dies aber nicht auch nur im Ansatz.

In den letzten beiden Kriegsjahren wurden die Verluste an K.u.k. Feldpiloten immer drückender, konnten nicht mehr ersetzt werden. Jeden Monat verlor man 50 Piloten, die zu ersetzen gewesen wären. Das Fliegerlehrbataillon in Wiener Neustadt sah sich vor die unlösbare Aufgabe gestellt, auch nur eine Handvoll an geeigneten Männern zur Ausbildung zu bekommen. Besonders hoch waren die Ausfälle an Kampffliegern, die man durch Errichtung von Kampffliegerschulen in Neumarkt und Udine – vergeblich – zu kompensieren versuchte.

Der geplante Ausbau der K.u.k. Luftwaffe nach Kriegsende

Noch im Sommer 1918 ging die Führung Österreich-Ungarns davon aus, daß beide Seiten einander nicht besiegen könnten, daß daher in Kürze ein Verständigungsfrieden geschlossen werden würde, der alle kriegsführenden Staaten in der alten Form bestehen lassen würde. Man rechnete mit dem baldigen Kriegsende. Danach sollte Österreich-Ungarns Luftwaffe aufgestockt werden auf: 20 Fliegerbataillone (1 Bataillon ca. 1200 Mann Kriegsstärke), 10 Jagdfliegerbataillone, 3 Großflugzeugbataillone, insgesamt eine Friedensstärke von 1080 Flugzeugen und ca. 9000 Soldaten. Über diesen Plänen, wie über der Zukunft Österreich-Ungarns lastete aber schon damals, wie Fritz Weber, der größte K.u.k. Kriegsschriftsteller schrieb, das »zu spät ...«

Doch kehren wir zum Kriegsende 1918 zurück. Da betrugen die theoretischen Stände der K.u.k. Luftwaffe 77 Fliegerkompanien. Diese setzten sich zusammen aus 42 Divisionsfliegerkompanien, 9 Fernaufklärungskompanien, 16 Jagdfliegerkompanien und 10 Kompanien ohne besondere Bezeichnung. Zusätzlich umfaßte die Luftwaffe noch 27 Ballonkompanien, 10 Fliegerparks, 7 Flugmotorenwerkstätten, sowie weitere Infrastrukturen für Nachschub, Versorgung, Instandsetzung.

Die letzte Kriegsgliederung der altösterreichischen Luftwaffe vom 15. Oktober 1918

An der Heeresgruppe Erzherzog Joseph gab es noch 18 Fliegerkompanien; dies entsprach der Tiroler Front. Der Heeresgruppe Boroevic im italienischen Tiefland standen 47 Fliegerkompanien zur Verfügung. Am russisch-rumänischen Kriegsschauplatz unter General der Infanterie Alfred Krauss standen noch 2 Fliegerkompanien. Der Heeresgruppe Kövess am Balkan standen 3 Fliegerkompanien zur Verfügung. Mit diesen Ständen ging die altösterreichische Luftwaffe in den Strudel des militärischen wie politischen Unterganges. Im Grunde genommen blieben dieser Luftwaffe nur die Kriegsjahre von 1914 bis 1918, um zu beweisen, wieviel an Mut und Einsatz in ihr steckte, trotz ungeheurer gegnerischer Überlegenheit. Während dieses Buch wenigstens erstmals seit 1918 die Rolle der K.u.k. Luftwaffe gegen Italien in Bild und Wort zu rekonstruieren versucht, sind die ebenso kühnen Einsätze altösterreichischer Flieger an den Fronten gegen Rußland, am Balkan, über der Adria (Marine- oder Seeflieger) fast völlig vergessen und im Dunkel der Geschichte untergegangen …

Wir haben nun gesehen, wie sich Österreich-Ungarns Luftwaffe während des Krieges, zwar zahlenmäßig immer weit unterlegen, entwickelte: Aus kleinsten Anfängen schuf man trotz der Belastungen des Mehrfrontenkrieges bis Ende 1916 Beachtliches. Bis zum Herbst 1917, der zugleich identisch war mit den größten Siegen gegen Italien (Isonzo und Dolomitenfront), bildete die Luftwaffe, zwar zahlenmäßig immer noch unterlegen, für Italien einen ernsten Gegner. Die Kampfkraft und das fliegerische Können jedes einzelnen K.u.k. Feldpiloten war dem Gegner haushoch überlegen, sonst hätte sich die Luftwaffe nicht so wirksam halten können. Erst durch den militärischen Niedergang ab November 1917 und durch das totale Versiegen der Resourcen in der Heimat spielte die K.u.k. Luftwaffe eine immer geringere Rolle bis zum bitteren Ende. Nicht zu vergessen ist, daß bis zum Frieden von Brest-Litowsk (3. März 1918) mit Rußland immer mindestens die Hälfte, meist mehr, aller Fliegerkompanien im Osten Dienst leistete. Dazu kamen die Einsätze an den Fronten des Balkans bis Kriegsende. Gegen Italien konnte nur ein Teil der neuen Waffengattung somit verwendet werden. Technologisch gesehen hätte die österreichisch-ungarische Luftfahrtindustrie ab Mitte 1917 mit den Gegnern gleichziehen, ja diese sogar überholen können. Die Voraussetzungen waren dazu voll gegeben, nicht zuletzt auch durch die entscheidende Unterstützung mit modernstem Fluggerät und Konstruktionswissen des Deutschen Kaiserreiches, des Verbündeten. Im nachhinein aber wissen wir längst, daß ab Mitte 1917 bzw. ab Herbst 1917 die Resourcen aufgezehrt waren (an Mann und Material). Daher wurde auch die 12. Isonzo-Schlacht von Österreich-Ungarn und vom deutschen Verbündeten von Anfang an als die letzte

Chance eines Befreiungsschlages angesehen, der nur bis zum Tagliamento hätte führen sollen. Als dann nahezu ohne Verluste der Piave erreicht wurde, als Italiens Armeen zerschlagen waren, hatte man den Sieg in der Tasche und hätte nahezu kampflos bis Mailand marschieren können. Um diesen Sieg zu erlangen, hätte es einer entschiedenen Führung bedurft, denn auch Italien war zu diesem Zeitpunkt am Ende. Durch den sinnlosen Befehl zum Halt am Piave, erhielt Italien die Chance, sich binnen zwei Monaten mit Hilfe der Aliierten so zu fangen, daß ab nun die Initiative bis zum Kriegsende bei Italien lag, dessen Resourcen durch alliierte Lieferungen ins Unermeßliche wuchsen. In diesem Strudel militärischer und politischer Fehlentscheidungen ging auch die alte Luftwaffe unter.

Wichtige technische Daten in Kurzform über Kriegsflugzeuge Österreich-Ungarns, Deutschlands, Italiens, Frankreichs, Englands

Die K.u.k. Luftwaffe verwendete gegen Italien auch viel deutsches Fluggerät. Daher beschreiben wir auch einige deutsche Maschinen. Die Italiener wiederum konnten nach dem Eintreffen alliierter Hilfe ab November 1917 auf englisches und französisches Fluggerät zurückgreifen. Daher beschreiben wir auch französische und englische Maschinen.

Die Bewaffnung war zu Kriegsbeginn fast kurios zu nennen: Piloten und, so vorhanden, Beobachter beschossen sich gegenseitig mit Pistolen und Gewehren. Sehr bald wurden die einsitzigen Jagdmaschinen mit einem Maschinengewehr (MG) ausgerüstet, das der Jagdpilot, während er die Maschine steuerte, zu bedienen hatte (eine erstaunliche Leistung!).

Dann kam man auf die Idee, das MG in die Bugspitze des Flugzeuges einzubauen. Da man aber nicht durch den laufenden Propeller schießen konnte, wurde der Motor hinter dem Piloten eingebaut und wirkte in Form eines Druckpropellers. Fast zur selben Zeit entwickelten alle kriegführenden Nationen ein Getriebe, das mit der Schußfolge des (der) Maschinengewehre(s) synchronisiert war. Jetzt konnte man mit dem Bug-MG (oft waren es auch zwei MG) durch den laufenden Propeller hindurchschießen. Der Pilot betätigte das Bug-MG (oder beide Bug-MG) mittels einer Auslösevorrichtung, die am Steuerknüppel der Maschine montiert war. Er zielte also mit dem ganzen Flugzeug auf das gegnerische Ziel. Schließlich wurde dann bei zweisitzigen Jagdaufklärern im Heck ein weiters MG eingebaut, das der Begleiter bzw. Beobachter zu bedienen hatte. Dieses Heck-MG wurde auf einem drehbaren Stativkopf befestigt, so daß das Schußfeld ringsum, weniger nach unten, aber nach oben sehr groß war. Die besten Synchrongetriebe wurden übrigens von Deutschland gebaut, dessen Jagdflugzeuge zu den stärksten zählten.

Bomben wurden am Anfang des Krieges per Hand (meistens 20-kg-Bomben) auf das Ziel abgeworfen, verständlicherweise mit beachtlicher Ungenauigkeit. Schon bald verwendete man die mechanische Auslösung des Bombenabwurfs und setzte Bomben von großen Gewichten ein. Nachfolgend werden wir sehen, daß gewisse Bombenflugzeuge ohne weiteres eine Reichweite von 800 km, eine Nutzlast (= Bomben; abzüglich Besatzung und Treibstoff) von bis zu einer Tonne boten. bei der anschließenden Kurzbeschreibung gliedern wir nach Staaten, nennen aus Platzgründen nur die wichtigsten Daten der im Krieg besonders oft vertretenen Flugzeuge, deren Typenvielfalt um mindestens das Fünfzehnfache größer war als hier erwähnt!

ÖSTERREICH-UNGARN

Der **Albatros** des Typs D-III war ein Jagdaufklärer mit einem Sitz. Gewicht zwischen 600–700 kg, zusätzliche Nutzlast ca. 200 kg. Höchstgeschwindigkeit etwa 180 kmh, flog über 5500 m hoch, konnte zwei Stunden fliegen. Bewaffnung mit zwei MG. Je nach Motor um die 170 PS. Der in der Literatur auch von Ringelnatz viel gerühmte Albatros war eine deutsche Konstruktion, die aber in Österreich-Ungarn in Lizenz durch die OEFFAG gebaut wurde. Die Stückzahlen sollen dabei weit über 500 betragen haben. Der Albatros gehörte in den ersten beiden Kriegsjahren mit zu den besten Jagdflugzeugen. Seine Piloten holten viele feindliche Maschinen vom Himmel.

Die **Aviatik**-Flugzeuge wurden von den Österreichisch-Ungarischen Flugzeugwerken (ÖUF) in Lizenz gebaut. Die teils unterschiedlichen Modellreihen waren immer Aufklärer mit zwei Sitzen und wurden die Stamm-Flugzeuge für die fotografische Luftbildaufklärung der alten Armee. Die Aviatik B-I hatte 100 PS, war ca. 8 m lang, Spannweite 14,5 m und war knapp über 3 m hoch. Je nach Modell konnte die Aviatik bis gegen 3000 m hoch steigen, hatte aber eine damals beachtliche Flugdauer von wenigstens 4 bis 4,5 Stunden. Die ersten Modelle waren noch unbewaffnet, die Piloten schossen aufeinander mit Gewehren. Später wurde die Aviatik mit dem legendären österr. ung. MG des Typs Schwarzlose bestückt. Die späteren Aviatik-Modelle wurden sehr verbessert, schafften 5000 m Steighöhe und eine gesamte Flugdauer von gut 6–7 Stunden (sehr wichtig für Aufklärungsflugzeuge). Die Aviatik war das Flugzeug für Luftbildaufklärung der K.u.k. Armee schlechthin. Und mit Sicherheit wurde das Gros der Aufnahmen dieses Buches von einem der zahlreichen Aviatik-Flugzeuge aus fotografiert.

Die Etrich-Taube (oder Rumpler-Taube) vertrat den Typ des Eindeckers, wurde ab 1914 in großen Serien von Deutschland gebaut, war zweisitzig, kam gegen Italien viel zum Einsatz. Die PS-Stärke schwankte, je nach Motor zwischen

80 und 120 PS. Gewicht (ohne Nutzlast) 600 kg, Flugdauer gute 4 Stunden, Höchstgeschwindigkeit je nach Motor zwischen 120 und 140 kmh, maximale Höhe 3000–3500 m. Die schwächer motorisierten Modelle der Etrich-Taube schafften immernoch eine Steigleistung von 60–70 m pro Minute. Der Motor war vorne eingebaut, der Propeller wirkte als Zugpropeller. In ihrer Grundform wurde sie bereits 1907/1908 von Ignaz Etrich und Franz Wels erfunden, gebaut und geflogen. Alle ab 1910 fliegenden »Tauben« (so hieß es damals) wurden von Rumpler gefertigt und hätten eigentlich Rumpler-Tauben genannt werden müssen. Der Name des Erfinders Etrich wurde aber von den Piloten hartnäckig beibehalten. Die Etrich- oder Rumpler-Taube ist neben dem Albatros das legendärste Flugzeug der damals jungen deutschen und österr.ung. Luftwaffe gewesen. Über beide Flugzeuge haben, teils berühmte Literaten, Geschichten geschrieben (z. B. Ringelnatz).

Von **Gotha** gab es spezielle Bomber, die vom Deutschen Kaiserreich und von Österreich-Ungarn eingesetzt wurden. Zwei Motore konnten (je nach Modell) über 500 PS leisten. Die Reichweiten betrugen bis über 800 km, die Höchstgeschwindigkeiten lagen um die 140 kmh, die Flughöhen bis zu 7000 m(!). Bomben mit Gewichten von 400–500 kg konnten mitgeführt werden. Diese Gotha-Bomber vertreten hier in unserer kurzen Übersicht den Typus des Großflugzeuges, wie man es damals nannte. Die zweisitzigen Bomber, alles Doppeldecker, hatten ein Bug- und ein Heck-MG und wurden österreichischerseits auch bei den Kräften an den Balkanfronten, sowie am Isonzo eingesetzt.

DEUTSCHES KAISERREICH

Die vorher genannten Maschinen kamen bei beiden Verbündeten zum Einsatz. Bekannt war auch die deutsche **Junkers**-Modell-Reihe, die es als Jäger, Aufklärer und Erdkampfflugzeuge gab. Die Reichweiten betrugen über 300 km, ihre Flughöhen über 3000 m. Die von Professor Junkers entwickelten Flugzeuge waren die ersten Ganzmetall-Flugapparate. Junkers wollte Duraluminium einsetzen, mußte dann im Krieg auf preiswerteren Stahl und Wellblech zurückgreifen. Junkers gilt als der Erfinder des Ganzmetallflugzeuges. MG hatten die Junkers-Jäger im Bug, hinter dem Piloten. Zusätzlich gab es ein oder zwei MG hinten im Heck, die nach unten den Feind beschießen konnten. Die große Problematik der damaligen Jagdflugzeuge bestand darin, daß hinten, im Heck, nach unten, ein von dort kommender Angreifer nicht direkt bekämpft werden konnte. Junkers löste dieses klassische Kampfproblem der jungen Luftwaffe.

Sehr vertreten war auch der **Fokker**-Dreidecker, dessen Daten wir uns einmal anschauen wollen: Motorisierung bis zu 200 PS, Flughöhe bis 6000 m, stieg pro Minute weit über 200 m, hatte eine Höchstgeschwindigkeit von 160–170 kmh. Die Bewaffnung bestand aus zwei MG am Bug, die infolge Synchrongetriebes durch den Propeller schießen konnten. Von Fokker gab es auch Ein- und Zweidecker, dem Dreidecker wurden jedoch die größte Wendigkeit und Manövrierbarkeit im Flug nachgesagt. Der Dreidecker wog nur knapp über 400 kg und wurde vor allem als Kampfaufklärer und als Artillerieaufklärer eingesetzt.

Zeppelin konstruierte und baute schwere Bomber, deren Daten uns heute nur verblüffen können: Viermotorig, zusammen ca. 1000 PS, über 20 m lang, bei 40 m Spannweite, über 6 m hoch. Zuladung mindestens 4 Tonnen, Leergewicht um die 7 Tonnen. Reichweite mindestens 800 km und Flugdauer bis zu 10 Stunden. Diese Zeppelin-Bomber waren die größten Flugzeuge des Ersten Weltkrieges und entsprachen als Vorläufer den heutigen Fernbombern. Trotz der enormen Abmessungen und Gewichte, flogen diese Geräte gegen 4000 m hoch, stiegen pro Minute um 100 m, hatten eine Höchstgeschwindigkeit, je nach Bombenlast, von gut 130 kmh. Abgeworfen wurden 100-kg-Bomben, auch Bomben im Gewicht von einer (!) Tonne. Wenn wir nun bedenken, daß diese Riesenbomber ab 1915 flogen, dann können wir vor der technischen Begabung des Grafen Zeppelin nur den Hut ziehen. Die zur selben Zeit gebaute Etrich-Taube mutet dagegen wie ein urzeitliches, primitives Insekt an.

KÖNIGREICH BAYERN

Das Königreich Bayern gründete seine eigenen Pfalz-Flugzeugwerke. Deren Pfalz-Maschinen kamen auch in Südtirol zum Einsatz. Sehr bekannt waren die Pfalz-Jäger, deren Daten ausgezeichnet waren: Steigleistung über 260 m pro Minute, maximale Höhe über 5000 m, Reichweite (als Jäger!) über 350 km, Höchstgeschwindigkeit gegen 170 kmh. Als Bewaffnung dienten zwei Bug-MG des einsitzigen Jägers. Das Kaliber dieser MG betrug 7,92 mm und war identisch mit den Kalibern der deutschen und österreichisch-ungarischen Flugzeug-MG. Alle diese Jagdflugzeuge, Fernaufklärer, Beobachtungsflugzeuge hatten Spannweiten von 8 bis 10 m, waren um die 3 m hoch, hatten eine Länge von 7 bis 9 m. Der Jäger Pfalz-III wog nur 740 kg und lag damit auch im Bereich der damals üblichen, geringen Gewichte. Wir sehen daraus, daß unsere Generation den Leichtbau, wie heute so oft behauptet wird, nicht erfunden hat. Im Gegenteil, die damaligen Flugzeugbauer schufen Leichtgewichte mit Materialien, aus denen wir heute nur schwer dasselbe Resultat erzielen könnten.

DEUTSCHES KAISERREICH

Was die deutsche Luftfahrtindustrie damals, 1916/1917, leistete, sei an einem weiteren, fast unglaublich erscheinenden Beispiel erläutert: **Siemens-Schuckert** baute ein einsitziges Jagdflugzeug der D-Reihe, dessen Startgewicht knapp über nur 700 kg lag. Dieser Jäger konnte bis zu 180 kmh schnell und über 8100 (!) m hoch fliegen. Die Steigleistung lag, je nach Modell, zwischen 450 m bis 500 m pro Minute! Für ein Jagdflugzeug war die Reichweite von über 320 km sehr beachtlich. Die Bewaffnung bestand, wie üblich, aus zwei MG, die durch den laufenden Propeller schießen konnten. Dieser Jäger war im letzten Kriegsjahr der mit Abstand leistungsfähigste Jäger unter allen kriegführenden Staaten und absolut allen anderen Flugzeugen der Gegner haushoch überlegen. Sein Einsatz in größeren Stückzahlen kam jedoch im Jahre 1918 zu spät, da sich der Krieg schon entschieden hatte. Bei den noch erfolgten Einsätzen holten diese Siemens-Schukkert-Jäger aber jeden Feind todsicher vom Himmel herunter. Trotz der Flughöhe von über 8000 m war das Cockpit des Doppeldeckers offen (!), für den Piloten gab es aber eine Sauerstoffmaske und eine Cockpitheizung ...

ITALIEN

Hier konzentrierte sich die Luftfahrtindustrie auf den Bau der **Caproni**-Militärflugzeuge, die es aber in sich hatten. Alle Caproni hatten seit 1913 als erste Flugzeuge der Welt drei Motoren. Ein Motor befand sich hinter dem Piloten und wirkte mittels Druckpropeller, zwei Motore wurden an den unteren Tragflächen montiert und wirkten als Zugpropeller. Es gab eine Unzahl von sehr unterschiedlichen Caproni-Flugzeugen, aber auch die einfacheren Modelle konnten eine halbe Tonne Bombenlast an die 500 km Reichweite mitführen, flogen für Bomber beachtliche 150 kmh und konnten auf über 4000 m Höhe steigen. Zusätzlich war jeder Caproni viersitzig. Die Bewaffnung bestand aus meist vier MG vorne im Bug und hinten im Heck. Außerdem konnten alle Caproni-Maschinen mit Kanonen des Kalibers 20 mm (!) bestückt werden (zusätzlich zur MG-Bestückung). Flugtechnisch interessant ist die Proportion von Länge zu Breite der Caproni-Maschinen. Meist eine Spannweite um die 23 m, aber nur eine Länge der Doppeldecker von knapp 10 m.

Italien hatte damit ein maßgeschneidertes Kriegsflugzeug konzipiert, das präzise den Erfordernissen eines Einsatzes gegen Österreich-Ungarn entsprach. Es war genau auf die Front zwischen beiden Gegnern zugeschnitten. Es konnte auch die höchsten Gebirgsstellungen mühelos überfliegen, es war schnell und hatte eine Reichweite, die haushoch auslangte. Die Bewaffnung mit vier MG und Kanonen eignete sich exzellent zur Bekämpfung von Bodenzielen, die Aufgaben waren sinnvoll auf vier Mann Besatzung verteilt (jeder Mann hatte seine Spezialaufgabe). Je nach Bewaffnung konnte sogar eine Dreivierteltonne an Bomben mitgeführt werden. Das Flugzeug war damit auch ideal konzipiert worden, um an den kriegsentscheidenden Fronten von Isonzo, Piave und Grappa schwere und erfolgreiche Bombenangriffe gegen österr.-ung. Stellungen zu fliegen. Von der geistig-militärischen Konzeption schuf man mit dem Caproni einen Flugapparat, der wirklich maßgeschneidert war für eine ganz spezielle Gebirgs- und Tieflandfront. Bei der Motorisierung mit drei Motoren gab es an den Caproni-Flugzeugen auch kein Fragezeichen, denn je nach Modell standen 400 bis 500 PS zur Verfügung (gesamt). Italien konzentrierte sich außerdem nur auf den Bau einer einzigen, weitgehend kompatiblen Modellreihe an Militärflugzeugen, so daß Ersatzversorgung, Nachschub, Ausbildung, Pilotenwechsel und Instandhaltung viel rationeller und sicherer waren. Demgegenüber herrschte bei der deutschen, österreichisch-ungarischen, englischen und französischen Luftwaffe ein geradezu unvorstellbarer Wirrwarr an ganz unterschiedlichen Flugzeugen verschiedenster Hersteller vor. Man kann nur erahnen, was dadurch (wie im Zweiten Weltkrieg auf deutscher Seite) für (oft unlösbare) Probleme bei der Instandhaltung, beim Ersatzteilnachschub, bei der Pilotenausbildung und beim Wechsel eines Piloten von einem Flugzeug zum anderen, auftraten.

Aus der schier unübersehbaren Zahl der englischen und französischen Flugzeugmodelle 1914–1918 wollen wir nur ganz wenige, aber typische Beispiele hoher Leistung erwähnen. Beide kriegführenden Staaten entwickelten vor allem ab 1916 sehr kampfstarke, oft überlegene Bomber und teils gefürchtete Jagdflugzeuge. Dazu kam, daß die Flugzeugwerke in Frankreich und Großbritannien unerhörte Stückzahlen ausliefern konnten (im Gegensatz zu Deutschland und vor allem Österreich-Ungarn).

GROSSBRITANNIEN

Gefürchtet waren die zweisitzigen Jagdflugzeuge von Bristol des Typs **»Fighter«**. Ihre Motorleistung betrug bis zu 400 PS bei geringen Gewichten von ca. 800 kg. Die Höchstgeschwindigkeiten lagen über 200 kmh, die größten Flughöhen um 6000 m, die Flugdauer betrug drei Stunden. Dazu gab es ein Bug-MG und ein Zwillings-MG im Heck, weiters reichliche Bombenzuladung. Je nach Modell konnten die »Fighter« in knappen 11 Minuten über 3000 m an Steigleistung erbringen.

Eines der bemerkenswertesten britischen Jagdflugzeuge stellte der **»Buzzard«** dar. Dieser Doppeldecker flog in seiner besten Version über 230 kmh, stieg über 7000 m Höhe auf und hatte eine sagenhafte Reichweite von weit über 600 km. Tausend Meter Höhe wurden in knapp über 3 Minuten bewältigt. Der »Buzzard« war einer der kampfstärksten britischen Jäger, dem zum Beispiel Österreich-Ungarn nichts entgegenzusetzen hatte.

FRANKREICH

Legendär waren die französischen Jagdflugzeuge des Typs »Coudron«. Auch hier gab es zahlreiche, sehr unterschiedliche Modelle. Diese zweimotorigen, dreisitzigen Jäger und Aufklärungsjäger verfügten über bis zu 600 PS, waren als

Doppeldecker konstruiert worden. Die maximale Flughöhe ging bis 6000 m, die Reichweite umfaßte ohne weiteres drei und mehr Flugstunden, die Höchstgeschwindigkeit reichte bis gegen 200 kmh. Die hohe Zuladung erlaubte reichliche Bestückung mit Bug-MG, Heck-MG und einem weiteren MG, das im Heck nach unten den toten Winkel bestrich. Zusätzlich konnten mehrere hundert Kilogramm an Bomben geladen werden. Anstelle der Bombenlast konnten außerdem maximal 6 MG plaziert werden.

Militärtechnische Beurteilung der Flugzeugtypen

Die vorhergehenden Flugzeug-Daten entstammen teils dem Archiv des Verfassers, wurden teils unter Zugrundelegung der Arbeiten von Bill Gunston (»Kampflugzeuge«, Salamander Books 1976) ermittelt. Die österreichisch-ungarische Flugzeugindustrie hatte ab Spätherbst 1917 weder zahlenmäßig noch technisch-qualitativ der Produktion der Gegner etwas entgegenzusetzen. Reichweite, Steigleistungen, Flughöhen und Bewaffnung der alliierten Flugzeuge, vor allem auch deren Zahl, waren haushoch überlegen. Diese österreichisch-ungarische Unterlegenheit mußte sich in jener Phase des Krieges, in der Österreich-Ungarn der Verliererseite zuging, umso verheerender auswirken. Wenn wir uns nun noch vor Augen halten, daß die den Krieg entscheidende Piave-Front nur 130 km kurz war (und ca. 15 km bis 20 km tief), dann können wir uns vorstellen, welche Einsatzmöglichkeiten sich da den alliierten Aufklärungs-, Jagd- und Bombenflugzeugen geboten hatten. Der gesamte zu bekämpfende Frontraum wurde durch die Leistung jeder alliierten Maschine, ebenso der italienischen Caproni-Flugzeuge um das x-fache abgedeckt. Gleichzeitig konnte Österreich-Ungarn an der Piave-Front nie mehr als 200 Flugzeuge einsatzbereit erhalten, während den Gegnern weit über 10.000 Maschinen zur Verfügung standen (im ganzen Kriegsjahr 1918). Auch technisch einmalige Entwicklungen, wie der deutsche Jäger von Siemens-Schuckert (seiner Zeit um Jahrzehnte voraus) konnten da nichts mehr bewirken, da er zu spät und in zu geringer Stückzahl ausgeliefert wurde.

Wenn wir uns nun diese technischen Unterschiede und diese Zahlenverhältnisse vor Augen halten, dann können wir erst erahnen, welche Leistungen die altösterreichischen Militärflieger erbracht hatten. Und dies in einer Situation, die sie in Punkto Stärke der Gegenseite sehr genau kannten. Konkret gesagt, war die Lage ab Jahreswende 1917/1918 an der gesamten italienischen Front so, daß Italien mit seinen Verbündeten die absolute Alleinherrschaft in der Luft errungen hatte (zu 100 %). Übrigens hatte das österr.-ung. Armee-Ober-Kommando bereits gegen Jahresende 1917 erkannt, daß nun in Zukunft mehr das Wissen und Können von Konstrukteuren den Ausgang des Krieges entscheiden würde (bezogen auf die Luftwaffe).

Marginalien zum Luftkampf der damaligen Zeit

Die vorher genannten Daten sind nur Richtwerte, da ein- und dasselbe Flugzeug oft in modifizierten Versionen gebaut wurde. Trotzdem sagen diese Daten sehr viel über den Stand der damaligen Technik aus. Zu Kriegsbeginn beschossen sich die Piloten und Beobachter noch gegenseitig mit Gewehren und Pistolen, sehr rasch trat aber das Maschinengewehr an deren Stelle. Nach der Erfindung des Synchrongetriebes konnten die Piloten durch den sich drehenden Propeller hindurchschießen, zielten also direkt mit dem eigenen Flugzeug auf Ziele in der Luft, am Boden. Im direkten Luftkampf von zwei oder mehreren Maschinen gegeneinander kam es bei dieser Art zu schießen primär auf die Flugkunst des einzelnen an. Denn einen Treffer anbringen konnte er nur, wenn die Nase der eigenen Maschine (mit dem, den MG) auf das Ziel ausgerichtet war.

Bei Maschinen mit Heckschützen mußte dieser etwaige, von hinten kommende Angreifer abwehren. Dabei aber ergab sich jenes einst gefürchtete Problem, daß der Angreifer von hinten unten kam, so daß er sich ungefährdet im toten Winkel des gegnerischen Heck-MGs befand. Erst durch die Einführung eines weiteren Heck-MGs, das nach hinten unten wirkte, wurde diese fast immer tödliche Gefahr geringer. Regelrecht beliebt waren Angriffe aus der blendenden Sonne heraus. Wie wir in einem vorigen Kapitel sagten, wurde auf österr.-ung. Seite erst spät an die spärliche Errichtung von Flakbatterien geschritten. Bodenziele angreifende feindliche Flugzeuge entwickelten sich somit zu einer immer größeren, im letzten Kriegsjahr drückenden Gefahr.

Prof. Junkers, der geniale deutsche Flugzeugbauer, stattete als erster Konstrukteur der Welt seine Junkers-Jäger (aus Ganzmetall; Stahlrahmen mit Wellblech) mit 5 mm dicken Panzerplatten unter Tank, Motor und Cockpit aus. Diese gefürchteten Junkers-Jäger konnten daher (primär an der West- und Ostfront) gegnerische Infanteriepositionen ziemlich ungefährdet knapp über dem Boden überfliegen und schwere Treffer von großer Präzision anbringen. Von derartigen Fortschritten konnte die K.u.k. Luftwaffe aber nur träumen. Gegen Kriegsende wurden dann zunehmend Bombenflugzeuge aller Seiten ähnlich gepanzert, um so ihre tödliche Last umso sicherer ins Ziel bringen zu können. Ab Jahresende 1917 schließlich wurde die italienische Luftüberlegenheit so groß, daß sich ganze Rudel italienischer Jäger auf ein einzelnes österr.-ung. Flugzeug stürzten und dieses fast immer abschossen. Ab da war der Krieg in der Luft bereits zur Gänze zu Gunsten Italiens entschieden worden.

Zeitgenössische Stellungnahmen und Erlebnisberichte über die K.u.K. Luftwaffe (»Luftfahrtruppen«)

»Die Tätigkeit der Flieger beschränkte sich anfangs auf eine oberflächliche Aufklärung des Geländes ... doch schon in der nächsten Zeit sahen wir das Flugwesen einen ungeahnten Aufschwung nehmen. Die Artillerie kann bei der enorm gesteigerten Tragweite der modernen Geschütze der Flieger und Fesselballons nicht mehr entbehren, denn ihnen obliegt heute die Fernfeuerleitung, die Beobachtung der Ziele und Feststellung der Feuerwirkung (Anm. d. Verf.: Diese Aufgaben erfüllten die ›Artillerieflieger‹, eine Spezialität der Front gegen Italien).

Der Jagdflieger schützt die eigenen Arbeitsflugzeuge vor Angriffen feindlicher Flieger, greift feindliche Jagdflieger an, verjagt sie und schützt damit die eigene Infanterie und Artillerie ... nicht mehr Hilfswaffe sind die Luftfahrzeuge ... sie haben sich zu einer Hauptwaffe ausgebildet ... Erfolg und Sieg hängen von ihrer Tüchtigkeit und Zahl ab« (Generalmajor Emil Uzelac, Kommandant der K.u.k. Luftfahrtruppen).

»Der Luftangriff auf Laibach: ... Maschinengewehre schossen ununterbrochen auf die allmählich sichtbar werdenden italienischen Apparate, die alle sieben vom neuesten Typ waren, prachtvolle riesige Caproni-Apparate ... sie flogen blitzschnell gegen Laibach, kamen dort präzis um 8 Uhr an (18.2.1916), schwebten 20 Minuten über der Stadt und warfen Bomben ab, die beiläufig 30 Kilogramm schwer waren. Unsere Flieger waren alarmiert. Bald darauf sah man sie in einer Höhe von ungefähr 300 m umherkreisen ... nun begann der Luftkampf auf Leben und Tod. Die italienischen Apparate, die viel größer, weit geschwinder, gepanzert und sichtbar stabiler als die unsrigen waren, hatten naturgemäß einen eklatanten Vorteil. Dagegen wurde ihre Superiorität durch die riesige Überraschung ausgeglichen. Drei unserer Apparate schwangen sich im Nu auf die gleiche Höhe mit den Italienern, während drei andere die Italiener überfliegen wollten ... nun wurde das Feuer eröffnet, die Tragflächen wurden wiederholt getroffen und durchlöchert, aber die Panzerung hielt fest ... ein italienischer Apparat, der größte von den dreien, schien verwundet zu sein; er glitt im Sturzflug ab ... der Kampf ist mit einem Sieg auf unserer Seite zu Ende geführt. Nun rennt alles in die Richtung, wo die Italiener zur Notlandung gezwungen waren ... der Apparat hat zwei Stände und einen Rotationsmotor, ist felsenfest gepanzert ...« (Emil Szomory).

»Es kam die Meldung, Motorengeräusch herrührend von mehreren feindlichen Flugzeugen, von Grado kommend, nähert sich Triest. Im nächsten Augenblick, nach 9 Uhr (21 Uhr), bin ich aufgestiegen. Da durchzuckte es mich. Ein Scheinwerfer hatte in seinen Strahl ein feindliches Flugzeug hineinbekommen und hielt es nun in hellem Lichte ... sofort ging ich auf dasselbe im Gegenkurs los. Beide Flugzeuge waren in einer Höhe von 2400 Metern. Binnen kurzem war ich von dem Gegner nur 100 bis 200 m entfernt ... und eröffnete das Maschinengewehrfeuer. Schon die erste Serie der Schüsse lag gut. Der Gegner hatte mehrere Treffer erhalten. Er war von diesem unerwarteten Luftangriff eines Flugzeuges, das er im Finstern nicht sehen konnte, vollends verblüfft. Durch jähen Sturzflug wollte er dem Feuer entkommen. Wir passierten auf einige Meter aneinander vorbei. Ich folgte ihm hart und schoß weiter. Etwa fünf Minuten, nachdem ich den Gegner gesichtet hatte, lag er auch schon schwer havariert am Wasser« (Gottfried von Banfield).

Gottfried von Banfield war Kommandant der Seeflugstation Triest, zählte zu den herausragendsten Feldpiloten der alten Armee, dessen Ruf bis heute um die Welt ging. Er war mit Sicherheit der beste und erfolgreichste Jagdpilot der K.u.k. Luftwaffe. Schon zu Kriegszeiten nannten ihn seine Kameraden den »Adler des Karstes« (= der Isonzo-Front im Karst). Gottfried von Banfield flog unzählige, immer höchst erfolgreiche Einsätze im Rahmen aller zwölf Isonzo-Schlachten, er kämpfte sowohl als Jagdflieger gegen gegnerische Flugzeuge in der Luft, ebenso erfolgreich waren bei der Bekämpfung feindlicher Schiffe in der Adria, wo er U-Boote versenkte (!), ebenso an den Isonzo-Fronten, wo er italienische Truppen und Artilleriestellungen äußerst erfolgreich bebombte.

Wie Gottfried von Banfield kämpfte, schildert sein Waffengefährte *Richard Lerch*: »Da steigt plötzlich aus einem Winkel des herrlichen Golfes ein kleines Seeflugzeug auf. In flachen, weiten Kreisen hebt es sich zur Sonne empor. Und nun stürzt es sich in rasender Fahrt den Feinden entgegen ... mitten unter seinen sieben Gegnern ist der österreichische Fliegerheld. Nun läßt er sein Maschinengewehr spielen. Er hat den ersten Gegner gestellt und einige Minuten später stürzt derselbe ab. Und sofort stellt sich der Tapfere dem zweiten entgegen. Mitten über dem Häusermeer der Stadt spielt sich der Kampf in den Lüften ab. Banfields Schüsse treffen ihr Ziel. Das Flugzeug neigt sich zur Seite, es ist flügellahm. Just ober dem Kaiserschlosse von Miramar ist auch der zweite Gegner besiegt. Die Abwehrgeschütze haben unterdessen die anderen Flieger verjagt ... die Stadt Triest aber ehrt ihren Helden.«

Dieser Angriff der Italiener fand an einem 18. August statt, am Geburtstag Kaiser Franz Josephs, an jenem Tag, an dem die Italiener grundsätzlich spektakuläre Angriffe zu Wasser, zu Lande und in der Luft einleiteten. Man wollte damit auf österreichischer Seite die überall stattfindenden Feiern zu »Kaisers Geburtstag« stören (Zitate aus dem Werk 1914–1917 »Heldenwerk« entnommen).

Die Schilderungen unterstreichen auch das Prinzip der Kampfführung der K.u.k. Luftwaffe, die fast immer aufgrund technischer und zahlenmäßiger Unterlegenheit das Moment der Überraschung, der blitzschnellen Angriffsführung, der meisterhaften Beherrschung des Flugzeuges einsetzen mußte.

Abstürzende, abtrudelnde Flugzeuge wurden auf beiden Seiten nicht mehr beschossen, ebensowenig wie die überlebende, notgelandete Besatzung. In der Adria notgelandete Flugzeugbesatzungen wurden auf beiden Seiten mit Schiffen und Seeflugzeugen möglichst rasch gerettet und niemals beim Abtrudeln und Notwassern beschossen.

►

Österreichisch-ungarischer Doppeldecker vor dem Start (rechts oben) am Feldflugplatz bei Brixen, 1917. Man beachte das heckseitige MG, das in weitem Kreisbogen aus Metall, auf das sich der Beobachter aufstützt, geführt werden konnte. Hier sehen wir deutlich, daß mit dem Heck-MG ein toter Winkel – unter dem Heck des Flugzeuges – nicht bestrichen werden konnte. Von hinten, unten angreifende Flugzeuge des Gegners bildeten somit die größte Gefahr, der man mit Waffenwirkung nicht, höchstens mit der Flugkunst des Piloten, begegnen konnte. So mächtig diese Flugzeuge aussahen, so gering war ihr Gewicht (meistens um 600–800 kg). Rein handwerklich gesehen könnte kaum ein Mensch mehr heute mit den damaligen Materialien so leistungsfähige, leichte Flugzeuge bauen. Rechts unten sehen wir das Flugfeld von Brixen mit den Hangars der Fliegerkompanie 45. Vor Kriegsbeginn gab es noch keine Feldflugplätze. Wenn wir derartige Aufnahmen heute sehen, dann müssen wir bedenken, daß alle diese Einrichtungen erst während des Krieges sehr schnell gebaut wurden. Auch das waren beachtliche Leistungen. Zur Bekleidung der Piloten und Beobachter sei ergänzt, daß die Feldflieger damals keine eigene Uniform hatten, daß sie zum Fliegen Kleidung jeder Art heranziehen mußten. Außerhalb des Flugdienstes trugen die Angehörigen der alten K.u.k. Luftwaffe die Uniformen jener Regimenter, von denen die Männer stammten. Nur am Kragenspiegel der Uniformen führten die Männer der K.u.k. Luftwaffe ein Ballon-Symbol (hinter den Rangabzeichen) – und waren dadurch als Angehörige der Luftwaffe kenntlich.

Ein Bild (oben) von besonderer Schönheit und voller ästhetischer Eleganz, sowie fluggeschichtlich von höchster Seltenheit: Die Etrich-Taube (Eindecker) im Fluge. Bereits 1907/1908 baute Ignaz Etrich mit Franz Wels dieses einst legendäre Flugzeug, das auch sozusagen als technische Kampfansage gegen die verbreiteten Doppel- und Dreidecker gedacht war.

Daneben, rechts oben, nun eine Etrich-Taube nach einer Notlandung. Die Etrich-Taube ist übrigens fluggeschichtlich identisch mit der Rumpler-Taube, denn seit 1910 baute Rumpler die Etrich-Taube in größeren Stückzahlen. Darunter ein Doppeldecker nach der Notlandung bei Brixen.

Vor und während des Ersten Weltkrieges führten die Erbauer von Ein-, Doppel- oder Dreideckern fast Religionskriege gegeneinander. Jeder behauptete, daß sein Konstruktionsprinzip das flugtauglichere sei. Defacto aber setzte sich dann während des Krieges, aus der Praxis heraus, das Prinzip des Doppel- und Dreideckers durch. Die Feldpiloten waren der Ansicht, daß Doppel- und Dreidecker stabiler, manövrierfähiger und viel wendiger seien als das Prinzip des Eindeckers. Abgesehen vom Fahrgestell aus Stahlprofilen, wurde das gesamte Flugzeug aus Holz, Tuch, Stahlseilen gebaut. Flugzeugfabriken fertigten nur die Flugzeuge (ohne Motor, Getriebe). Davon unabhängige Motorfabriken erzeugten Flugmotore und Getriebe gesondert (z. B. Mercedes, BMW, Maybach, Rolls Royce; Prof. Dr. Ferdinand Porsche sen. auf österreichischer Seite bei Austro-Daimler).

64.47

Der 200 PS starke Motor (oben) eines österreichischen Albatros-Doppeldeckers. Ein Reihenmotor, wie er häufig für Flugzeuge verwendet wurde. Das andere Motorprinzip der damaligen Zeit für Flugzeuge bildete der Sternmotor, dessen Zylinder radial die Kurbelwelle (Propellerwelle) wie die Zacken eines Sterns umgaben. BMW und Porsche waren übrigens die besten Konstrukteure von Flugzeug-Sternmotoren.

Ein sehr seltenes Bild (rechts oben) eines italienischen Farman-Doppeldeckers, der während der Aufnahme beschossen wird.

Rechts unten machen wir einen Blick in den einstigen Flugzeughangar bei Bruneck. Wir sehen Fliegerbomben, wie man damals sagte, von 4 ½ kg, 10 kg, 25 kg und 50 kg – und in der Mitte vorne eine Brandbombe. Wenn Jagd- und Aufklärungsflugzeuge größere Bombenlasten mitführten, so bedeutete dies immer, daß anderweitig Gewicht gespart werden mußte, zum Beispiel durch Weglassen eines Maschinengewehres inklusive dessen Munition. Nur die italienischen Caproni-Flugzeuge konnten Bomben, Waffen und Besatzung in großer Zahl mitführen.

Angemerkt sei hier, daß alle Aufnahmen dieses Buches Bildinhalte der österreichisch-ungarischen Luftwaffe darstellen. Nur dann, wenn das nicht der Fall ist, wird dies gesondert in den Bildlegenden ausgewiesen.

Maschinenhalle (links oben) des E-Werkes Toblach, darunter Hochspannungssicherungen. Dieses E-Werk versorgte die gesamte Piano-Front mit Strom, ebenso die Forts Landro und Plätzwiese, sowie alle umliegenden Ortschaften.

Beerdigung (rechts) des Fliegerleutnants Müller und Piloten Cerny (abgeschossen 1.9.1917 über Belluno) durch Italiener. Dieses Bild warfen italienische Flieger über Brixen ab, da die Fliegerkompanie 45 ihrerseits durch Flugzettel über Belluno darum gebeten hatte. Ein Beispiel damals üblicher Ritterlichkeit.

Unglücklich gelandeter Doppeldecker bei Bruneck (oben), sowie Mannschaft, Flugzeuge und Hangars der Fliegerkompanie 15 (Abb. rechte Seite). Mit bescheidensten technischen Mitteln, dafür aber mit umso größerem menschlichen Einsatz und mit sehr großem handwerklichen Geschick leisteten die Soldaten enorm viel. Durch alle Kriegsjahre aber mußte zugleich mit allem und jedem gespart werden.

Ein deutscher Doppeldecker (oben) am Flugfeld bei Toblach. Dieser Doppeldecker gehörte zum Deutschen Alpenkorps, das aus 13 kampferfahrenen deutschen Elite-Bataillonen bestand. Am 25. Mai 1915 langten erste Teile des Deutschen Alpenkorps in Tirol ein. Das Korps blieb vier Monate in den Abschnitten Lagazuoi, Tofanen, Falzarego, Valparola, Col di Lana, Monte Sief, Drei Zinnen, Rotwand, karnischer Westkamm. Das Deutsche Alpenkorps brachte vor allem modernste Kampfmittel, wie Minenwerfer, Artillerie, Gebirgs-MG und Pioniere mit, die damals auf österr.-ung. Seite noch gegen Rußland kämpften. Das Halten Tirols wäre ohne Deutsches Alpenkorps und ohne Tiroler Standschützen in diesen ersten Kriegsmonaten, da Tirols Truppen gegen Rußland kämpften, unmöglich gewesen. Durch das Deutsche Alpenkorps gelangte auch das Edelweiß-Abzeichen der Tiroler Kaiserschützen zur deutschen Gebirgstruppe.

Rechts sehen wir Leutnant Wolfschütz der Fliegerkompanie 15 nach der Rückkehr von einem Bombenflug über Verona. Die Feldpiloten mußten sich selbst mit jeder nur denkbaren Kleidung gegen die eisige Kälte in Höhen von 3000 und 4000 m schützen. Regelrechte Fliegerbekleidung konnte die K.u.k. Armee nicht bereitstellen. Flieger und Beobachter griffen hauptsächlich auf die Kleidung der Kraftfahrtruppe zurück und improvisierten selbst, so gut es ging. Es müssen auf jeden Fall körperlich, geistig und seelisch gegen sich selbst sehr harte Männer gewesen sein, die in offenen Cockpits diese Einsätze im Sommer und Winter aushielten.

Ein Jagdflugzeug (oben) mit dem Feldpiloten Stabsfeldwebel Müller der Fliegerkompanie 15 über dem Monte Meletta (Hochfläche der Sieben Gemeinden). Der Feldpilot Müller hatte im März 1918 acht italienische und englische Flugzeuge abgeschossen. Die Aufnahme wurde von einem Aufklärungsflugzeug geschossen, das vom Jagdflugzeug als Schutz begleitet wurde. Der Monte Meletta bildete im Spätherbst 1917 die große Hoffnung für Österreich-Ungarn, dennoch von der Hochfläche der Sieben Gemeinden gegen die italienische Tiefebene vorstoßen zu können. Tiroler Kaiserschützen unter Konstantin Valentini (Maria-Theresien-Ritter) eroberten am 4.12.1917 die Meletta, die weitere Offensive blieb dann aber in tiefem Schnee stecken.

Im Bild rechts oben, über Auronzo, das Schwanzsteuer (Seiten- und Höhensteuer) eines Doppeldeckers, umgeben von den Schrapnellwölkchen der italienischen Fliegerabwehr.

Ein Fesselballon (rechts unten) der K.u.k. Ballonfahrertruppe, die schon jahrelang vor der Fliegertruppe errichtet wurde. Der am Boden »gefesselte« Ballon diente zur Beobachtung (Ballonbeobachter) feindlicher Linien, Bewegungen, Nachschubwegen in flachen Frontgebieten. Mit zunehmender Dauer des Krieges konnten Fesselballons nicht mehr in Frontnähe (und nur dort waren sie sinnvoll) eingesetzt werden, da sie von gegnerischen Flugzeugen vernichtet wurden (oft mit Brandpfeilen!).

Ein österreichisches Berg-Kampfflugzeug (oben) am Flugfeld der Fliegerkompanie 15 bei Levico. Die beiden Bilder rechts zeigen ein Kampfflugzeug des Typs »Phönix« mit dem Feldpiloten Heinrich der Fliegerkompanie 15 am Flugfeld in Levico. Die untere Aufnahme rechts zeigt den »Phönix« kurz vor dem Start, vom Dach des Hangars aus fotografiert.

Ein italienischer Farman-Doppeldecker (oben) über dem Monte Cismon von einem österr.-ung. Aufklärer fotografiert. Der Farman (wie man sagte) war eine französische Konstruktion des Jahres 1912/1913 der Brüder Maurice und Henri Farman. Dieses Flugzeug wurde in Lizenz bei den Alliierten gebaut, diente in erster Linie als das beliebteste Aufklärungsflugzeug der Italiener, oft durch französische Piloten (schon 1915!) geflogen. Ca. 75 – 100 PS (je nach Modell), Höchstgeschwindigkeit ca. 100 kmh, größte Flughöhe 4000 m, Flugdauer zwischen 3–4 Stunden. Das Flugzeug hatte einen Druckpropeller, der Motor war hinter dem Piloten eingebaut.

General der Infanterie Roth von Limanowa-Lapanow (rechts oben) inspiziert die Fliegerkompanie 15 in Brixen (zweite stehende Person von rechts ist der General). Im Bild rechts unten sehen wir den General (Korpskommandant XIV. Korps, Innsbruck) nochmals im Gespräch mit Fliegerleutnant Volk vor dem Start, auch in Brixen. General Freiherr von Roth war der Sieger der Schlacht von Limanowa-Lapanow (Galizien; Dezember 1914), die mit Hilfe der Tiroler Kaiserschützen-Regimenter erst siegreich beendet werden konnte, die den öster.-ung. Kräften zum Vormarsch verhalfen. Daher das zusätzliche Adelsprädikat »Limanowa-Lapanow«. Im März 1916 wurde General Roth von Limanowa-Lapanow als Nachfolger von Viktor Graf Dankl (»Dankl-Kaserne in Innsbruck«) Tiroler Landesverteidigungskommandant, erhielt noch während des Krieges die Ehrenbürgerschaftswürde von Brixen in Südtirol. Dieser Landesverteidigungskommandant gehörte zu den um Tirol verdientesten Männern des Ersten Weltkrieges. Es gibt übrigens nur ganz wenige Fotos des fotografierscheuen Feldherrn.

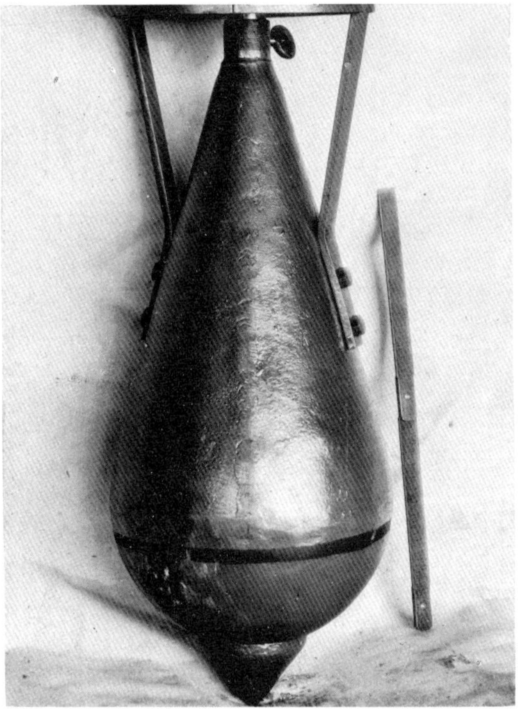

Österreichische 20-kg-Karbonit-Fliegerbombe (links). Dekorierung (unten) von Offizieren und Mannschaften der Fliegerkompanie 45 mit dem Karl-Truppenkreuz. Rechte Seite (oben) das Höhen- und Seitensteuer eines Albatros-Flugzeuges. Darunter die Verspannung der beiden Tragflächen und der Geschwindigkeitsmesser eines Albatros-Doppeldeckers der K. u. k. Luftwaffe.

Zwei schwedische Offiziere (oben) besuchen die Fliegerkompanie 15 in Brixen. Sehr viele ausländische Offiziere und Zivilisten, darunter Sven Hedin, besuchten die Fronten gegen Italien (dazu zählten auch Besucher aus der Schweiz, der Türkei).

Rechts oben sehen wir den Feldpiloten Heinrich und den Beobachter Leutnant Bati vor ihrem Aufklärungsflugzeug. Am Tage dieser Aufnahme wurde der Pilot bei einem Luftkampf über Tezze schwer verwundet, während der Beobachter durch Herzschuß ums Leben kam. Darunter ein notgelandeter Doppeldecker am Flugfeld bei Brixen.

Ein Brandenburger-Doppeldecker (oben) mit dem Oberleutnant Graf Prinzig und dem Feldpiloten Feldwebel Schütze, der später in Südtirol brennend abstürzte.

Flugzeugabsturz (rechts oben) am 14. Juni 1917 bei Dietenheim. Dazu hieß es damals in der Zeitung: »Fliegerunfall bei Bruneck ... an der Front kam der Apparat in feindliches Feuer und erlitt einen Defekt, der den Flieger zu eiligem Rückzug zwang. Nahe der Landungsstelle versagte der Apparat und war nahe daran, an ein Haus anzuprallen. Dies zu verhindern, gab der Steuermann dem Flugzeug eine rasche Wendung, wodurch aber der Apparat umkippte und mit seinen zwei Insassen sich in die Erde grub. Beide erlitten starke Verletzungen, doch hofft man, ihr Leben retten zu können«.

Im Bild rechts unten werden die Tragflächen eines notgelandeten Doppeldeckers (bei Reischach) auf ein Auto der Fliegerkompanie 45 verladen. Sehr viele Aufnahmen dieser Sammlung zeigen notgelandete bzw. bei der Landung abgestürzte Feldflugzeuge. Die Landung scheint zumindest nach dem hier vorliegenden Material ein sehr riskantes Unternehmen gewesen zu sein. Besonders dann, wenn die Piloten nach einem Feindflug mit stark beschädigtem Flugzeug (wie häufig) das heimatliche Flugfeld noch zu erreichen versuchten. Not- und Bruchlandungen werden jedenfalls im vorliegenden Material wesentlich öfter ausgewiesen als Abstürze infolge feindlicher Einwirkung.

Abb. links: Ein Brandenburg C. I mit einem Schwarzlose MG, Muster 07/12 am Rundlauf. Oben auf der Tragfläche befindet sich ein Treibstofftank (siehe auch Umschlagbild).

Besuch (links oben) türkischer Offiziere (mit Fez) am Flugfeld bei Brixen. Auch das (links unten) gab es: Zusammenstoß eines abgestürzten Flugzeuges mit einem Auto, das durch den Aufprall umgeworfen wurde.

Auf dieser Seite sehen wir links oben den Pilotensitz eines Albatros-Doppeldeckers. Man beachte das spartanisch ausgestattete Cockpit, die Übertragung der Steuerung mittels Seilzug und das Steuerrad (anstelle eines Steuerknüppels). Das Übersetzungsverhältnis der Steuerung mit Seilzug war sehr groß. Es handelte sich um eine extrem direkt wirkende Flugzeugsteuerung, die auf winzigste Steuerungsänderungen blitzschnell mit sofortiger Wirkung reagierte (also das Gegenteil von indirekter, träger, langsam reagierender Steuerung). Die Piloten mußten diese Flugzeuge sehr gut kennen, da sie unverzüglich auf jede Änderung der Steuerung reagierten, jeder Fehler konnte tödlich sein. Rechts oben wird der Propeller (aus verleimtem Holz) eines Albatros-Doppeldeckers ausgewechselt.

Zu den Frontabschnitten des Hochgebirgskrieges 1915–1918 und zu den Tieflandfronten dieses Buches

Die nachfolgenden Kapitel behandeln alle Fronten des Krieges gegen Italien von 1915–1918. Dabei werden die Kapitel nach Fronten von West nach Ost gereiht. Gleichzeitig verwenden wir das von mir in der Militärgeschichte 1915–1918 eingeführte System, die Fronten nach Gebirgsgruppen aufzuteilen. Dadurch wird die geographische Zuordnung einer bestimmten Front dem heutigen Leser entscheidend erleichtert. Eine einzige, kriegsgeschichtlich unbedeutende Front, die in Judikarien (zwischen südlichen Adamello-Ausläufern und Gardasee), streifen wir nur, da zu dieser Nebenfront kein Luftbildmaterial vorhanden ist. Ansonsten werden absolut alle Fronten behandelt. Bei den Tieflandfronten verwenden wir, so wie im Krieg 1915–1918, die Namen der großen Flußläufe Isonzo und Piave zur Kennzeichnung der betreffenden Frontkapitel.

Pro Frontkapitel stellen wir zur Einleitung einen generellen Textteil kurzer Länge dem dafür umso größeren Bildteil voran. Der kurze Textteil pro Frontkapitel dient nur zur allgemeinen Orientierung über die betreffende Front, um den Bildteil geschichtlich zuordnen zu können. Zusätzlich bemühen wir uns, in den Bildlegenden weitere Details, die im Textteil nicht vorkommen, zu behandeln. Der Schwerpunkt dieses Buches liegt auf dem einmaligen, ausführlichen Bildmaterial, das zu den größten Raritäten des Ersten Weltkrieges zählt. Über die gesamte Geschichte des Krieges gegen Italien informieren, bis in kleinste Details, eine Reihe anderer Werke des Verfassers.

Die Fronten westlich der Etsch: Ortlergruppe, Tonale, Adamello-Presanella-Gruppe, Judikarien

Vom Piz Umbrail (3032 m) am Stilfser Joch verlief die Ortlerfront über Dreisprachenspitze, Monte Scorluzzo (3094 m), über Hohe Schneid (3431 m) über alle Kämme zum Ortler-Hauptgipfel (3902 m), über Königsspitze (3859 m), Monte Cevedale, Palon della Mare, Monte Vioz (3644 m) zur Punta San Matteo (3684 m), zog durch die südlichen Ortlervorberge (Montozzo, Punta Albiolo, Redival, Laghetti) zum Tonale-Paß, der von Nord nach Süd gequert wurde. Vom Tonale stieg die Front empor zum Presena-Gletscher und dessen Gipfelumrandung, erfaßte den gesamten Hauptkamm der Presanella mit der Cima Presenalla (3556 m), stieg von hier ab in die Adamello-Gruppe, deren westlicher Kamm, mittlerer Kamm und östlicher Kamm zur Hauptfront wurden. Am südlichsten Adamello-Hauptgipfel, dem Carè Alto (3462 m), ging die Adamello-Front in die Judikarien-Front über. Hier verfolgte die Front den Hauptkamm, den von Nord nach Süd ziehenden Gipfel Judikariens, um schließlich in einem Bogen von West nach Ost zum Gardasee zu ziehen.

Bezüglich der Zeitdauer (1915 bis 1918), der Größe des vergletscherten Gebietes, der Anzahl der von beiden Seiten eingesetzten Hochgebirgstruppen (Tiroler Kaiserschützen, Standschützen, Alpini), bezüglich der oft wochenlangen Dauer der Gletscherkämpfe und bezogen auf die Höhe (bis fast 4000 m) des Geländes, handelte es sich um den mit Abstand größten Gletscher- und Hochgebirgskrieg aller Zeiten. Gekämpft, auch in Form monatelanger Gefechte, wo Tausende ums Leben kamen, wurden auf allen, auch den höchsten Gipfeln, im Inneren der Gletscher in Eisstollen vieler Kilometer Länge, bei Tag und Nacht, im Sturm, Nebel und Orkan.

In der nördlichen Ortlergruppe wollte Italien gegen Trafoi, über das Stilfser Joch, in den Vinschgau durchbrechen. In der mittleren (Cevedale-Abschnitt) wollte Italien gegen Meran vorstoßen, in der südlichen Ortler-Gruppe zum Tonale. Über den Tonale-Paß versuchte Italien gegen Bozen, Trient, Etschtal einzudringen. An der gesamten Adamello-Front versuchte Italien von West nach Ost gegen die Val Rendena vorzustoßen, um in weiterer Folge Trient und die Hauptnachschublinie des Etschtales zu erreichen. An der Front in Judikarien verliefen die italienischen Stoßrichtungen ebenfalls von West nach Ost, um im Raum Gardasee die Nachschublinien, die Tiroler Front von hinten, flankierend zu umfassen. Nicht ein einziges dieser Ziele Italiens wurde auch nur im Hauch eines Ansatzes erreicht. Tiroler und Österreicher, darunter viele Steirer und Salzburger, hielten alle Fronten westlich der Etsch bis zur letzten Sekunde des Krieges. Der Preis dafür aber war hoch, denn um jeden Gipfel, Grat, Gletscher, Meter wurde mit vierjähriger Verbissenheit gerungen. Der höchste Punkt dieser Front war der Ortlergipfel mit fast 4000 m Höhe, der tiefste lag am Westufer des Gardasees mit 65 m Höhe über dem Meer. Die östliche Adamello-Front war zudem der längste, ununterbrochene hochalpine Frontabschnitt der Geschichte, stieg bis gegen 3500 m an, hatte die größte Durchschnittshöhe (2980 m) der Geschichte (kam vom Tonale über Presanella bis zum Carè Alto).

An geographisch-klimatisch bedingter Härte kam nichts an diese Fronten je vorher oder danach heran. Noch heute geben die Gletscher die Toten des Krieges frei, noch heute finde ich in einsamsten, nie begangenen Hochkaren des Krieges die Gebeine von Tausenden gefallener Soldaten: Vergessen, verweht im Staub der Geschichte, liegen sie dort zwischen Bergblumen und Wollgräsern im ewigen Schlaf.

Am Stilfser Joch wurde im Herbst 1915 der erste Dreitausender, der Scorluzzo, der Kriegsgeschichte durch Tiroler erobert. Auf Königsspitze, Ortler-Hauptgipfel, Punta San Matteo lagen die höchsten, blutigst umrungenen Kampfgräben der Geschichte. Am Ortler-Hauptgipfel in einem Eisstollen war das höchste (Tiroler) Fotolabor der Fotogeschichte gelegen. Kilometerlange, oft senkrechte Eisstollen wurden von Tirolern zum Hauptkamm der Ortler-Gruppe emporgeführt. Kilometerlange Eisstollen durchbohrten alle Adamello-Gletscher. Um die Stollenaus- und -eingänge wurde oft mit 60 cm langen Sturmmessern, mit Flammenwerfern gerungen. Am 3.9.1918 kam es auf der Punta San Matteo zum letzten, höchstgelegenen Gefecht Altösterreichs, das siegreich geschlagen wurde, das Inhalt des letzten siegreichen Gefechtsberichtes der K.u.k. Armee wurde.

An der Tonale-Paß-Front starben Tausende Soldaten beider Seiten im Inferno der Granaten. Im Mai 1916 kämpften am Mandrongletscher (Adamello-Gruppe) wochenlang Italiener und Tiroler im Rahmen der zeitlich, räumlich, personell ausgedehntesten Gletscherkämpfe der Menschheit. Auf fast alle wichtigen Frontgipfel führten Seilbahnen, die länger, viel länger waren, als jede andere danach gebaute. Ersatzmannschaften stiegen auf, Tote, Verwundete trug man an Ihnen vorbei zu Tal. Trägerkolonnen gerieten in Schneeorkane und Wintergewitter, verschwanden unter metertiefem Schnee auf ewig, wurden Eis der Gletscher. Doch die Verteidiger Tirols hielten die ganze Front fest. Italien konnte insgesamt nur ganz wenige Gipfel, ohne jeden weiteren Erfolg, einnehmen. Das strategisch große Kriegsgeschehen konzentrierte sich dagegen auf die Hochfläche der Sieben Gemeinden, des Isonzo, Piave und des Monte Grappa.

►

Der höchste Kampfgraben (oben) am Hauptgipfel des Ortlers in der Geschichte der Menschheit. Die Gipfelmannschaft vegetierte in einem Eisstollen am Gipfel. Orkane saugten zeitweise die Atemluft aus den Stollen, so daß die Mannschaften nur mit künstlichem Sauerstoff dort überleben konnten. Der Kampfgraben selbst war Tag und Nacht besetzt, um Überraschungsangriffe der Italiener rechtzeitig abwehren zu können.

Diesen Weg (unten) mußten die Ersatz- und Nachschubmannschaften der Ortlerstellung nehmen! Über diese Route führten auch die Geschütztransporte auf den Gipfel des Ortlers (links im Bild). Bereits 1916 wurden am Gipfel zwei veraltete Geschütze in Stellung gebracht. 1917 erhielt der Meraner Bergführeroffizier Dr. Franz Haller den Auftrag, zwei moderne Geschütze auf den Ortlergipfel zu transportieren. Diese beiden Geschütze (10,5 cm Kaliber) wurden mit 30 Bergführern und 30 russischen Kriegsgefangenen über das Tschierfeck per Hand auf den Gipfel geschleppt, gezogen – eine heute kaum vorstellbare Leistung. Beide Geschütze konnten, im Gegensatz zur verbreiteter Fehlmeinung, zahlreiche italienische Positionen am Suldengrat und am Gipfel der Thurwieserspitze höchst erfolgreich bekämpfen.

Sehr rasch nach Kriegsausbruch 1915 entwickelten sich fast klassisch zu nennende Formen der Kriegsführung im Hochgebirge: Wer zuerst die Gipfel, Kämme, Gletscher, Pässe besetzen konnte – und das waren zu hundert Prozent die Verteidiger Österreich-Ungarns – konnte diese Positionen fast immer halten. Angriffe wurden entweder in der Nacht, bei Sturm, im Schutze schlechtesten Wetters vorgetragen, um den Gegner zu überraschen. Wenn es zum Nahkampf auf oft winzigstem Raum kam, dann wurde mit Messer, Gewehrkolben, Fäusten und Schlagringen Mann gegen Mann gekämpft. Vor allem in den Dolomiten wurden Angriffe wie folgt vorgetragen: Eigene MGs und Artillerie hielten die feindliche Gipfelbesatzung durch dauernden Beschuß nieder. Währenddessen stiegen Angriffspatrouillen durch senkrechte Wände bis zum Ausstieg vor. Auf ein Zeichen hin verstummte das eigene Feuer, die Patrouillen drangen blitzartig in die feindliche Position ein, bezwangen im Nahkampf den Rest der noch überlebenden Gegner. Wenn alle diese Methoden nicht fruchteten, wurde schließlich die gegnerische Hauptstellung mit Sprengstollen (z. B. am Col di Lana, am Monte Cimone etc.) unterminiert und zur Gänze mit Mann und Material in die Luft gesprengt. Auf den Gletschern dagegen kam es Tag und Nacht zu oft erbitterten Patrouillenkämpfen, die viele Tote forderten. In den Gletschern dienten Eisstollen zur Versorgung, zum Nachschub – und wurden in Form von Angriffsstollen bis unter die gegnerische Hauptstellung vorgetrieben. Oft mit Flammenwerfern drangen dann schlagartig die Angreifer durch das letzte Eis in die Stellung des Gegners ein, wo es erneut zu furchtbaren Nahkämpfen kam. Nur während des Winters und Hochwinters verstummten alle Kämpfe, da Freund und Feind absolut alle Kräfte benötigten, um in den errungenen Positionen zu überleben, diese auch im Winter nicht preiszugeben, da sonst der Gegner sofort nachgerückt wäre.

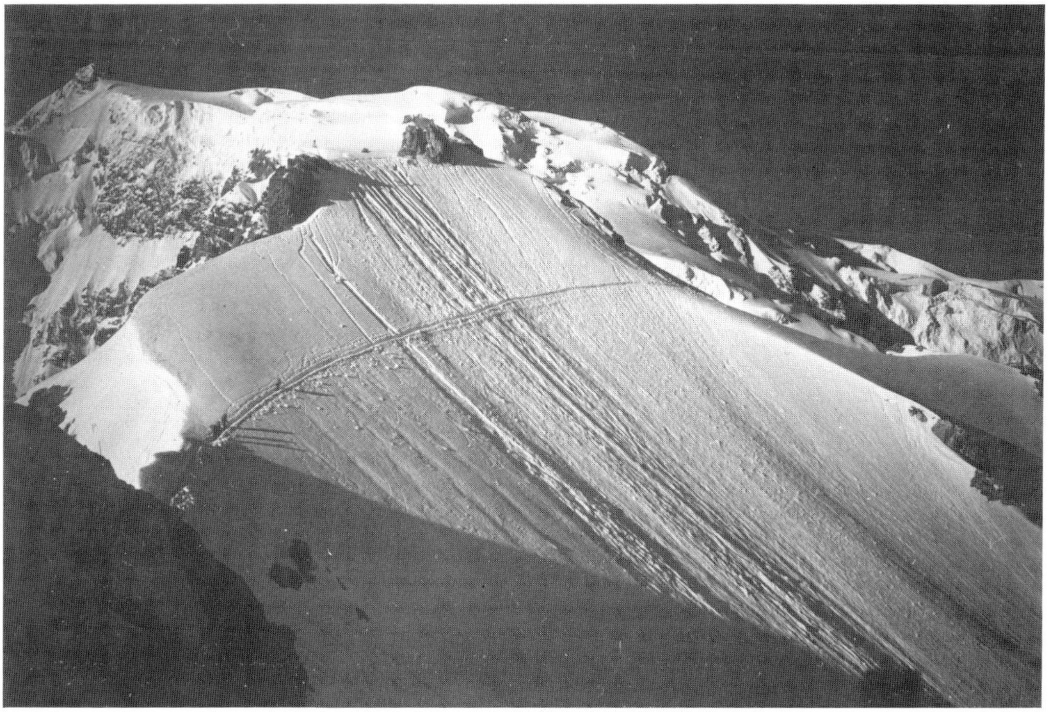

Österreich-Ungarns letzter Kaiser und König (oben), Kaiser Karl, in einem Artilleriebeobachtungsstand an der Ortlerfront. Rechts oben schweizerische Offiziere (links vorne mit Stock), österreichische Offiziere (z. B. mit Spielhahnstoß an der Kappe ein Tiroler Kaiserschütze zweiter von rechts) und deutsche Offiziere (mit Tellerkappe vor dem Mast) im Dreiländereck Piz, Umbrail, Dreisprachenspitze, Stilfser Joch.

Rechts unten schweizerische Offiziere (z. B. Bildmitte) vor dem Tiroler Hotel Dreisprachenspitze nächst dem Stilfser Joch. Hier befand sich das größte österr.-ung. Hauptlager zur Versorgung der Front im Raum Stilfser Joch. Während des gesamten Krieges unterhielt die Schweiz, z.B. am Piz Umbrail, natürlich immer auf Schweizer Boden, ständig besetzte Stellungen zur Beobachtung des Krieges, um die eigene Neutralität zu wahren. Häufig besuchten Schweizer Offiziere die Tiroler Offiziere. Das Verhältnis war sehr gut, sehr vertrauensvoll, höchst korrekt. Österreich-Ungarn respektierte mit Akribie die Schweizer Neutralität. Doch mußten dazu die Offiziere beider Seiten eng zusammenarbeiten, um bei der Organisation des Alltags ihren Auftrag erfüllen zu können. Außerdem kämpften viele Schweizer Freiwillige auf Tiroler Seite an allen Fronten. Oft kam es vor, daß österr.-ung. Soldaten, ebenso Italiener, sich im Sturm auf Schweizer Gebiet, oft verwundet, verirrten. Dabei leistete die Schweizer Armee immer größte humanitäre Hilfe, versorgte die Opfer des Krieges genauso, wie sie es mit eigenen Leuten getan hätte. Zugleich beobachteten die Schweizer wie auf einer Bühne, wie sich der Krieg im Gebirge abspielte, um daraus eigene Konsequenzen für die schweizerische Gebirgstruppe bis heute zu ziehen.

TEL DREISPRA

Aufstieg (oben) zur Front am Ortlergipfel. Bei jedem Wetter wurden diese Gletscherrouten begangen. Durch tiefen Schnee (rechts oben) wurden Geschütze, hier im Abschnitt Stilfser Joch, dahinter der Ortler, in Stellung gebracht.

Ein Bild, rechts unten, voller Dramatik und düsterer Spannung. Die Verteidiger des Ortlers in ihrem Gipfeleisstollen, der beschußsicher 8 m unter der Oberfläche lag. Ebenso wie in den anderen Gletscherstollen von Marmolata, Adamello, Presanella, der Hohen Schneid stieg die Temperatur auf nie mehr als 4°C (plus) an. Kleine Schwarmöfen verbreiteten ein wenig Wärme, dafür schmolz das Eis an der Oberfläche. Ständig, jahrelang lebten die Männer in feucht-kaltem Klima. Uniformen, Schuhe, Ausrüstung wurden nie trocken. Gespenstisch verliefen die Tage. Bei Sturm, im Hochwinter blieb oft tagelang jeder Nachschub aus, auch an Brennholz zum Schneeschmelzen. Jede simple Erkältung konnte zum Tod durch Lungenentzündung führen. Primitiv im Vergleich zu heute die alpine Ausrüstung mit genagelten, dünnen Bergschuhen, langen Holzpickeln, Tuch-Anoraks, Gamaschen aus Segeltuch, Wollmützen. Es gab nichts Wasserdichtes. Und wie auf fast allen Kriegsfotos ganz ernst die Gesichter (rechts unten) der Tiroler Soldaten. Keiner lacht. Eine ganz sonderbare Spannung zeichnet jedes Antlitz.

Lufbildaufnahme (oben) der Straße auf das Stilfser Joch. Diese Straße wurde 1820 bis 1824 von Österreich erbaut, führt von Spondinig in 46 Kehren zur 2758 m hohen Paßhöhe, von dort in 38 Kehren nach Bormio, dem einstigen Worms (nach dem das Wormser Joch, der Paß Umbrail benannt ist).

Drahtverhaue (rechts oben) in der südlichen Ortlerfront, im Abschnitt Monte Vioz, Montozzo, Redival, Laghetti, Albiolo – dahinter die Gipfel des West-Ost ziehenden Presanella-Hauptkammes. Unter dem Nebelmeer die Höhe des Tonale.

Darunter eine Hundekolonne mit Nachschub zur Ortlerfront auf der Stilfser-Joch-Straße. An allen Fronten wurden Hunde zum Transport, als Meldehunde (!) eingesetzt. An allen vordersten Linien, wo immer es ging, gab es wenigstens einen Hund. Von ihm, dem treuen Gefährten der Frontsoldaten, hing es oft ab, ob in Sturmnächten das Nahen des Gegners rechtzeitig gemeldet wurde! Ich besitze unzählige Berichte, Interviews, die besagen, wie eng die Beziehung von Soldat und Hund gewesen war. In diesen oft unerträglichen Einsamkeiten war der Hund das einzige Wesen, das diesen von Gott und der Welt verlassenen Männern Liebe, Zärtlichkeit, Treue, Hingabe gegeben hatte. Ich besitze erschütternde Fotos von Hundebegräbnissen an der Front, oder Berichte voll tiefstem Leid, wenn ein Hund getötet wurde, starb, oder mit Gipfeln in die Luft gesprengt wurde. »Der Hund an der Gebirgsfront« gehört zu den ganz vergessenen, dafür umso ergreifenderen Kapiteln jenes schrecklichen Krieges.

►

Russische Kriegsgefangene (oben) auf der Straße zum Stilfser Joch. Serbische Kriegsgefangene (darunter) auf der Stilfser-Joch-Straße. Beide Gefangenenkolonnen werden durch Tiroler Mannschaften begleitet. An den Fronten von Ortler, Adamello und Presanella wurden besonders viele Kriegsgefangene eingesetzt. Aber nur in tieferen Lagen bis hinauf zum Stilfser Joch, nicht auf Routen, die in die eigentlichen Gebirgsstellungen führten.

Die Hauptaufgabe der Kriegsgefangenen lag darin, Straßen und Wege auszubessern, instandzuhalten, sowie den Schnee der häufig meterdicken Lawinen wegzuschaufeln. Gelegentlich wurden sie auch als Träger in tieferen Bereichen verwendet. Es sind viele Berichte und Erzählungen aus dem Krieg überliefert, wie leistungswillig diese Gefangenen waren, wie groß ihr Heimweh in der für sie fremden Gletscherwelt war, wie gut sie von den Tirolern behandelt und versorgt wurden.

Bei klarem Wetter konnten dann am Abend die Männer in den Höhenstellungen oft die melancholischen, russischen Lieder hören – was für ein Kontrast! Kriegsgefangene leisteten übrigens oft Einsätze bei den Bergbauern, bei Ernte und Bestellung der Felder, da ja die einheimischen Männer fast alle an der Front standen, nur Frauen und Mädchen, Greise, Kinder hielten die Tiroler Landwirtschaft aufrecht. Auch letzteres ist heute fast vergessen.

249

►

Die Fliegeraufnahme (rechts oben) wurde von der Fliegerkompanie 15 am 3. Mai 1917 aufgenommen, zeigt eine vorgeschobene, italienische Feldwache. Man beachte die geschlossene Schneedecke zu Beginn des Monats Mai auf der Höhe von Almregionen! Gut zu sehen das Val d'Albiolo, mit Punta Albiolo die Schlüsselstellung der Front am Tonale. Im Bild darunter sehen wir das Artillerie-Abschnittskommando am Tonalepaß. Erneut eine der häufigen Aufnahmen, die einen Diensthund zeigt, der aufmerksam und konzentriert das Treiben beobachtet. Als Diensthunde wurden Hunde jeder Art, meist Mischlinge, eingesetzt. Diese Hunde bewachten in sturmumtosten Nächten die Unterkünfte, meldeten jede feindliche Annäherung auch dann, wenn das menschliche Gehör längst nichts mehr wahrnehmen konnte.

Im Norden des Ortlers bildete die Höhe des Stilfser Joches die große, natürliche Durchbruchslinie für die Italiener, um nach Prad in den Rücken der Tiroler Front stoßen zu können. Dort, am Stilfser Joch, beherrschten die Tiroler den gesamten Monte Scorluzzo am Stilfser Joch, der zu einer uneinnehmbaren Festung ausgebaut wurde, von dessen überhöhter Lage aus das Stilfser Joch gehalten werden konnte. Folgerichtig konzentrierten sich in allen Kriegsjahren große bis sehr große Angriffe der Italiener gegen den Scorluzzo (mit Tausenden von Toten), doch konnte er nie erobert werden. Denn wer den Scorluzzo besaß, der beherrschte das Stilfser Joch.

Identisch war die Lage am Tonale, von dem sich nördlich die Punta Albiolo (2980 m), ein kühner Doppelgipfel erhebt. Diesen Berg besetzten ab Kriegsbeginn die Alpini, doch entrissen Tiroler Kaiserschützen im September 1915 den Italienern den Hauptgipfel, legten damit die Grundlage zum dauernden Halten des Tonale. Letzterer hätte die große strategische Durchbruchslinie für die Italiener geboten, um von Westen, von Edolo aus, gegen Bozen, Trient, Etschtal vorzupreschen – und alle Nachschubwege in Besitz zu nehmen. Damit wäre die westliche Dolomitenfront, die Presanella-Adamello-Front, und die südliche Ortlerfront zusammengebrochen. Am Hauptgipfel der Punta Albiolo lagen bis Kriegsende die Tiroler, am eng daneben gelegenen anderen Gipfel krallten sich die Italiener fest. Dazwischen wurde um die Scharte, und um die beiden Gipfel jahrelang blutigst gerungen, doch Italien gelangte nie in den Besitz dieses Schicksalsberges der Tonalefront.

Von der Punta Albiolo stieg die Front nach Süden ab, querte den Tonale exakt auf dessen Höhe, stieg südlich davon empor zum Passo Paradiso in der Presanellagruppe – dort, wo sich heute die Bergstation der Seilbahn befindet (im Monticello-Grat). Am Tonale wurde in dicht gestaffelten Stellungslinien auf beiden Seiten mit größter Härte gekämpft. Oft starke Infanterieangriffe mußten die Verteidiger abwehren, konnten den Paß unter großen Opfern halten. Noch im Juni 1918 versuchte Österreich-Ungarn hier mit dem »Unternehmen Lawine« eine große Offensive gegen Mailand zu führen, kam aber über den Tonale nicht hinaus. Oben, in der Presanella dagegen, da tobte der Kampf um alle Gipfel und Gletscher, da forderten Lawinen ihren Tribut von oft hundert Toten und mehr.

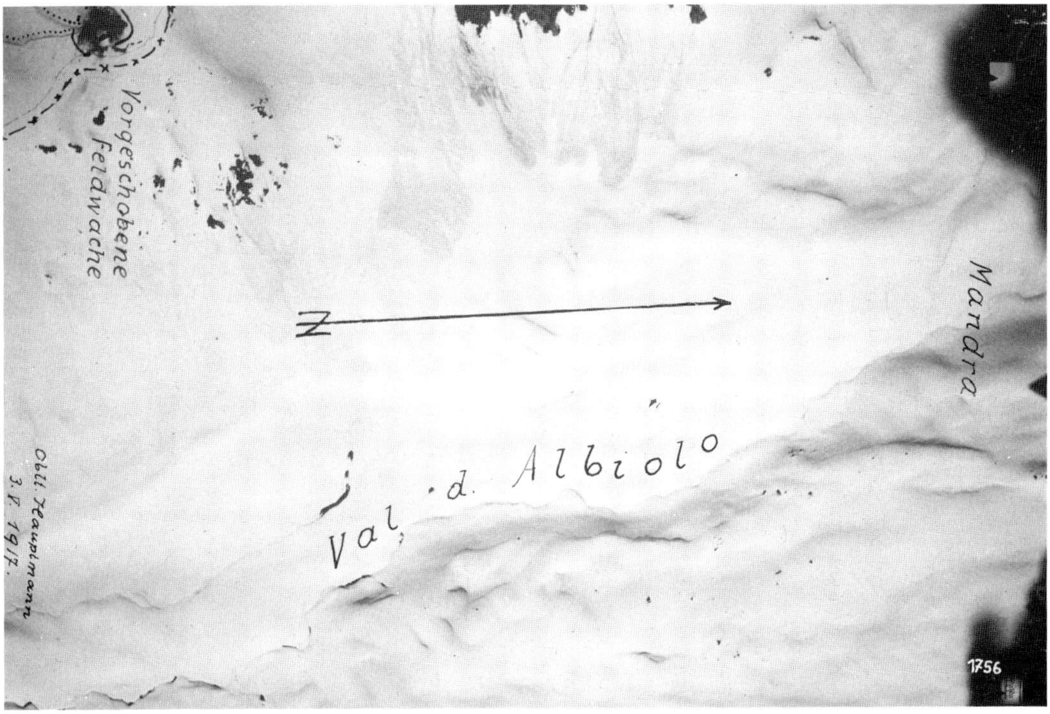
Vorgeschobene Feldwache
Mandra
Val. d. Albiolo
1756

219

Das Bild zeigt das »Einbringen eines Verwundeten« am Tonalepaß. Der Bildhintergrund beweist, daß es sich um Unterkünfte am Monticello-Grat handelt, dahinter sehen wir Teile des Presena-Gletscherkessels, wo am 9. Juni 1915 Tiroler Landesverteidiger, darunter Kaiserschützen, Fortbesatzungen, das erste Gletschergefecht in der Geschichte der Menschheit siegreich beendeten. Aus dem Kamm im Hintergrund des Bildes fluteten damals die Angriffswellen der Alpini einen Tag lang herunter, wurden in der Moräne gestellt, abgeschlagen, zurückgetrieben. Die Alpini versuchten damals zum erstenmal, anstelle des unüberwindlichen Tonale, südlich flankierend davon über Gipfel und über Gletscher offensiv in das Val di Sole (Sulzberg) vorzustoßen, um weiter nach Bozen, Trient vorzudringen. Das war der tiefere Grund für jenes erste, legendäre Gletschergefecht. Am Abend des Gefechtes war der Gletscher blutrot gefärbt, mit Toten bedeckt. Das aber war erst der Auftakt, denn ab nun versuchten die Alpini bis Kriegsende 1918 hier gegen Bozen vorzustoßen, ohne es je zu schaffen. Doch der Presena-Gletscherkessel wurde zur Hölle des Todes durch Gegner, Lawinen, Schneestürme. Ersatzmannschaften stiegen dauernd auf, während man die Toten und Verwundeten an ihnen vorbei zu Tale trug. Dort, in Stavel, befand sich der Tiroler Feldfriedhof, wo sich in einem stillen, heute verträumten Talgrund täglich ergreifende Szenen abspielten.

Schon kurz nach Beginn des Gletscherkrieges erkannten beide Seiten den Wert von modernen Maschinenwaffen, wie leichten und schweren Maschinengewehren, sowie der Gebirgsartillerie, sowie der zweckmäßigen Tarnung mit Schneemänteln. Eines der Hauptprobleme bildete das Hinaufschaffen der meist sehr schweren, allerdings zerlegbaren Waffen – und der Munitionsnachschub, der auf Tiroler Seite grundsätzlich zu gering erfolgte. Nach den häufigen, schweren Stürmen mußten die Waffen erst freigeschaufelt, enteist und wieder funktionsfähig gemacht werden.

So wie bisher in diesem ersten Frontkapitel dieses Buches, bringen wir auch noch bewußt einige weitere Bilder, die zeigen, wie sich das Leben im Krieg am Boden abspielte. Wir wollen damit das Antlitz jenes oft arktischen Ringes dokumentieren, da Luftbilder allein zu abstrakt wirken würden. Zunehmend werden wir aber in den nächsten Kapiteln immer mehr Luftbilder veröffentlichen.

►

Eine Gletscherpatrouille (oben) durchquert einen Eisbruch in der Adamello-Gruppe. Darunter sehen wir einen Unterstand im Gletschereis der Adamellofront. Sehr bald nach Kriegsbeginn wichen Freund und Feind ins Gletscherinnere aus, um gegen feindlichen Beschuß, gegen das Wüten der Natur geschützt zu sein. Erfinder der Gletscherstollen und der Technik, diese zu errichten, war der Innsbrucker Dipl. Ing. Leo Handl, Kommandant der K.k. Bergführerkompanie 8 auf der Marmolata. Man unterschied Versorgungs- und Zugangsstollen, Unterkunftsstollen, Kampfstollen.

265

In der Beurteilung beider einstigen Seiten, nimmt der Adamello-Krieg die Position des allerhärtesten Krieges im Eis ein. Allein aufgrund der großen, vergletscherten Ausdehnung dieses Gebirges und wegen der großen, flachen Gletscherwüsten, konnten hier große Gefechte mit vielen Soldaten geführt werden. Im Zuge der blutigen Kämpfe am Mandrongletscher bezogen die Tiroler schließlich den gesamten, östlichen Adamello-Hauptkamm, den sie zur arktischen Hauptkampflinie (HKL) ausbauten und hielten.

Von der Cima Presenalla, der Cima Busazza, dem Zigolon, der Cima Presena im Norden stieg die Front hinunter, querte nach Süden zum östlichen Adamello-Hauptkamm, der sich hier in wilden, schwierig zu besteigenden Felsgipfeln erhebt. Ago Mingo, Stablel und Stablelin, Punta die Folgorida (Fargorida), Crozzon di Lares, Corno di Cavento, der Lares- und Lobbia-Gletscher, der Carè Alto wurden zu höllischen Infernos. Dieser Kamm, die längste Gletscherfront aller Zeiten, bildete die letzte Barriere Altösterreichs gegen den italienischen Durchbruch in das Val Rendena und von dort weiter nach Trient, was zum Zusammenbruch der Front westlich und östlich der Etsch geführt hätte.

Tiroler Kaiserschützen, Tiroler Standschützen, Streifkompanien der Tiroler Kaiserjäger, steirische Feldjäger des Feldjägerbataillons Nr. 9 (»Neunerjager«), Salzburger »Rainer« des Salzburger Hausregiments waren die tapferen, unbesiegbaren Verteidiger. Nur zwei Gipfel, den Crozzon di Lares, den Corno di Cavento, konnten die Alpini über den Gletschern nehmen, kamen aber dann nicht mehr weiter. Militärisch waren diese Erfolge bedeutungslos, forderten aber auf beiden Seiten viele Tote. Unvorstellbar hart wurde in Wänden des Schwierigkeitsgrades IV und V am Stablel, Stablelin, Ago Mingo gerungen – Gipfel, die in ihrer Exponiertheit jedem Gipfel des Wilden Kaisers, der Dolomiten ebenbürtig sind. Heute verirrt sich jahrelang kein Bergsteiger mehr dorthin, diese Gipfel werden äußerst selten bestiegen, erklettert. Sie sind noch heute voll von Kriegsresten, menschlichen Knochen, von nicht vorrottendem Material wie Uniformknöpfen, Handgranaten. Unter allen kühnen Einsätzen des Hochgebirgskrieges hat hier die Tiroler Hochgebirgstruppe mit ihren Kameraden anderer Teile Österreich-Ungarns die mit Abstand schwersten, gefährlichsten und opferreichsten Einsätze erfolgreich erbracht. Wer das weiß, der empfindet heute beim Besteigen dieser gottverlasssenen Gipfel unsägliche Trauer, Wehmut und Weltverlassenheit. Denn die Schatten unserer Toten umgeben uns hier auf ewig.

Abb. oben:
Im Gegensatz zum Zweiten Weltkrieg und der heutigen Kriegstaktik wurden schwere Maschinenwaffen und Artillerie damals unbeweglich, am Ort verbleibend, im Hochgebirge eingesetzt. Der bewegliche, viel effektivere Kampf mit Artillerie und schweren Maschinenwaffen konnte auf den Gletschern bei großer Personalknappheit nicht erreicht werden. Jede Verlegung eines Geschützes hätte Tage gedauert, war nur im Sommer möglich. Der jeweilige Gegner konnte daraus Vorteile ziehen, indem er bei Angriffen den Wirkungsbereich von Artillerie und Maschinenwaffen im alpinen Gelände zu umgehen versuchte. Es kam also darauf an, diese modernen Waffen von Anfang an am richtigen Platz in Stellung zu bringen.

Abb. Seite 112 u. 113: ►
Ein alpines Detachement (links oben) mit Diensthund an der Adamellofront. Die Eispikkel waren sehr hoch, dadurch zum Sichern und Bergabgehen besser geeignet als heute, dafür im steilen Eis hinderlicher. Die Bergseile aus Hanf, gefroren nach Regen oder Schneefall zu bockharten, steifen Drähten, deren Knoten sich nicht mehr lösen ließen. Seilschlingen und Seilklemmen zum Aufsteigen am Seil aber gab es bereits!
Eine Feldkanone des Kalibers 8 cm (links unten) am Adamello-Abschnitt wird geladen, dahinter der Korb zum Tragen der Munition. Rechts eine Eiskaverne, 12 m in tiefem Eis der Adamello-Gletscher.

230

257

Eine unglaublich schöne, glaziologisch wertvolle Luftbildaufnahme (oben) des Adamello-Hauptkammes von Norden. Eines der besten Adamello-Fotodokumente jener Zeit! Wir sehen den gesamten von Süd (rechts) nach Nord (links) verlaufenden, mittleren Adamello-Hauptkamm mit Monte Adamello (3554 m) und seiner charakteristischen Nordwand rechts im Bild, bis hin zum Kammverlauf Passo Brizio, Corno Bianco (3443 m). Im Vordergrund der Vedretta (Gletscher) del Venerocolo, über den die Alpini ihre gesamte Adamellofront versorgten. Das Bild zeigt die italienische Frontseite in bester Weise. Auf den höchsten Kammverläufen dieses Luftbildes richteten die Alpini auf der von uns abgewandten flacheren, Mandron-Gletscherseite ihre Basen für Nachschub, Transport, sowie riesige Unterkünfte ein, wie wir auf der Luftbildaufnahme des Passo Brizio (rechts unten) sehen können.

►

Luftbildaufnahme (rechts) des Passo di Brizio vom 18.6.1917. Hier war das italienische Hauptlager mit oft 3000 Alpini der Gletscherfront im Adamello. Es gab eine eigene Druckerei mit Tageszeitung, Lazarett, Seilbahnen und beste Infrastrukturen. Rechts im Bild der Mandrongletscher. Der Verlauf des Pfeiles »Passo di Lobbia alta« entspricht dem italienischen Gletscherstollen, der zum heutigen Rifugio ai Caduti d'Adamello (Lobbia-Hütte) führte, wo die Alpini ihren Stützpunkt im mittleren Adamello-Hauptkamm hatten. Links im Bild die italienischen Seilbahnen zum Lago del Venerocolo, zur tiefer gelegenen Basis (heute Rif. Garibaldi). Das (italien.) Lager am Passo Brizio (auch Brisio) lag auf 3149 m Höhe. Heute finden wir an derselben Stelle eine Biwakschachtel.

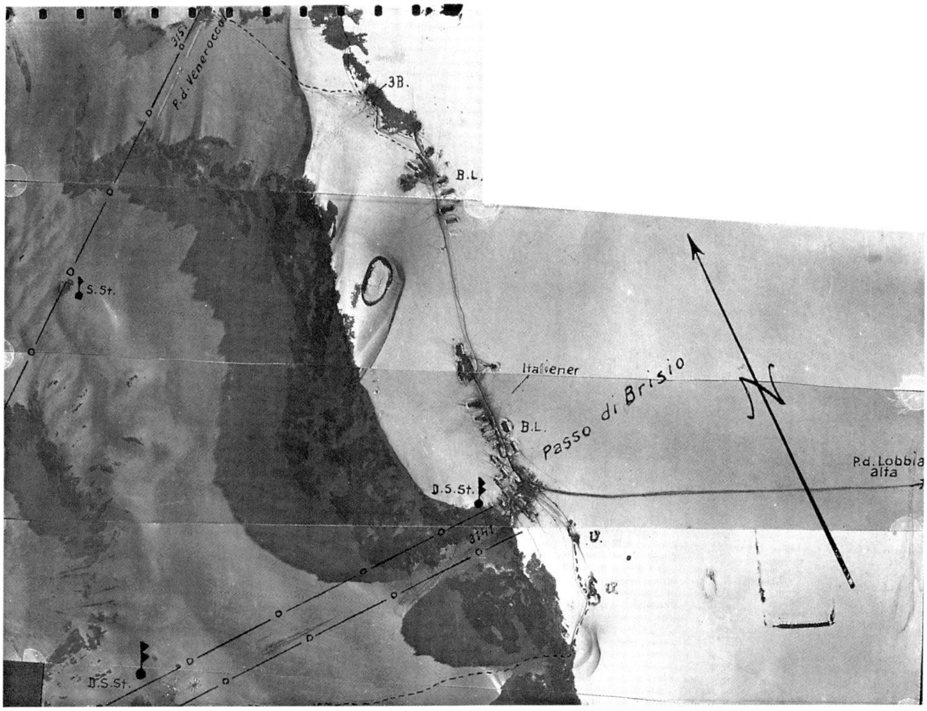
3151
P.d.Venerocolo
3B.
B.L.
S.St.
Italiener
Passo di Brisio
N
B.L.
P.d.Lobbia alta
D.S.St.
3141
D.S.St.

21
28
24
19
18
20
14
23
17
14
15
16
27
15
25
14
2
11
12
26
12
10
9
7
8
6
3
7
4
6
1
3
5
22
22

Die Front im Raum Etschtal, Gardasee, Rovereto

Von Judikarien kommend, erreichte die Frontlinie den Gardasee im Bereich der Rocchetta (1521 m), stieg von dieser ab und erreichte nördlich des Ponale-Falles das Seeufer. Östlich des Gardasees stieg die Front über die dem Ufer banachbarten Kämme empor, schwenkte südlich von Rovereto zum Blutberg Zugna Torta und zur Hölle des Pasubio empor. Dieser Raum, vor allem das Etschtal, bildeten die Lebensader der Tiroler Front, die von hier nach Osten und Westen mit allem Lebensnotwendigen versorgt wurde. Sperren und Forts, Festungsanlagen sicherten den gesamten, potentiellen Einbruchsraum durch das Etschtal gegen Italien. In den tiefen Lagen hatte Italien nie große Offensivkräfte angesetzt, so daß es sich um die mit Abstand ruhigste Front handelte. Nach allgemeiner Beurteilung hätte sich für große italienische Kräfte durchaus die Chance des Durchstoßens ergeben können. Da aber beide Seiten das Gros ihrer Kräfte auf Sieben Gemeinden, am Isonzo, Piave, am Grappa einsetzten, blieb dieser Abschnitt von großen Aktionen verschont. Doch in nächster Nähe von Rovereto, auf der Zugna Torta, am Pasubio, da entfaltete der moderne Vernichtungskrieg sein Maximum an Grauen, das er kannte. So nahe lagen damals relativer Frieden und die Apokalypse beisammen. Tag und Nacht langten in Rovereto die Toten und Schwerverwundeten von Zugna Torta und Pasubio ein, Tag und Nacht hörten die Menschen das Donnern der Geschütze, sahen die Einschläge und den Feuerschein auf der Zugna Torta. Beide Berge zählen zu den Thermopylen Tirols, denn über beide Berge versuchte Italien mit allen Mitteln, – vergeblich – in das Etschtal zu gelangen. Dies hätte das Ende der Tiroler Front bedeutet.

◄

Nachkampfmittelsammlung der Sprengmittelabteilung des Schanzzeugdepots 9/V in Bruneck mit: 14-cm-Wurfmine, Gasmaske, deutsche Gewehrgranate, explodierte Wurfmine, Universal-Handgranate, Stielhandgranate, Sprengplatten, österreichische Wurfminen, Birnenhandgranate, italienische Dosenhandgranate, Kugelhandgranate, Diskus-Handgranate, deutsche Stielhandgranate, Rohrhandgranate, Wurfgranate (Lufttorpedo), Laufgranate, Propeller einer österr. Rohrhandgranate, Köllensberger-Handgranate mit Fallschirm, Handgranate mit Abreißkugel, österr. Fallschirmrakete.

►

Rechts oben sehen wir gefangene Italiener bei Calliano. Das Bild darunter zeigt ein italienisches Riesengeschütz vor dem Dante-Denkmal in Trient. Trient, bis Kriegsende 1918, zu Österreich-Ungarn gehörend, war nicht nur ein Zentrum der Irredenta, der Los-von-Österreich-Bestrebungen, wie man bis heute überall nachlesen kann. Italien setzte es sich zum Ziel, alle Menschen italienischer Muttersprache in einem Staat, in einem Reich zu vereinigen. Das war die politische Situation in den Jahren vor dem Ersten Weltkrieg, die generell – auf allen Seiten aller kriegführenden Staaten – durch einen oft sehr überhitzten Nationalismus gezeichnet waren. Nur Österreich-Ungarn als multinationales Reich alter Ehrwürdigkeit bildete die große Ausnahme, nahm das vorweg, wonach wir heute streben – den europäischen Staatenbund, wo jedes Volk, jede Nation seine Heimat im großen Ganzen finden könnte.

Die italienischen Los-von-Österreich-Bestrebungen waren aber nur, auch in Trient, auf zahlenmäßig kleine Kreise konzentriert. Vor allem auf die Lehrerschaft, auf Anwälte, auf die sogenannte Intelligenz. Der überwiegende Großteil von Handwerk, Beamten, Landwirtschaft, Industrie war übernational eingestellt. Das galt vor allem für nahezu alle Trentiner Bergtäler, deren fast nur italienisch sprechende Bevölkerung voll zu Österreich-Ungarn stand und im Ersten Weltkrieg durchwegs zu den Österreichischen Fahnen ging.

Schließlich gab es in Italien zahlreiche Kreise, die den Kriegseintritt Italiens verhindern wollten, die aber unterlagen. Der Krieg selbst verursachte vor allem in Städten wie Trient, die im politischen Spannungsfeld lagen, große und tragische menschliche Leiden. Oft gingen die Risse durch einzelne Familien hindurch, die sich in pro Österreich, in pro Italien spalteten, deren Söhne und Männer teils auf österreichischer Seite, teils auf italienischer Seite dienten. Nicht nachdrücklich genug muß hier vermerkt werden, daß die gesamte italienische Irredenta damals nur den Anschluß von Welschtirol, also des italienischen Trentino forderte. Ab der Sprachgrenze in Salurn sollte das Land bei Tirol bleiben. Auch Cesare Battisti, der am Monte Corno gefangen genommen und dann in Trient hingerichtet wurde, wollte nur das Trentino an Italien anschließen.

Aus heutiger Sicht muten diese Probleme tragisch an, wenn wir folgendes bedenken: Durch Generationen hindurch haben deutsch sprechende Tiroler und italienisch sprechende Trentiner gemeinsam Geschäfte getätigt, brachten Handel, Wirtschaft, Technik, Kultur in großen Aufschwung. Sie lebten wie ganz normale Menschen zusammen, sprachen beide Sprachen, heirateten sehr viel untereinander, wurden glücklich. Es gibt kaum eine alte Südtiroler Familie, kaum eine alte Trentiner Familie, die nicht Vorfahren beider Seiten hätte. Die große, expansionistische Außenpolitik Italiens und der regionale, schäbige Chauvinismus haben ein jahrhundertealtes Miteinander damals zerstört. Die Opfer, die das Ganze aber forderte, die kann man niemals gutheißen. Dieser Ansicht sind heute auch viele führende Kreise Trients, das seinerseits seit Jahrzehnten oft schwer unter römischem, nicht funktionierendem Zentralismus leidet.

120.

Die größten Kriegshöllen Tirols: Der Frontabschnitt Pasubio, Zugna Torta, Vallarsa

Von Rovereto zieht ein vergessenes, wenig befahrenes Tal zuerst nach Osten, dann nach Südosten, die Vallarsa, das einstige Tiroler Brandtal (zu jenen verwehten Zeiten, da Rovereto noch Rofreit, der Gardasee Gartsee hießen). An der südlichen Begrenzung der Vallarsa erhebt sich der kilometerlange Rücken der Zugna Torta, der Zugna, der Coni Zugna. Nördlich der Vallarsa erheben sich der Monte Spil, der Monte Testo, der Monte Corno (Battisti) – sie alle leiten in direkter Folge zum Monte Pasubio hin. Mitten in der Vallarsa, zu Füßen des Monte Spil, da träumt ein altes K.u.k. Fort, das Festungswerk Valmorbia seinen ehernen Schlaf, der so lange währen wird, so lange die Mauern des Forts noch stehen. Bataillon um Bataillon (jedes zu über 1200 Mann) von Freund und Feind sind hier rundum gefallen, geblieben, gestorben. Zwei Männer Tirols und Trients schrieben das Schicksal jener Front: Alfred Enrich, der Kaiserschütze und Maria-Theresien-Ritter, der das Fort Valmorbia zurückeroberte, und Cesare Battisti, Trentiner Abgeordneter im Reichstag zu Wien, der auf Seiten der Alpini kämpfte, der am Monte Corno (Battisti) in Tiroler Gefangenschaft geriet. Und der als sogenannter Deserteur, als Offizier in Trient nicht gehängt, sondern, wie meine Fotos nun beweisen, mit der spanischen Garotte langsam zu Tode gewürgt wurde. Doch von all diesem weiß heute fast niemand mehr etwas. Vor 70 Jahren bewegten diese Berge und dort stattfindenden Ereignisse die Gemüter der Menschen. Wie ist es dazu gekommen?

Bei der gescheiterten Frühjahrsoffensive der Österreicher 1916 über die Hochfläche der Sieben Gemeinden, stieß man zuletzt auf nicht überwindlichen Widerstand im Abschnitt Zugna Torta, Vallarsa und Pasubio. Seit damals wurden diese Berge zur letzten Flanke gegenüber einem Einbruch Italiens in das Etschtal bei Rovereto. Bis Kriegsende 1918 rannte Italien nun am Pasubio, der Zugna Torta mit Zehntausenden von Soldaten an, um in das zum Greifen nahe liegende Tiroler Etschtal siegreich vorzustoßen. Das hätte das Ende des Krieges bedeutet. So wurden aus Pasubio und Zugna Torta die Thermopylen Tirols, wo es buchstäblich um alles, um das Land ging. Beide Seiten setzten hier ihre besten Kräfte ein: Tiroler Kaiserjäger aller vier Regimenter (Pasubio = Kaiserjägerhölle) am Pasubio, Tiroler Kaiserschützen aller drei Regimenter auf der Zugna Torta; Alpini und Bersaglieri Italiens am Pasubio und auf Zugna Torta. Doch bis Kriegsende konnte Italien nie diese beiden Verteidigungspunkte besiegen, konnte nie in das Etschtal während des Krieges vordringen.

Rovereto, der Hauptort für diese Tiroler Fronten, liegt nur 192 m ü.d.M. Im Aufstieg zum Monte Zugna sind 1672 m Höhenunterschied, zum Pasubio 2040 m Höhenunterschied zu bewältigen. Alle diese Fronten sind im Sommer, weil verkarstet, wasserlos. Viele Soldaten starben am Wassermangel. Im Winter gibt es mehr Schnee als in allen Alpengruppen. Das baum- und vegetationslose Karstgelände begünstigt schwerste Lawinenabgänge, die im Krieg oft pro Woche auf jeder Seite mehrere Hundert an Lawinentoten verursachten. Freund und Feind lagen sich auf der Zugna, am Pasubio auf wenige Schritte jahrelang gegenüber. Flammenwerfer, Gas kamen auf kürzeste Distanzen zum Einsatz. Die vom Pasubio talauswärts ziehenden Felsgipfel, Monte Testo, Monte Spil, Monte Corno wurden zu vergleichbaren Fronten.

Und hier am Monte Corno wurde Cesare Battisti im Juli 1916 durch Kaiserschützen in einem Gefecht, an dem mehrere hundert Soldaten teilnahmen, gefangen genommen. Seine Verurteilung zum Tod war zwar juristisch korrekt, aber politisch und ethisch falsch. Sein Sohn mußte übrigens unter Mussolini aus Italien emigrieren, da es damals nicht opportun war, zu sagen, daß sein Vater Cesare nur das Trentino, niemals Südtirol an Italien angliedern wollte.

Am 29. Juni 1916 gelang dem Kaiserschützen-Oberleutnant Alfred Enrich die Rückeroberung des von Italienern besetzten Forts Valmorbia – die einzige Rückeroberung eines großen Festungswerkes während des Ersten Weltkrieges. Nach Alfred Enrich, dem Maria-Theresien-Ritter, ist die Enrich-Kaserne des Österreichischen Bundesheeres in Kufstein benannt.

Am Pasubio aber besetzten die Tiroler die Nordplatte des Gipfels (2206 m), die Italiener die um 30 m höhere Südplatte (2236 m). Dazwischen, in der Scharte, da hauste der Tod. Permanent sprengten beide Seiten gegnerische Stellungen mit unterirdischen Sprengstollen in die Luft, bis es den Tirolern endlich gelang, die italienische Platte mit 50 Tonnen Sprengstoff im März 1918 in die Luft zu jagen. Dabei wurden 500 bis 800 Alpini in die Luft gesprengt.–

»Wie viel Wasser braucht doch ein Gärtner, um auch nur ein kleines Stück Erde richtig zu durchfeuchten, und wie wenig, vom kostbarsten Saft, vom Blut verströmt so ein armer, zu Tode verwundeter Menschenkörper. Könnten wir jedoch die Schlachtfelder 1914–1918 des Ersten Weltkrieges überfliegen, um einige Quadratmeter zu entdecken, die wirklich mit Blut getränkt, die wahrhaftig mit Gefallenen mehrfach überdeckt waren, wir würden diese Stelle auf dem Pasubio finden« (Robert Skorpil).

►

Beide Lufbildaufnahmen zeigen die zentrale Pasubiofront. Die obere Aufnahme stammt von der K.u.k. Fliegerkompanie 17, wurde am 1.3.1917 am Vormittag aus 3800 m Höhe fotografiert (Beobachter-Fotograf Leutnant Gsöllpointner, Pilot Feldwebel Maurer). Die Bezeichnung »eigene« (Bohrstelle) meint immer Tiroler Positionen, während unter »feindlich« immer eine italienische Position gemeint ist. Man beachte weiters den Nord-Pfeil in den Luftbildern. Wir sehen zum Beispiel, wie nahe die Bohrstellen der Gegner waren. Unter Bohrstellen verstand man die Eingänge zu Sprengstollen, die unter die gegnerische Stellung geführt wurden. Auf diesem, oberen Bild sehen wir hervorragend, wie direkt die beiden Bohrstellen aufeinander zuführten! Es kam am Pasubio, ebenso an anderen Fronten, oft vor, daß beide Sprengstollen hauteng aneinander vorbeiführten. Die Männer beider Seiten in den Stollen wußten, daß, so lange noch Bohrgeräusche zu vernehmen waren, keine momentane Gefahr der Sprengung bestand. Im Augenblick des Ausbleibens feindlicher Bohrgeräusche wußte man aber, daß die Sprengung der eigenen Stellung durch den Feind unmittelbar bevorstand: Der Krieg ging, wie es damals hieß, »in das Innere der Berge«, er wurde unterirdisch geführt. Das war am Pasubio dauernd der Fall.

Das untere Bild wurde am 3.10.1916 von der K.u.k. Fliegerkompanie 17 aufgenommen, und zwar am Vormittag aus 4000 m Höhe (Beobachter-Fotograf Oberleutnant von Hoffmann, Pilot Zugführer Maurer). Man beachte wiederum den Nordpfeil im Luftbild und bedenke dabei, daß die südliche Pasubio-Platte italienisch, die nördliche Pasubio-Platte österreichisch war.

Weniger die obere Aufnahme vom März 1917, sondern viel eindringlicher die untere Aufnahme vom 3. Oktober (!) 1916 zeigt die bereits im Frühherbst für den Pasubio (ebenso Zugna Torta, Monte Spil, Monte Testo, Monte Corno) typische, geschlossene Schneedecke. Das gesamte Gipfelgelände ist unter tiefem Schnee verborgen. Und tatsächlich hatten die Männer dieser Fronten von Ende September bis April/Mai des nächsten Jahres mit dem extremen Hochwinter zu kämpfen, der Schneehöhen von ohne weiteres zehn bis zwölf Metern immer brachte. Das kann sich der Laie in dieser südlichen Gegend kaum vorstellen.

Beide Aufnahmen stellte mir mein verstorbener Freund und Förderer, Dr. jur. Albert Stiffler-Misani aus Chur zur Verfügung. Die Aufnahmen entstammen dem Besitz des einstigen K.u.k. Oberstleutnants von Werth, der nach 1918 in die Schweiz ging, in der Schweizer Armee diente, der u. a. Lehrer an einer Schweizer Offiziersschule war. Oberstleutnant von Werth gab diese Luftbilder dem Schweizer Oberstleutnant Siegrist (Infanterist und Pilot). Letzterer gab diese Aufnahmen meinem Freund Dr. Albert Stiffler-Misani in Chur zur Unterstützung meiner Arbeiten. Erst im März 1979 gelangten die Aufnahmen zu mir, der darin ein wunderbares Beispiel alpenländischer Verbundenheit erleben durfte – zwischen Innsbruck, Chur, München. Mein Freund Dr. Albert Stiffler-Misani (der nun auch zur Großen Armee eingerückt ist), sowie seine Frau und Kinder, haben mit diesen einzigartigen Luftbildern der Pasubio-Front der Tiroler Landesgeschichte einen nicht abzuschätzenden Dienst geleistet, da es sich um die bisher einzig bekannten Luftbilder der kriegsentscheidenden Pasubio-Front handelt.

Pasubio
Feindl. Kopf
Eigene Bohrstell

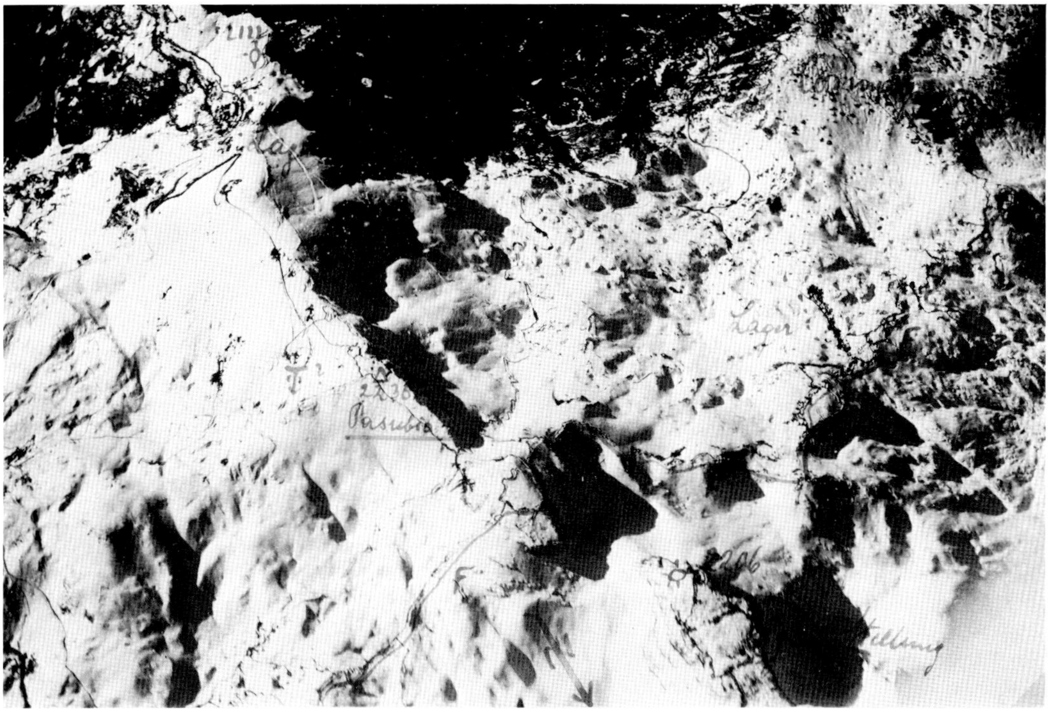
Pasubio
Lager

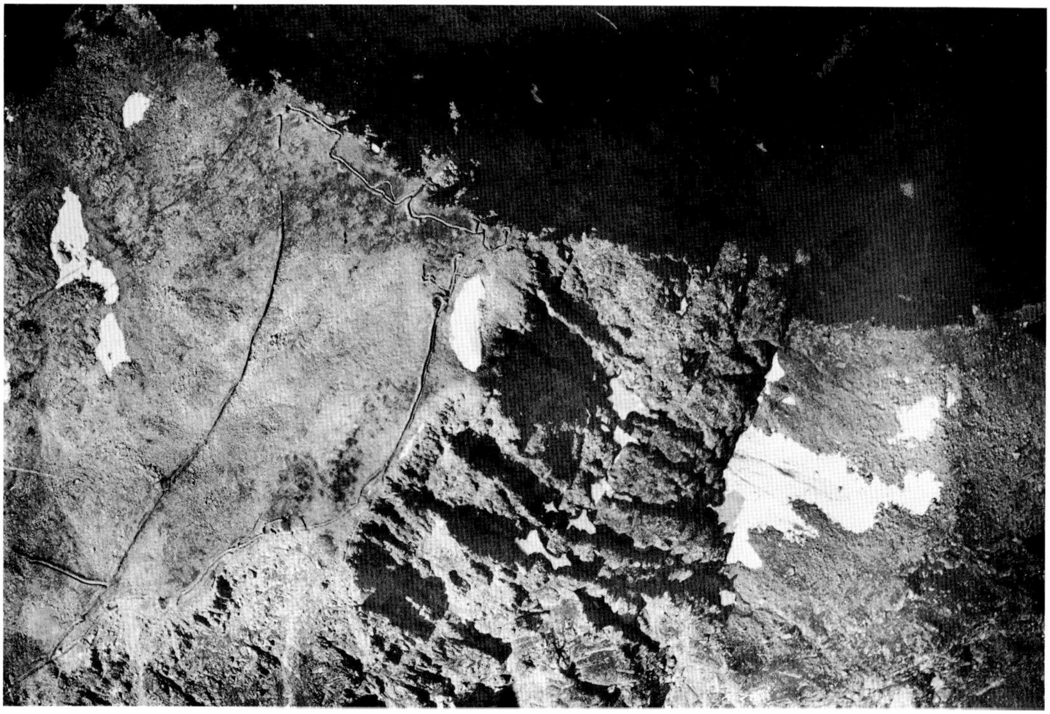

Luftbildaufnahme der Fliegerkompanie 45 vom 12. August 1917 der italienischen Stellungen auf der Coni Zugna (1865 m) nächst Rovereto, quasi am Hausberg Roveretos. Deutlich im Bild oben die vorderste Stellung mit starken Ausbuchtungen zu erkennen, während die beiden nach hinten ziehenden, langen Stellungsgräben Zugangsgräben zur vordersten Linie entsprechen. Dazwischen ein breites Areal ohne italienische Stellungsgräben. Wären die Tiroler über die vorderste Linie hinausgelangt, so wären sie in diesem Areal von beiden Seiten unter italienisches Vernichtungsfeuer genommen worden.

Aus der Luft fotografiert, wirkt dieser karstige, wasserlose Blutberg sehr abstrakt, ja irgendwie neutral, unwirklich. Doch das im Sommer total trockene Karstgestein hat die Splitterwirkung der Geschosse aller Waffen verheerend und unkontrollierbar, weil unberechenbar verstärkt. Zu den Wirkungen der Waffen kam außerdem noch die dadurch ausgelöste Splitterwirkung des Gesteins hinzu, das verheerende, große Fleischwunden bewirkte. In dieser, im Sommer glutheißen Steinwüste (bei sehr kalten Nächten) kämpften die Männer beider Seiten 1916, 1917, 1918 in einem heute unvorstellbaren Inferno. Kein Mensch von heute kann auch nur im entferntesten erahnen, wie es wirklich gewesen sein muß. Und bereits ab Ende September bedeckte metertiefer Schnee bis Ende April, Mitte Mai das gesamte Kampfgelände. Die Gräben mußten dauernd, Tag und Nacht freigeschaufelt werden, die Männer selbst wirkten in den Gräben mit vier Meter Schneemauern wie verlorene Zwerge. Nachschub blieb wegen Lawinen tagelang aus, Verwundete starben oben zuhauf, weil man sie nicht in die Lazarette von Rovereto bringen konnte. An allen diesen Fronten starben allein mehrere Tausend Mann an Trägern.

Die Valsugana-Front

Von Trient zieht nach Osten ein langes Tal, die Valsugana, das einstige Suganertal. Das zuerst von West nach Ost ziehende Tal schwenkt schließlich in einem Bogen nach Süden, durchbricht die Gebirgsenge zwischen dem östlichen Steilabfall der Hochfläche der Sieben Gemeinden und dem westlichen Steilabfall des Grappa-Gebirges. In diesem letzten Teil, der von Nord nach Süd zieht, der nach Bassano in die Tiefebene leitet, wird die Valsugana auch, dem Fluß entsprechend, das Brenta-Tal genannt. Südlich der gesamten Valsugana erhebt sich wie ein riesiger Rücken die strategisch einst so wichtige Hochfläche der Sieben Gemeinden, die am weitesten gegen Italien (einst) vorragte. Im Süden wird die Valsugana durch hoch aufsteigende, senkrechte Felswände begrenzt. Diese leiten direkt zu den nördlichsten Frontbergen der Hochfläche der Sieben Gemeinden empor – zu Cima Manderiolo (2049 m), Monte Kempel (2295 m), Cima Dodici (2236 m), Cima Undici (2228 m) und zur Hölle des Frontberges Monte Ortigara (2106 m). Im Krieg wurden diese Wände oftmals von österr.-ung. Gebirgstruppen im Kampf durchklettert, vor allem vom Hochalpinen Detachement Enrich. Dabei wurden Höhenunterschiede von fast 2000 m im Kampf in senkrechten Felswänden bewältigt.

Nördlich der Valsugana erheben sich die Frontberge der östlichen Fersentaler Gipfel, sowie ab Passo Manghen die Kette der südlichen Fleimstaler Dolomiten. Im Krieg stieg die Front von der Hochfläche der Sieben Gemeinden in die Valsugana hinunter, querte diese, und stieg empor zum Passo Manghen, wo alpengeographisch exakt die Dolomitenfront im Westen begann! Für Freund und Feind stellte die Valsugana eine große, geographisch bedingte Durchbruchsfurche dar.

Die österreichische Front in der Valsugana schob sich im Laufe des Krieges bis Herbst 1917 nach Cismon del Grappa und bis San Marino (nördlich von Bassano) vor, kam dann nicht weiter in das italien. Tiefland hinaus. Österreich-Ungarn setzte hier, in der Brenta-Schlucht, ein Jahr lang bis Kriegsende 1918 den Hebel an, um mit Offensivkräften das italienische Tiefland zu erobern, womit der Krieg entschieden gewesen wäre. Der enge Flaschenhals der Brenta-Schlucht verhinderte aber jede Entfaltung großer Offensivkräfte, so daß Italien diese Versuche leicht abwehren konnte. Österreich-Ungarn versuchte an der geographisch unsinnigsten Stelle vorzustoßen, mußte dies aber versuchen, da am Grappa, am Piave, von der Hochfläche der Sieben Gemeinden alle Offensiven gegen das italienische Tiefland scheiterten. In der Brenta-Schlucht, die man unbedingt mit PKW durchfahren sollte, um die einstige Aussichtslosigkeit zu sehen, scheiterten Österreich-Ungarns letzte Bemühungen, den Krieg zu gewinnen. Die südlich der Valsugana gelegenen, heiß umkämpften Frontgipfel (Dodici, Undici, Manderiolo, Ortigara) bildeten die letzten österr.-ung. Bastionen gegen einen italienischen, oft versuchten Durchbruch in die Valsugana, womit das Etschtal von hinten umfaßt worden wäre. Diese Frontgipfel wurden von der Valsugana durch Hochalpine Detachements gehalten, ebenso durch Truppen, die von der Hochfläche her kamen. Insgesamt konnte diese strategisch äußerst wichtige und gefährdete Front durch Österreich-Ungarn immer gehalten werden.

►

Luftbildaufnahme von Trient (oben) des Jahres 1916. Darunter ein zerstörtes italienisches Fort veralteter Bauweise mit Quadern (ohne Betonarmierung), das moderner Artillerie, ebenso wie vergleichbare K.u.k. Forts nicht standhalten konnte.

Die Kämpfe in der Valsugana spielten sich an drei Frontlinien im Krieg ab: Bis Mai–Juni 1916 querte die Front bei Barco-Novaledo, stieg von hier nach Norden zum Gipfel der Panarotta auf. Ab Mai–Juni 1916 querte die Front bei Carzano und Castelnuovo, stieg von hier nach Norden zum Monte Val Piana (2368 m) und zum Passo Manghen auf. Nach der 12. Isonzo-Schlacht schließlich, in deren Gefolge die italienische Dolomitenfront auch auf den Fleimstaler Dolomiten zusammenbrach, verlief die letzte Frontlinie bei Cismon del Grappa, Primolano und San Marino (nördlich von Bassano), wo es aber kein Durchkommen mehr gab.

In Levico gab es einen Feldflughafen, sowie das Zentrum der Ausbildung der altösterreichischen Sturmbataillone. Diese entsprachen einst weltberühmten Kommandoeinheiten, die aus lauter Spezialisten bestehend, schwierigste Angriffsunternehmen erfolgreich durchführten. Dazu wurden vorerst Luftbilder des Angriffsraumes erstellt. Dann baute man exakte Modelle danach, an denen in Levico der gesamte Angriff auf die Sekunde genau geplant wurde. Die Männer der Sturmbataillone waren alpine Spezialisten, Spezialisten für Handgranaten-Zielwurf, Scharfschützen, für den Einsatz von Flammenwerferen, bestanden aus Sprengkommandos zur Zerstörung feindlicher Hindernisse. Die Einsätze verliefen fast immer ohne Verluste, dauerten meist nur wenige Minuten, werden bis heute noch von modernen Kommandoeinheiten aller Armeen studiert!

Der Verrat von Carzano am 18. September 1917 bewegte einst ganz Österreich-Ungarn, als Tschechen, Slowaken und Slowenen (österr.-ung. Soldaten) die Italiener durch die österr.ung. Linien bei Carzano zu führen versuchten. Der Verrat wurde im letzen Augenblick entdeckt, wurde unter großen eigenen Verlusten verhindert. Das war eine der wenigen, großen Verratsaktionen an der italienischen Front gewesen.

Schwer gekämpft wurde auch auf den südlichen Vorbergen der Fleimstaler Dolomiten gegen die Valsugana, sowie gegen italienische Beobachtungsposten, die in Kavernen auf der Cima Manderiolo saßen, die jede österr.-ung. Bewegung tief unten in der Valsugana registrierten. Durch das Hochalpine Detachement Enrich, bestehend aus 52 Mann unter dem Kaiserschützen-Oberleutnant Alfred Enrich, konnten diese ärgerlichen Beobachtungsposten der Italiener in vielen Nahkämpfen vernichtet werden. Zu beachten dabei ist, daß die Antiege dafür im Kampf aus der Valsugana erfolgten, wobei in senkrechten Wänden in der Nacht, bei schlechtem Wetter fast 2000 m empor geklettert werden mußte, oft unter feindlicher Einwirkung. Diese Aktionen waren wesentlich kühner, alpinistisch schwieriger, militärisch gefährlicher, als fast alle Einzelaktionen des Gebirgskrieges in den Dolomiten.

453

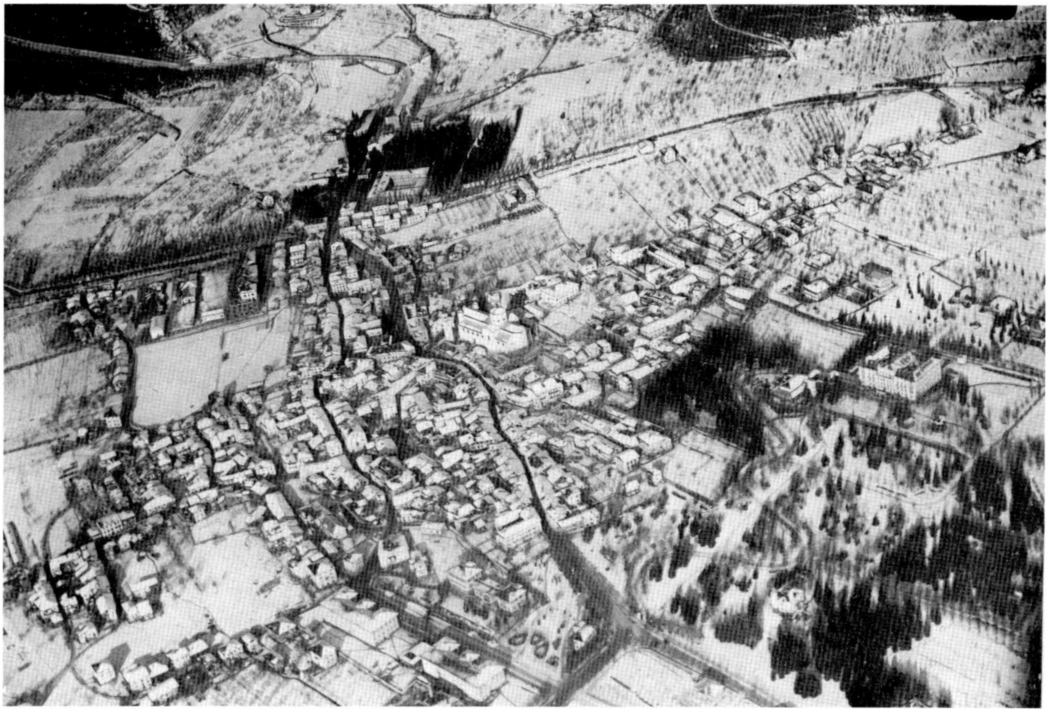

Fliegeraufnahme (oben) von Levico. Links oben die Feldpiloten der Fliegerkompanie 15 im Hangar (links unten: Stabsfeldwebel Müller, der 9 engl. und italien. Flugzeuge abschoß; Feldwebel Anderle, Zugführer Schreier, Feldwebel Heinrich und Stabsfeldwebel Braunekker). Gut zu sehen das Ballonfahrerabzeichen an den Kragenspiegeln der Feldpiloten in Form eines stilisierten Ballons (insgesamt Abzeichen der altösterreichischen Luftwaffe).

Luftbildaufnahme (oben) der in der Valsugana ganz nahe zusammenlaufenden österr.-ung. und italien. Stellungen. Österreichischer Eindecker (rechts oben) bei Caldonazzo in der Valsugana. Ein Albatros D. III (Oef) 153.108 am Flugfeld bei Levico. Die Flugfelder Levico und Caldonazzo boten der K. u. k. Luftwaffe sehr kurze Anflugwege, um die gegnerischen Fronten auf Sieben Gemeinden und der Fleimstaler Dolomiten zu rekognoszieren,waren außerdem nicht im italienischen Beschuß liegend.

03.43

153.108

Bei Borgo in der Valsugana erbeutetes italienisches 15-cm-Geschütz (oben). Kaiser Karl (Bildmitte) inspiziert die Fliegerkompanien 15 und 45 bei Levico.

Rechts unten sehen wir eine Drahtseilbahn auf der Hochfläche der benachbarten Sieben Gemeinden bei Lavarone (Lafraun) im Hochwinter. Man beachte die eingehängten Bügel zum Lastentransport, die genau den Sesseln heutiger Sessellifte entsprechen. Tiefer gelegene Seilbahnen wurden mit Motorkraft angetrieben. Dabei gab es Elektromotoren, Benzinmotoren (stationäre) und Dampfmaschinen. Letztere konnten ohne weiteres 200 PS erbringen. Die damalige Seilbahntechnik war auf sehr hohem Niveau, leistete technisch dasselbe wie heute, allerdings mit simpleren Mitteln. Oft wurden die letzten Seilaufzüge, die zur vordersten, höchsten Frontstellung führten, mit Handaufzug manuell bedient.

Sowohl auf den Bergen rund um Valsugana, ebenso auf der Hochfläche der Sieben Gemeinden zeichnet sich der Winter im Südalpenraum durch wesentlich ergiebigere Schneefälle als im Zentralalpenraum aus. Oft wurden im Krieg Mannschaften in Unterkünften eingeschneit, erstickten im Schlaf. Daher wurden bei Schneefall Schneewachen aufgestellt, die laufend alles, auch Wege und Stellungen freischaufeln mußten. Das Funktionieren der Front war dann nur davon abhängig, ob man Wege, Seilbahnen, Unterkünfte, Stellungen vom Schnee freihalten konnte. Tag und Nacht arbeiteten die Männer beider Seiten in erbittertem Kampf gegen den »General Winter«.

◄

Ein bei Levico abgestürztes Aufklärungsflugzeug (links oben). Während des Luftkampfes wurde der Tank durchlöchert, das Flugzeug konnte auch im Gleitflug den Hangar nicht mehr erreichen. Darunter ein bei Levico abgeschossener, italienischer Caproni. Die Caproni-Flugzeuge der italienischen Luftwaffe gehörten zu den gefürchtetsten Gegner der K.u.k. Luftwaffe, da die Caproni-Apparate gepanzert waren, mehrere Motoren hatten und zahlreiche Waffen, Kanonen und große Bombenlasten zugleich mitführten (mit mehreren Mann Besatzung). Mehr darüber auch in unserem Kapitel über die einzelnen Flugzeuge nachzulesen.

Sehr interessant bei dieser Aufnahme der doppelte Steuerstand des Caproni! Weiters imponierend die großen Treibstofftanks. Der Caproni nahm unter allen Flugzeugen dieses Krieges eine Ausnahmestellung ein, da er keiner Flugzeugkategorie zugeordnet werden konnte. Er war Jagdflugzeug, Aufklärungsflugzeug, Erdkampfflugzeug, Bombenflugzeug zugleich. Er war das mit Abstand vielseitigste Flugzeug der Front gewesen. Die italienische Flugzeugindustrie hatte von Anfang an eine Spezialisierung vermieden und schuf mit dem Caproni außerdem in Punkto Reichweite, Steiggeschwindigkeit und Flughöhe eine Maschine, die auf alle Fronten gegen Österreich-Ungarn paßte. Mit Kriegsbeginn allerdings setzte die italienische Luftwaffe auch reine Jagdflugzeuge ein, die aber von Frankreich geliefert wurden und die von meist französischen Piloten gesteuert wurden.

Das Ringen um die Hochfläche der Sieben Gemeinden

Südlich der gesamten Valsugana, sowie zwischen Rovereto und Bassano, erstreckt sich die Hochfläche der Sieben Gemeinden (Sette Communi), die im Krieg den am weitesten gegen Italien vorgeschobenen Frontabschnitt Österreich-Ungarns bildete. Österreich-Ungarn erhoffte sich, daß von der Hochfläche (mit im Vergleich zur Gebirgsfront geringer Höhe) aus eine Großoffensive das italienische Tiefland erreichen, damit Italien besiegen könne. So sah die ganz große, strategische Planung aus. Und aufgrund dieser Planung wurde die Hochfläche neben Isonzo, Piave, Grappa zur kriegsentscheidenden Front. Bereits in den Jahren vor Kriegsbeginn bauten beide Seiten mächtige Festungswerke (Forts), um einen Durchbruch des Gegners zu unterbinden. Die K.u.k. Forts waren von West nach Ost verteilt: Valmorbia, Serrada (auch Doss del Sommo genannt), Sommo Alto, San Sebastiano, Gschwent (auch Gschwendt), Lusern Verle (auch Werle), Vezzena. In den ersten Kriegstagen versuchte Italien diese Forts niederzukämpfen, beschoß die Forts schwer, kam aber nicht durch. Die Forts hatten in entscheidenden Tagen ihre große Bewährung bestanden.

Schon im Sommer 1915 war die gesamte Front gegen Italien, auch hier, in einem totalen Stellungskrieg festgefahren. Der Wechsel vom Stellungskrieg zum offensiven Bewegungskrieg war nur am Isonzo, auf der Hochfläche möglich, nicht aber an den Hochgebirgsfronten.

Nie aber konnte Österreich-Ungarn in allen Kriegsjahren auf der Hochfläche offensiv werden! Die Ursachen dafür lagen darin, daß ein Teil der österr.-ung. Kräfte am Isonzo, gegen Rußland, am Balkan stehen mußte. Man hatte zuwenig an Mann und Material, sonst hätte man es zweifellos geschafft. Der Mehrfrontenkrieg war Ursache für den Untergang gegen Italien. Im Mai 1916 startete Österreich-Ungarn die berühmte Frühjahrsoffensive mit 220.000 Mann gegen 600.000 Italiener auf der Hochfläche. 800.000 Mann kämpften da wochenlang gegeneinander, der Geschützdonner war bei Südwind bis Garmisch zu hören! Trotz zahlreicher Erfolge blieb die Offensive stecken, allerdings in günstigeren Frontlinien als vorher. Als Resultat davon entstanden übrigens die Höllen auf Pasubio, Zugna Torta, in der Vallarsa – da hier die Italiener an der Flanke der Offensive den härtesten Widerstand entwickelten ...

Während aller Kriegsjahre kam es zu verlustreichen Kämpfen um nahezu alle Einzelberge der Hochfläche. Im Juli 1916 besetzten die Italiener den Monte Cimone, doch genau zwei Monate danach sprengten Salzburger »Rainer« den Gip-

fel samt Italienern in die Luft, nahmen ihn ein. Das war, neben dem Col di Lana, die bedeutendste Gipfelsprengung im Ersten Weltkrieg. Die österr.-ung. Sprengkammer lag genau elfeinhalb Meter unter dem italienischen Gipfel, der von über 14.000 Kilogramm Sprengstoff (Dynamit, Dynamon, Schwarzpulver) in die Luft gejagt wurde.
Im Juni 1917 tobte die größte Schlacht auf Sieben Gemeinden um einen Gipfel, um den Monte Ortigara, der schließlich von Tiroler Kaiserschützen zurückerobert werden konnte. Dabei verloren die Österreicher an einem Tag 6000 Soldaten durch Tod, die Italiener insgesamt während der Schlacht 9000 durch Tod, 25.000 durch Verwundung. Nach der 12. Isonzo-Schlacht hätte Österreich-Ungarn im Herbst 1917 flankierend von der Hochfläche nach Süden stoßen sollen, schaffte es nicht, 15.000 Tote blieben im Feld. Und 1918, während der Piave-Offensive im Juni, sollte erneut von der Hochfläche heruntergestoßen werden, wiederum vergeblich.

Die große strategische Kriegsplanung Österreich-Ungarns sah vor, daß zugleich am Isonzo und von der Hochfläche der Sieben Gemeinden flankierende Offensiven gegen Italien erfolgreich in Gang gebracht werden müßten. Am Isonzo gelang dies einmalig durch die 12. Isonzo-Schlacht, auf Sieben Gemeinden schaffte man dies nie. So wurde der Krieg hier, auf der Hochfläche entscheidend zu Ungunsten Österreich-Ungarns mitentschieden. Nur wenige Kilometer trennten die österr.-ung. Piave-Front von jener auf Sieben Gemeinden. Und dennoch, genau diese wenigen Kilometer erbrachten den Untergang Altösterreichs.

Heute erinnern auf der Hochfläche viele, melancholisch wirkende Soldatenfriedhöfe daran, daß einst beide Seiten summa summarum weit über eine Million Mann hier einsetzten. Auf den einsamen Frontbergen über der Valsugana sprechen Stellungsreste und Kavernen eine beredte Sprache. Am Pasubio gibt es österreichischen und italienischen Front-Tourismus widerlichster Art. Die Festungswerke schlummern vor sich hin, verlassenen Tempeln der Inkas gleich. Von allen Forts würde ich raten, Verle im Westteil der Hochfläche zu besuchen, um die Vergangenheit in Ruhe auf sich einwirken zu lassen.

☆

►

Dadurch daß Tirol und Österreich-Ungarn während des ganzen Krieges das Eindringen Italiens verhindern konnten, blieb das Hinterland der Front, blieben Tirol, Kärnten weitgehend von den Kriegsgreueln verschont. Gelegentlich aber kam es zu schweren Zerstörungen, ja Verwüstungen ganzer Gemeinden, wie hier (rechts oben) im Falle von Serrada. Die Aufnahme vermittelt dasselbe Bild an Zerstörung wie die Bilder des Luftkampfes gegen zivile Ziele im Zweiten Weltkrieg. Serrada wurde aber durch Artillerie in diesem Ausmaß zerstört.

Das untere Bild zeigt das brennende Asiago, von zahlreichen Granattrichtern umgeben. Während des Krieges wurden vor allem die Siedlungen auf der Hochfläche der Sieben Gemeinden weitgehend vernichtet. Komplett zerstört wurden weiters die Gemeinden Vermiglio (im Val di Sole, östlich des Tonale); Trafoi wurde durch italienischen Artilleriebeschuß schwer getroffen; ebenso Sexten. Ebenfalls schwer beschädigt wurden die Gemeinden am nördlichen Beginn der Isonzo-Front im Südteil der Julischen Alpen (Flitsch, Karfreit, Tolmein, Saga) und nahezu alle Orte auf beiden Seiten der Isonzo-Front (darunter Görz mehr oder weniger zur Gänze).

Die Aufnahme von Asiago zeigt, mit welcher Heftigkeit die italienische Großoffensive im Juni 1917 durchgeführt wurde. Damals setzte Italien auf der Hochfläche zur Offensive 165 Bataillone zum Angriff an: 24 Bataillone gegen Asiago, 112 Bataillone gegen den nördlichen Teil der Hochfläche und allein 29 Bataillone, um gegen die Valsugana durchzustoßen. Die Offensive hatte aber keinen Erfolg. Ein Jahr zuvor versuchte Österreich-Ungarn mit der Frühjahrsoffensive 1916 über die Hochfläche in das südliche Tiefland vorzustoßen, hatte vorerst großen Erfolg, drang bis südlich von Asiago vor. In den Wäldern südlich von Asiago, am Pasubio, auf der Zugna Torta versickerte der Angriffsschwung, der zu großen Hoffnungen berechtigte. Was passierte da? Auf Ersuchen Italiens startete Brussilow an der Ostfront einen Großangriff gegen die deutschen und österr.-ung. Kräfte, die in größte Bedrängnis gerieten. Von der Hochfläche der Sieben Gemeinden mußte Österreich-Ungarn aus der Offensive starke, eigene Kräfte herausziehen und unverzüglich an die Ostfront werfen, um Brussilow aufzuhalten. Dadurch war die Frühjahrsoffensive auf Sieben Gemeinden zum Scheitern verurteilt. Dieses Beispiel unterstreicht eindrucksvoll, wie sehr das Geschehen gegen Italien durch Ereignisse im Osten, am Balkan direkt tangiert wurde. Defakto zeigte sich damals im Jahre 1916 zum erstenmal in großem Ausmaß, daß die Kräfte Österreich-Ungarns für den Mehrfrontenkrieg nicht ausreichen konnten.

Nach Kriegsbeginn im Jahr 1915 konnte Österreich-Ungarn auf der Hochfläche noch keine Offensive starten, da die Truppen alle im Osten, am Balkan lagen. Da ging es nur um das Halten der Front. 1916 scheiterte die Offensive, ebenso 1917 im Spätherbst. 1918 war nur noch das Jahr des schnellen Versickerns eigener Kräfte. Man schaffte auch die Offensive in Kombination mit der Piave-Schlacht nicht. Und in den langen Wintermonaten, meistens ein Halbjahr, war an große Offensiven, gelände- und schneebedingt, nicht zu denken. Nur die Sommermonate blieben, um Offensiven starten zu können. Klima, Gelände, Jahreszeiten legten dem Krieg eiserne Gesetze auf.

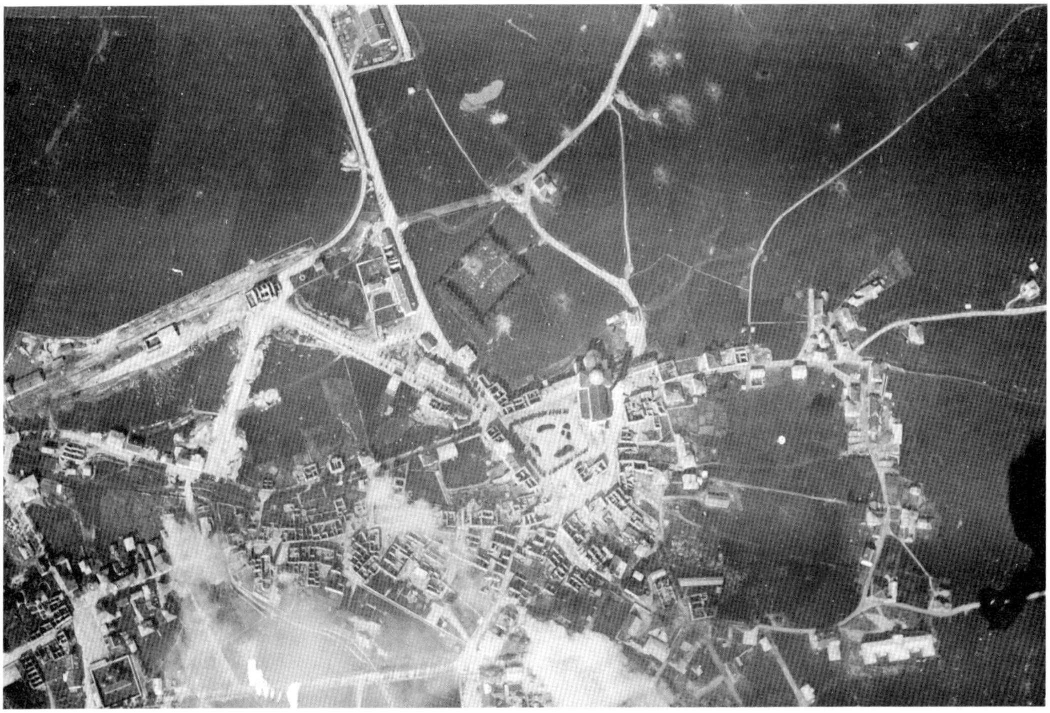

Bilder von der Frühjahrsoffensive 1916: Eine Telephonzentrale der österr.-ung. Nachrichtentruppen, gedeckt gegen feindlichen Beschuß. An der gesamten Front gegen Italien wurde ein erstklassiges, technisch erstaunliches Netz an Feldtelephonen errichtet, das nach einem gewissen Ausbaustadium sogar in die höchsten Frontstellungen von Ortler, Adamello und aller anderen Gebirgstruppen führte!

Notlandung eines Doppeldeckers (rechts oben) des Typs Lloyd nächst Asiago. Das dann von italienischer Artillerie stark beschossene Flugzeug konnte nicht mehr aufsteigen, mußte zerlegt werden. Die Flugzeugbesatzung wurde in Asiago einquartiert und wurde dort verwundet.

Das Wrack (rechts unten) eines bei Arsiero abgestürzten Eindeckers. Die Aufnahme zeigt eindrucksvoll die Bauweise eines Rotationsmotors. Die Kurbelwelle war starr am Flugzeug montiert. Kurbelgehäuse samt Zylinder und Propeller drehten sich gemeinsam um diese Achse. Dieser Fokker A. III 03.44 war mit einem Gnome Neunzylinder-Umlauf- oder Rotationsmotor (Lizenzbau bei der Fa. Oberursel) mit 100 PS ausgerüstet.

Abb. oben: Österr. 42-cm-Haubitze bei Calliano (Mai 1916). Luftbildaufnahme (rechts oben) des italienischen Panzerwerkes Monte Lisser im östlichsten Teil der Hochfläche während der Maioffensive 1916 mit Einschlägen österr.-ung. Granaten des Kalibers 30,5 cm und 38 cm. Sehr gut zu sehen die große Anlage mit Kampfgräben, Hindernissen rund um das Fort.

Ein einzigartiges Foto höchster Seltenheit: Das Tiroler Fort Verle während des schweren, wochenlangen Beschusses nach Kriegsausbruch (rechts unten). Schwere Einschläge von 28-cm-Granaten! Ganz rechts am Verdeck die Panzerkuppel zur Feuerleitung der vier Werkshaubitzen (Kaliber 10 cm), die in drehbaren Panzerkuppeln auf der anderen Seite des Verdecks untergebracht waren. Links am Fort liegt die Nahkampfanlage total zerstört am Boden – mit den Panzerkuppeln der dort postierten MGs und Scheinwerfer. Diese Nahkampfanlage sollte zur Abwehr infanteristischer Nahangriffe dienen, war nun nach Kriegsbeginn sofort zerstört. Die Italiener führten, gedeckt durch Beschuß des Forts, zahlreiche Nahangriffe durch, konnten aber nie in das Fort eindringen. Während das Fort schwer beschossen wurde, stürmten die zermürbten Verteidiger heraus, warfen in Nahangriffen die vorgehenden Italiener immer zurück. Fort Verle, sowie Fort Vezzena und Fort Lusern unterbanden damals als einzige das Durchbrechen der Italiener gegen Trient und Valsugana, retteten die Front tatsächlich. Während der wochenlangen Beschießungen lebten die Männer im Fort in unvorstellbarem Grauen, Dröhnen, Inferno. Viele wurden geistig gestört, viele starben. Die Fortbesatzung, völlig auf sich allein gestellt, legte damals in den ersten Kriegswochen ihre größte Bewährungsprobe ab. Verle sieht heute übrigens fast genauso aus (der Besuch lohnt sich unbedingt!).

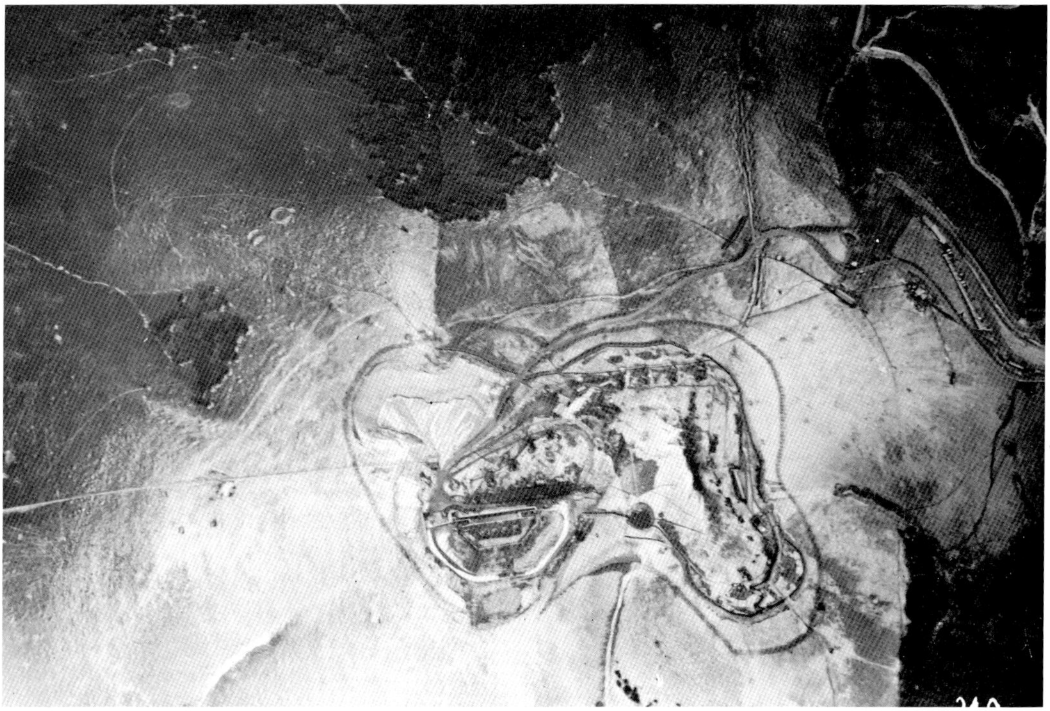

Ein im Astico-Tal (oben) auf Sieben Gemeinden abgestürztes Lastauto. Über der benachbarten Fleimstalfront fliegt ein Hansa-Brandenburg C. I-Doppeldecker (rechts oben) und wurde von einem etwas höher fliegenden Flugzeug aus fotografiert.

Für diese italienischen Soldaten, während der Frühjahrsoffensive 1916 gefangen genommen, ist der Krieg vorbei (rechts unten). Das Scheitern jener schicksalsträchtigen Offensive war nicht nur im entlastenden (für Italien) Eingreifen Brussilows bedingt, sondern auch darin, daß sich Conrad von Hötzendorf, Chef des Generalstabes, nicht mit dem deutschen General von Falkenhayn einigen konnte (bzw. umgekehrt). Conrad von Hötzendorf erbat, in richtiger Erkenntnis, vom deutschen Verbündeten starke Offensivkräfte. Falkenhayn lehnte ab, da er zum selben Zeitpunkt beschlossen hatte, alle Kräfte in Verdun einzusetzen. Damit beging er den entscheidenden Fehler der deutschen Westfront, wo in Verdun sinnlos riesige Menschenmassen in festgefahrenem Vernichtungskrieg geopfert wurden. Den 1916 gemachten Fehler hatte die deutsche Heeresleitung allerdings erkannt und ließ im Oktober 1917 starke deutsche Angriffstruppen zum Isonzo abgehen. Erst dadurch wurde die 12. Isonzo-Schlacht zum überragenden Erfolg.

Überhaupt waren die Koordination, das Einvernehmen zwischen beiden Verbündeten von vielen, teils selbstgemachten Problemen belastet. Vor dem Krieg wurden keinerlei Vorbereitungen getroffen, wie im Feld gemeinsames Vorgehen zu organisieren sei! Während des Krieges dauerte es immer wochenlang, ehe man sich zu gemeinsamen Aktionen entschließen konnte. Man verlor in ewigen, bürokratischen Verhandlungen kostbarste Zeit. Korrekterweise muß aber betont werden, daß diese extreme bürokratische Schwerfälligkeit ein typisches Kennzeichen beider Verbündeten war.

Diese Brücke wurde von den Italienern im Astico-Tal (oben) gesprengt, von österr.-ung. Pionieren in nur sieben Stunden wiederhergestellt. Die Luftbildaufnahme rechts oben zeigt die Einmündung des Assa-Tales (Val d'Assa) in das Val d'Astico mit den Ortschaften Pedescala und Barcarola. Rechts unten sehen wir eine der häufigen Straßensperren im Val d'Astico (Astico-Tal).

Das Val d'Astico mit seinem Hauptteil zwischen Lavarone und Arsiero war im Krieg eines der allerwichtigsten Zugangstäler zur Front auf der Hochfläche der Sieben Gemeinden. Seiner militärischen Sicherung galt größtes Augenmerk, ebenso der ständigen Aufrechterhaltung der Straßenverbindung. Zahlreiche Teile der Straße im Val d'Astico, die gegen feindliche Fliegerangriffe besonders gefährdet waren, wurden auf Dauer maskiert (getarnt). Rechts und links der Fahrbahn stellte man Gerüste auf, die mit Zweigen, Netzen getarnt wurden. Oft wurden beide Gerüste mit Netzen über die Straße überspannt, so daß die Straße auch gegen Sicht von oben gedeckt, maskiert war. Nur dadurch konnten größere Truppenbewegungen relativ sicher erfolgen. Nahezu unmöglich dagegen war das Maskieren im Winter, da man dazu unzählige weiße Tücher benötigt hätte.

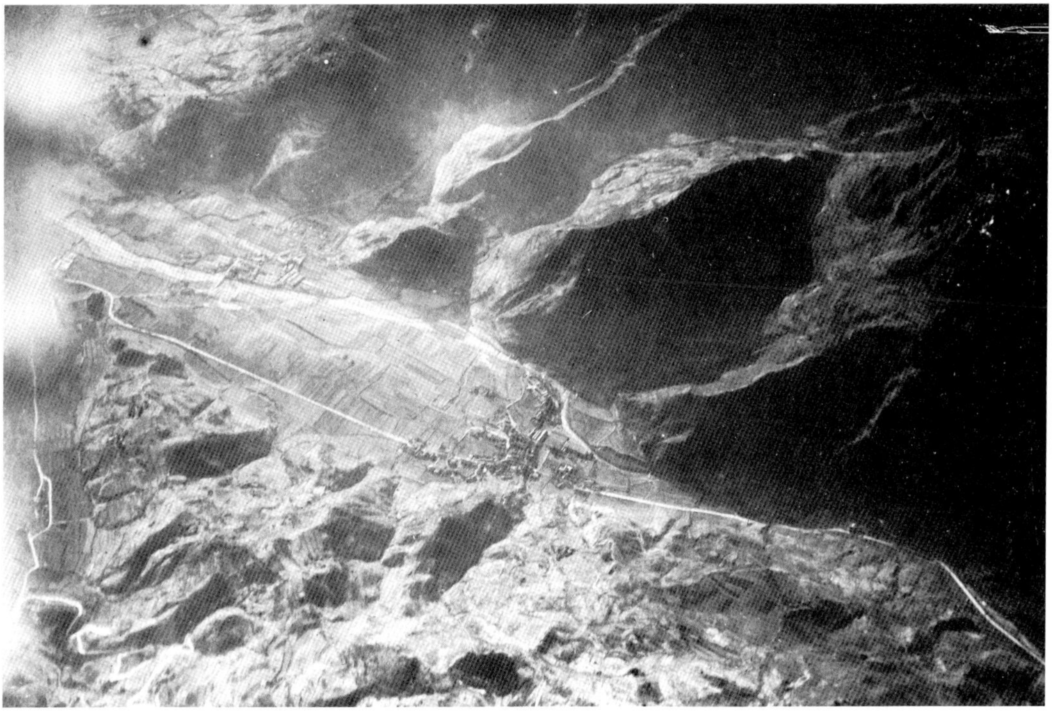

Der legendäre, weltberühmte Skoda-Mörser (Kaliber 30,5 cm) während der Fahrt. In den Jahren vor 1913 bereits entwickelte Ferdinand Porsche in den Pilsener Skoda-Werken die Motorisierung des Skoda-Mörsers mittels Zugmaschine. Wir sehen hier im Bild diesen sogenannten Motor-Mörser. Die Zugmaschine hatte 80 oder 100 PS, sowie den von Porsche erfundenen Allradantrieb (!). Die Zugkraft umfaßte vorerst 24 Tonnen, konnte dann aber von Ferdinand Porsche mit dem Landwehrtrain-Zug und dem C-Zug sogar auf 55 Tonnen gesteigert werden. Der schwere Landwehrtrain-Zug Porsches verfügte über Benzinmotor, der einen Elektrogenerator antrieb. Ein oder mehrere Anhänger verfügten in jedem einzelnen Rad über einen elektrischen Radnabenmotor. Bei sehr engen und steilen Kurven wurde die Zugmaschine abgekoppelt, fuhr um die Kurve voraus. Mittels Elektro-Verlängerungskabel wurden nun der bzw. die Anhänger motorisiert, konnten einzeln auch schwierigstes Gelände bewältigen, wurden dann an geraden Stücken wieder der Zugmaschine direkt angekuppelt. Ferdinand Porsche war eines der größten, technischen Genies Altösterreichs, fertigte bereits 1904 das erste Feuerwehrauto für die Wiener Feuerwehr, erfand den O-Bus (Oberleitungsbus), entwickelte noch während des Ersten Weltkrieges zahlreiche, revolutionäre Zugmaschinen für schwerstes militärisches Gerät. Damit diese Zugmaschinen auch in tiefem Schlamm ihre Aufgaben erfüllen konnten, erfand Porsche Eisenräder, mit individuell, während der Fahrt ausfahrbaren Spikes (deren Erfinder ebenfalls Porsche ist).

Die Front auf den südlichen und nördlichen Fleimstaler Dolomiten

Wir beschäftigen uns nun mit dem ersten Abschnitt der Dolomitenfront, die bis zum Kreuzbergsattel bei Sexten reichte. Der Krieg an der Dolomitenfront, sowie auf Karnischen und Julischen Alpen reichte vom 23. Mai 1915 bis in die ersten Novembertage 1917. Da brach dann diese gesamte Front Italiens infolge der siegreich geschlagenen 12. Isonzo-Schlacht zusammen, Österreich-Ungarn erzielte einen seiner größten Erfolge im Waffengang gegen Italien. Die Fleimstalfront auf den südlichen Fleimstaler Dolomiten begann im Abschnitt des Passo Manghen, setzte sich am gesamten Gipfelkamm der südlichen Fleimstaler Dolomiten (Catena Lagorai) bis zum Rolle-Paß (Passo Rolle) fort, querte diesen nach Norden, querte den Passo di Valles und stieg von hier empor zu den nördlichen Fleimstaler Dolomiten (an der Südseite des Val di San Pellegrino). Diese gesamte Fleimstalfront hatte die Form eines gigantischen Hufeisens. Es handelte sich um die mit Abstand längste, geschlossene Gebirgsfront der Dolomiten, deren Details vom Verfasser erstmals vor wenigen Jahren seit 1918 rekonstruiert werden konnten. Bis vor kurzem war die Fleimstalfront völlig vergessen.

Auf den südlichen Fleimstaler Dolomiten wurden absolut alle Gipfel mit bis zu 2754 m Höhe (Cima di Cece) von der Front erfaßt. Brennpunkte waren der Monte Cauriol (2494 m), der Gardinal (2481 m), die Cima Busa Alta (2513 m), und der Colbricon (2602 m), als Flanke der Front zum Rolle-Paß. In den nördlichen Fleimstaler Dolomiten wurden die Cima Giuribrutto (2697 m), die Cima di Bocche, di Cima di Lusia, die Cima di Lastè (alle um 2500 m) zu blutigen Frontbergen.

Ein k.u.k. Festungswerk westlich des Rolle-Passes, das Fort Dossaccio (bei Bellamonte bzw. bei Paneveggio) sperrte gegen italienische Einbruchsversuche über Valles- und Rolle-Paß. Der Krieg mußte, so wie an allen anderen Gebirgsfronten, infolge der Sperrwirkung durch k.u.k. Forts, auf die banachbarten Gebirgskämme hinaufsteigen.

Alpinistisch zeichnen und zeichneten sich die Fleimstaler Dolomiten, vor allem die südlichen, durch sehr lange, mühsame Anstiegswege aus. Die Gipfel und Grate der südlichen Fleimstaler Dolomiten weisen brüchiges, oft schwieriges Klettergestein auf. Extrem hohe Schneefälle kamen im Krieg belastend dazu. Diese Front stellte an die Beteiligten wesentlich härtere Ansprüche als so ziemlich alle anderen Dolomitenfronten. Nachdem Italien nirgends an der Dolomitenfront gegen Innertirol durchbrechen konnte, wurde der große Hebel an der südlichen Fleimstalfront, in deren mittlerem Abschnitt, am Monte Cauriol, Gardinal, Busa Alta angesetzt. Mehrere italienische Fleimstaloffensiven wurden gegen den Cauriol und gegen das davon nördliche Val Sadole angesetzt. Man wollte damit in das Fleimstal vorbrechen, um von hier die Fronten des Fassatales und der Marmolata von hinten zu fassen, um andererseits durch das Fleimstal nach Auer vorzustoßen. Beides hätte die Tiroler Front in Wanken gebracht.

Im August 1916 gelang den Italienern die Einnahme des Cauriol-Hauptgipfels. Doch hier scheiterte die weitere Offensive durch das Val Sadole endgültig. Tiroler Kaiserschützen des III. Regimentes, Tiroler Kaiserjäger, Standschützen leisteten härtesten Widerstand. Freund und Feind krallten sich am Cauriol, am benachbarten Gardinal und auf der Busa Alta in ganz eng verzahnten Linien, oft nur wenige Meter (weniger als 10 m!) voneinander entfernt, fest.

Die Italiener versuchten nun zwischen Cauriol und Colbricon durchzubrechen, ohne Erfolg. Ebenso blieb den Italienern der Erfolg an der nördlichen Fleimstalfront im Abschnitt Lusia, Bocche, Giuribrutto völlig versagt. Insgesamt wurden um den Colbricon (am Rolle-Paß), sowie um Cauriol, Gardinal, Busa Alta die härtesten, blutigsten Kämpfe dieser Front geführt. Zu den Verteidigern gehörte auch, hochdekoriert, der spätere Bundeskanzler Engelbert Dollfuß.

Bei den Offensiven gegen das Fleimstal verlor Italien allein im Feld 10.500 Soldaten, davon nur 1000 durch Gefangennahme! Die Tiroler Opfer im Abschnitt Cauriol beliefen sich auf ca. 6000 Tote im Feld. Zusätzlich wüteten die Lawinen hier, aufgrund des Geländes, besonders grauenvoll. Allein im Dezember 1916 beklagte die Tiroler Seite auf der nördlichen Fleimstalfront 900 Lawinentote! Insgesamt betrugen die Lawinenopfer auf beiden Seiten an der gesamten Fleimstalfront viele Tausend. Nach meinen untertriebenen Berechnungen dürfte die gesamte Front rund um das Fleimstal auf beiden Seiten weit über 20.000 Männern das Leben gekostet haben (durch Krieg, durch die Hochgebirgsnatur).

Die meisten dieser Frontberge werden heute kaum besucht, höchstens der Cauriol und ganz selten der Colbricon, noch seltener der Gardinal und die Cima Busa Alta. Alle anderen Frontgipfel im südlichen Teil des Gebirges sind so verlassen, wie man es sich kaum vorstellen kann. Wer größte kriegsgeschichtliche Dolomiteneinsamkeiten erleben will, muß hier fast überall biwakieren, wird aber ungestört auf seine Rechnung kommen.

►

Die Fliegeraufnahme rechts zeigt das dichte Netz der italienischen Stellungen an der Südseite des Colbricons. Der Colbricon bildet das östliche Ende der Kette der südlichen Fleimstaler Dolomiten, die hier zur Senke des Passo Rolle tief auslaufen. Im Krieg bildete der Colbricon aufgrund seiner Lage, die den Passo Rolle weit überhöhte, den Angelpunkt der Front. Wenn auch Freund und Feind am ganzen Colbricon engst ineinander verzahnt lagen, so konnten die Italiener nie durchbrechen, während die Tiroler Seite ihr Ziel, den Berg zu halten, erreichte.

►

Einmalige Dokumente des Ringens um die Fleimstalfront, Bilder aus dem Krieg, die es bisher nie gab, sehen wir auf dieser Seite! Das obere Bild zeigt den Südhang des Monte Cauriol, also dessen italienische, einstige Feindseite. Man beachte den Nordpfeil, um das Bild richtig einzuordnen – gilt vor allem für jene Leser, die den Cauriol kennen. Eingezeichnet sind die italienischen Zugangswege, die allesamt, auch nach Einnahme des Hauptgipfels durch Italien, von der südöstlichen Seite emporführen.

Darunter sehen wir in einer Fliegeraufnahme des Krieges die einstige, so grauenhaft umkämpfte Front, wie man sie auch vom Gipfel des Cauriols sehen kann. Die Aufnahme wurde von Süden in Richtung Norden exakt aufgenommen, der österr.-ung. Aufklärungsflieger befand sich dabei bereits deutlich über italienischem Frontgebiet. Ganz vorne, knapp links von der Bildmitte, der Hauptgipfel des Monte Cauriol. Davon nach links abwärts ziehend der sichelförmige Sattel zum Kleinen Cauriol. Im Vordergrund ein steiles Hochkar zum Sattel, durch das der einstige italienische Zugangsweg zum Hauptgipfel verlief, heute Normalweg auf den Cauriol »Via Italiana«. Auf der anderen Seite des Sattels (verdeckt von uns, den Betrachtern) führte der österreichische Frontzugangsweg empor, heute als »Via Austriaca« bezeichnet.

Hinter dem Hauptgipfel das große Kar, dann folgend das Trapez des Gardinal. Von diesem zieht sich der Kamm weiter zur bereits halbverdeckten Cima Busa Alta. Am fast waagrechten Gipfelgrat des Gardinal lagen Alpini auf der Südspitze, Tiroler Kaiserjäger und Kaiserschützen auf der Nordspitze – der Grat dazwischen war umkämpftes Niemandsland! Vom Sommer 1916 bis November 1917 belauerten sich am Doppelgipfel des Gardinal beide Seiten Tag und Nacht, im Sommer wie im Winter, führten ständige Überraschungsangriffe, um dem Gegner den anderen Gipfelpunkt zu entreißen. Beide Seiten hielten ihre Positionen, wobei es den Tirolern nur darauf ankam, den Gipfelpunkt zu halten, da sonst die Alpini vom Gardinal aus nach links unten, in das Val Sadole – hier sehr gut zu sehen – durchgebrochen wären, um in weiterer Folge das Fleimstal zu erreichen.

Ganz links hinten im Val Sadole eine vegetationsfreie Lichtung, die Malga Sadole mit dem Rifugio Sadole, das der italienische Schriftsteller Aldo Zorzi betreibt. Die im Bild sichtbaren Kriegswege im Val Sadole sind heute noch exakt so, wie hier zu sehen! Nach der Einnahme des Cauriol-Hauptgipfels durch die Italiener besetzten die Tiroler unter großen Opfern folgerichtig die nach Norden ziehenden Flanken des Gardinal, der Cima Busa Alta, um von hier aus das Durchstoßen der Italiener zu verhindern. Diese untere Aufnahme zeigt in aller Schärfe, wie brutal das Berg- und Kampfgelände im Fleimstal war. Und alle diese Wände, Abstürze waren im Winter trotz größter Lawinengefahr ständig durch Tiroler besetzt. Man kann sich anhand dieser Aufnahme vorstellen, warum es an dieser Front so viele Lawinentote geben mußte. Im Kar zwischen Cauriol und Gardinal bestand übrigens eine das Kar sperrende Tiroler Riegelstellung, falls die Italiener durchgestoßen wären. Die Kavernen, Mauern davon sind heute noch ganz intakt zu sehen.

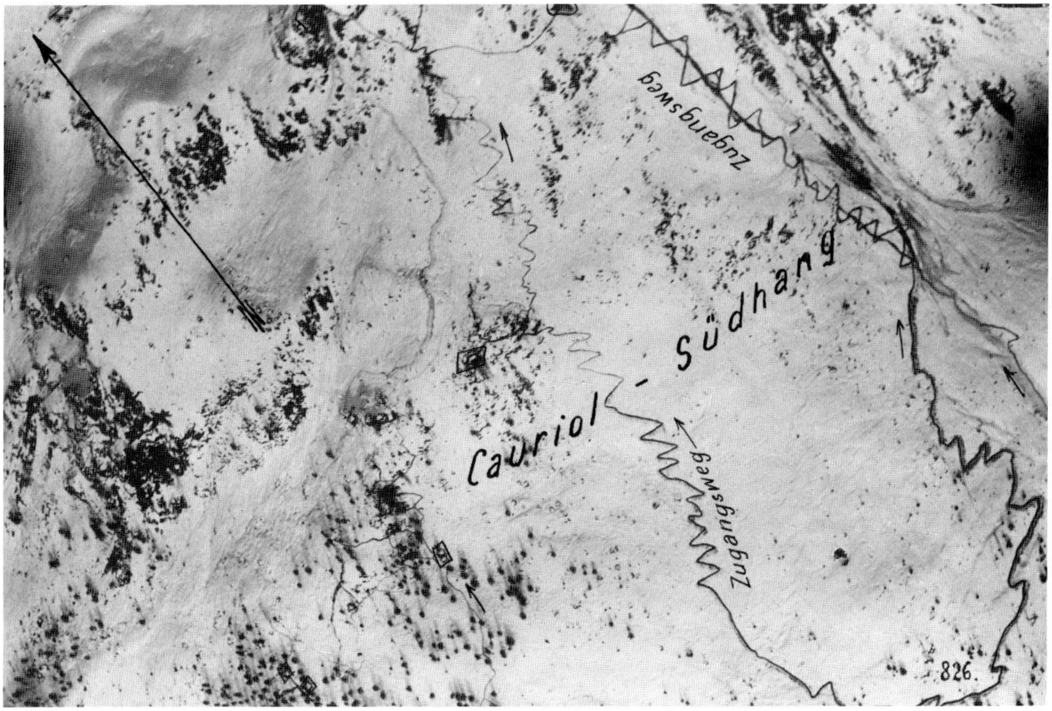
Zugangsweg
Cauriol - Südhang
Zugangsweg
826.

Altösterreichische Feindaufklärung aus der Luft (oben): Luftbild der italienischen Infanterie- und Batteriestellungen, sowie der Armierungswege an der Ostflanke der Cima Busa Alta (der Schnee arbeitet alle Details heraus!). Das Bild rechts oben zeigt die italienischen Baracken und Wege am Passo di Colbricon, dem Hauptstützpunkt der italienischen Colbricon-Linien nächst dem Rolle-Paß (von diesem sieht man den Colbricon als ersten Berg der südlichen Fleimstaler wie ein kühnes Horn; südöstlich vom Rolle-Paß).

Diese Fliegeraufnahme (rechts unten) zeigt in typischer Draufsicht der Luftbildfotografie Caoria, den Hauptort der italienischen Fleimstalfront, im Süden der südlichen Fleimstaler Dolomiten gelegen. In den hier sichtbaren Baracken waren Gefangene Österreich-Ungarns von der Fleimstalfront interniert. Caoria liegt südöstlich vom Monte Cauriol. Von Caoria aus nahmen die italienischen Fleimstaloffensiven gegen den Cauriol-Abschnitt ihren Anfang. Dieses Luftbild unterstreicht, wie groß die italienischen Infrastrukturen waren. Davon hätten die Tiroler nur träumen können.

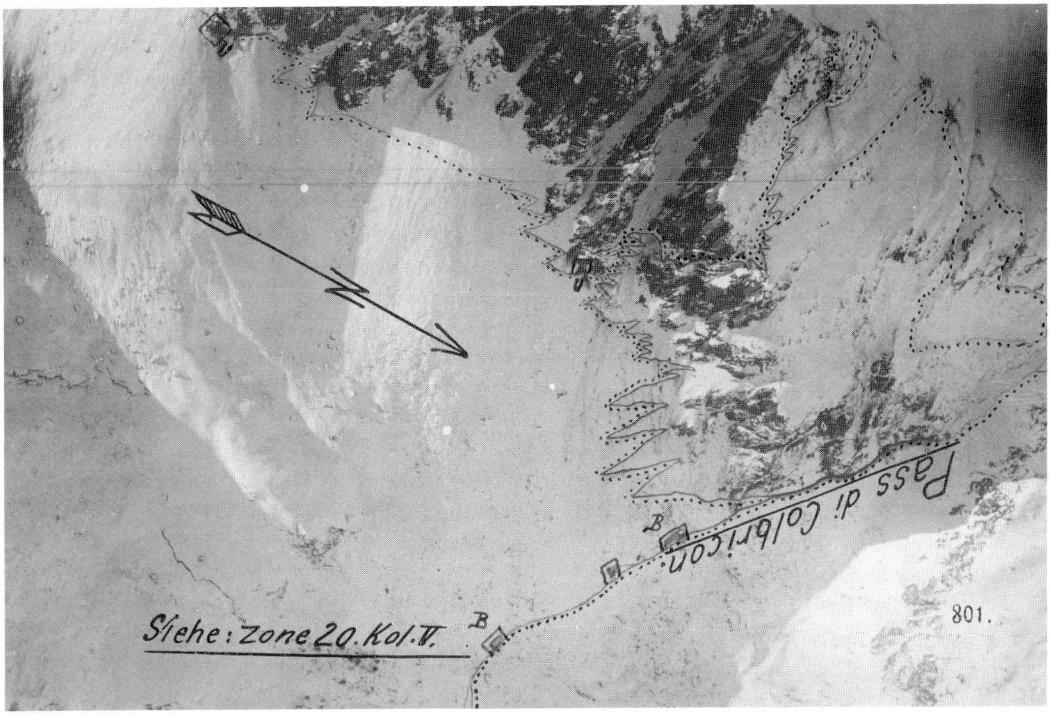
Pass di Colbricon
B
B
Siehe: Zone 20. Kol. V.
801.

622

Die Fliegeraufnahme oben zeigt den Colbricon-Kamm (im Vordergrund), von Süden nach Norden fotografiert. In der Bildmitte der Colbriconsee. Von diesem führte der Frontanstieg der Tiroler empor, während die Italiener ihren Weg über den verschneiten Sattel ganz rechts, von Süden kommend, nahmen. Am Felsgrat im Vordergrund saßen sich beide Seiten ineinander verzahnt jahrelang gegenüber. Die Alpini versuchten, den Kamm im Kampf zu überschreiten, um dann nach Norden in das Fleimstal vorzustoßen (ohne Erfolg). Sogar Minenstollen setzten die Alpini ein, konnten die Tiroler aber nicht vertreiben. Ganz rechts im Bild Granateinschläge mit aufgewühltem Erdreich zu sehen.

Die winterliche Straße am Rolle-Paß (rechts oben): In der rechten unteren Bildecke sind italienische Gräben und Batteriestellungen zu sehen. Von der Bildmitte links führt die Straße nach Westen in das Fleimstal hinab. Fast im Schnittpunkt der Bilddiagonalen die noch heute bestehende italienische Casa Cantoniera (Straßenmeisterei), damals im Krieg ein großer Almstall, Unterkunft der Soldaten. Die italienischen Batterien lagen gedeckt süd-südwestlich des Passes.

Ein Beispiel (rechts unten), wie hervorragend der Schnee gegnerische Wege und Kommunikationen im Luftbild herausarbeitet (im Gegensatz zu Luftbildern im Sommer).

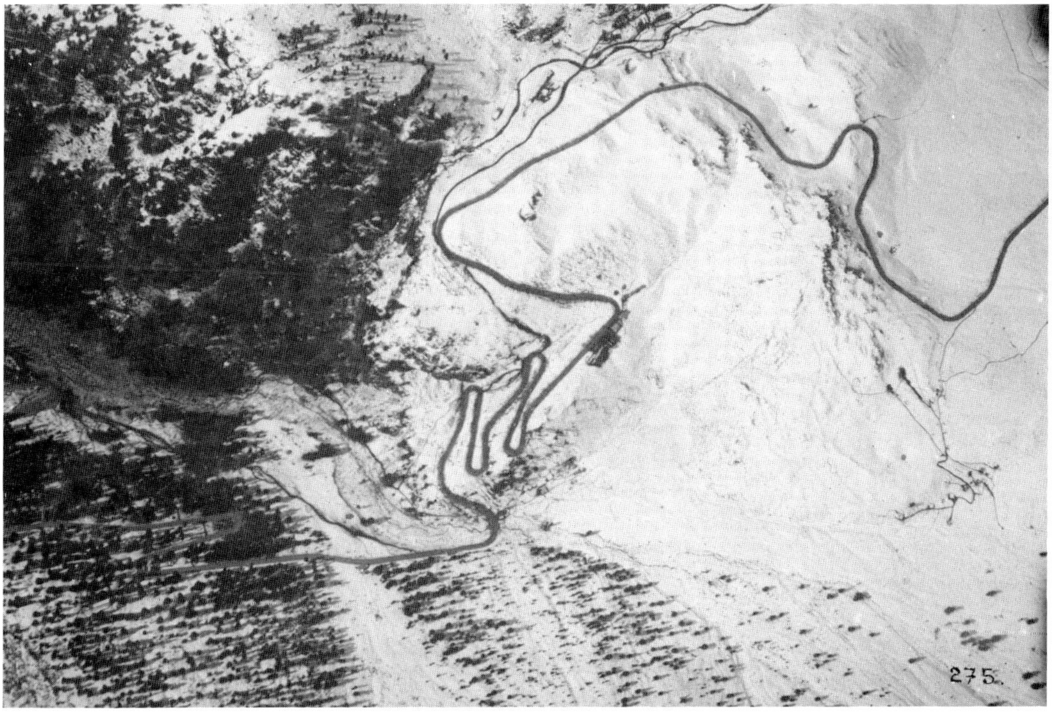
275.

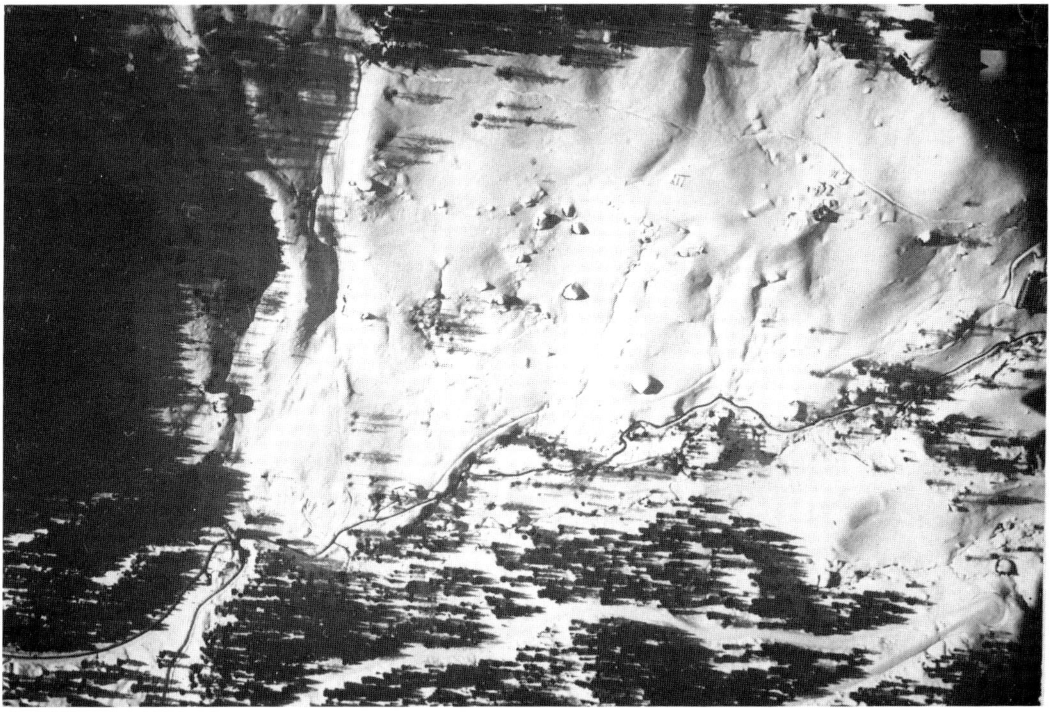

Drei faszinierende Fliegeraufnahmen der nördlichen Fleimstal-Front! Oben der italienisch besetzte Passo di Valles (2033 m) im Hochwinter. Das gerade Straßenstück entspricht der Paßhöhe. Südlich und westlich von dieser die großen italienischen Stützpunkte (die Aufnahme wurde von Süd nach Nord gemacht). Vom Passo di Valles und vom Passo di Rolle kamen die Italiener aber nie ins Fleimstal hinunter, weil dort das Fort Dossaccio den gesamten italienischen Einbruchsraum westlich des Rolle unter schweres Feuer nahm.

Die Cima di Bocche (rechts oben) in den nördlichen Fleimstaler Dolomiten, die Tiroler Bastion schlechthin, noch heute mit Stellungsresten gespickt, fast nie von Menschen besucht. Wer den besonnten Gipfelhang mit Lupe betrachtet, ebenso die Sonnenseite des Grates rechts im Bild, der sieht zahlreiche, verschneite Frontwege und Stellungen Tirols.

Der Lusia-See und Lusia-Paß (rechts unten) bildeten im Krieg den wichtigsten Punkt der nördlichen Fleimstaler Dolomitenfront. Dieses sommerliche Luftbild unterstreicht, wie wenig man daraus im Vergleich zu winterlichen Aufklärungsaufnahmen entnehmen kann.

760.

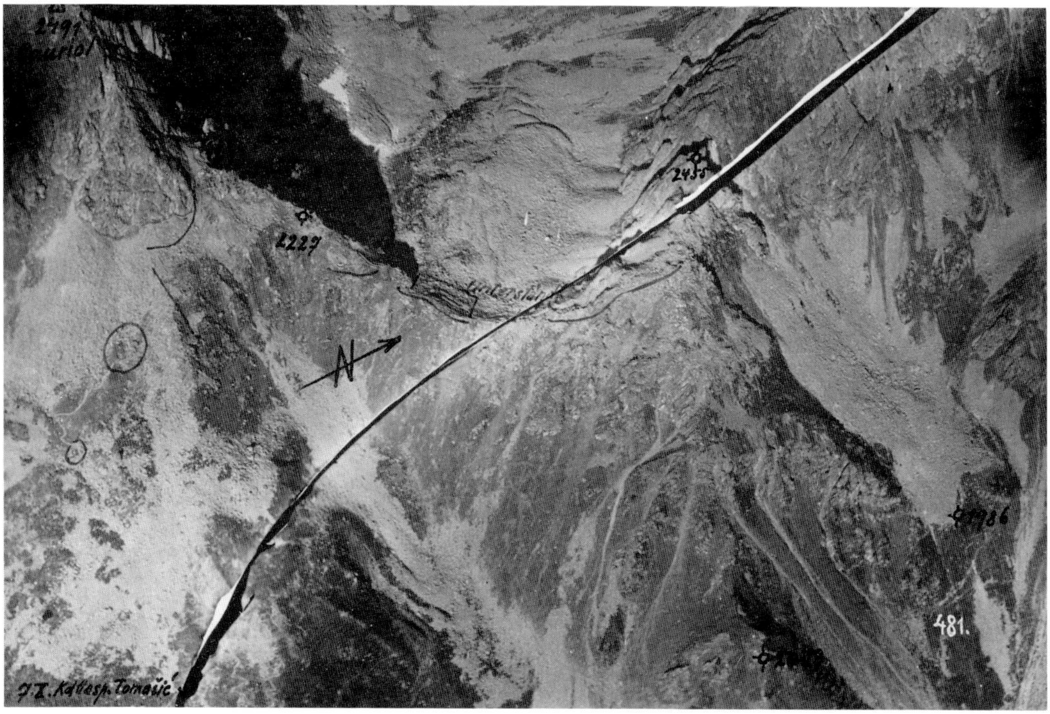

Aufnahme des Südhanges des Monte Cauriol (oben) mit Einzeichnung italienischer Unterstände und Batterien (die große Linie im Bild entstand durch Sprung der fotografischen Glasplatte vor dem Vergrößern bzw. Kontaktkopieren).

Die italienisch besetzte Ostseite des Monte Cauriol (rechts oben): Zahlreiche frische Schutthalden im weißen Schnee kennzeichnen die italienischen Stellungsarbeiten bzw. Positionen. Im Schneekar der rechten oberen Bildecke sehen wir, eventuell mit Lupe, die Aufstiegsspur der Tiroler Seite aus dem Val Sadole kommend. Wer mit Lupe alle Kammverläufe vom Cauriol (Bildmitte) nach rechts im Bild ziehend verfolgt, der sieht eine Vielzahl an fast unwirklich wirkenden Stellungen, Frontwegen im hochwinterlichen, höchst lawinengefährdetem Gelände. So sah es auf beiden Seiten aus. Man kann nur erahnen, was das ständige Freihalten dieser Frontkommunikationen bedeutet haben mag – und wie viele Soldaten dabei durch Lawinen umkamen. Diese Frontwege und Stellungen mußten auch bei Nacht, im Schneesturm ausgeschaufelt werden, damit sie nicht zugeschneit wurden. Dabei starben viele Soldaten im finsteren, nachtdunklen Sturm.

Rechts unten, wenn auch etwas unscharf, eine Fliegeraufnahme der österreichischen und italienischen Stellungen am (diagonalen) Kamm des Colbricon nahe beisammen (mit Lupe sehr gut zu sehen).

620

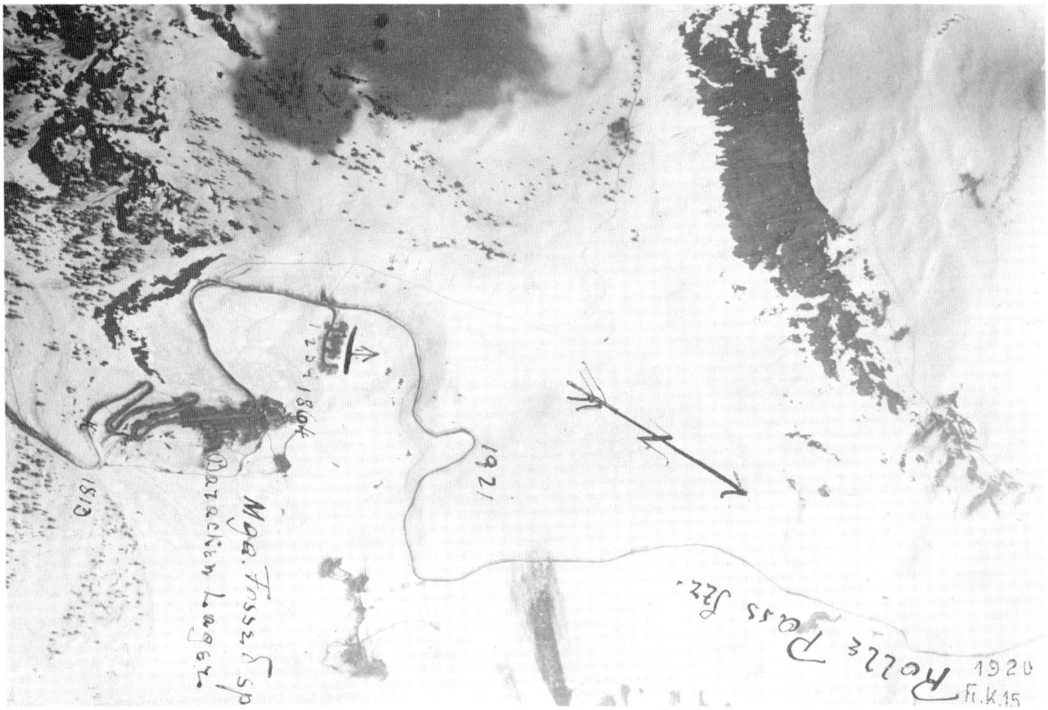
1921
1920
Fl.K.15

830.

◄

Exakt auf der Höhe des Passo Rolle (Bild links oben) verfügten die Italiener über starke Artilleriebatterien und Unterkünfte. Man beachte den Nordpfeil bei der Betrachtung des Bildes. Im unteren Bilddrittel (bei Einordnung des Bildes!) sehen wir die Ziffern 1,2,3,4 – daneben einen kleinen Pfeil. Dieser gibt die Schußrichtung der vier italienischen Geschütze an. Sehr gut zu sehen auch das große italienische Barackenlager. Diese Luftbildaufnahme demonstriert hervorragend, wie die spätere Analyse und Auswertung vor sich ging. Alle wichtigen Einrichtungen des Gegners wurden durch Signaturen im Bild genau spezifiziert. Diese Luftbildauswertung erledigte meistens der Beobachter des Aufklärungsflugzeuges, der auch die Aufnahmen schoß.

Die Aufnahme links unten zeigt nochmals den einst heiß umkämpften Abschnitt des Gardinal und der Busa Alta, wo sich beide Seiten in furchtbarem Kleinkrieg dauernd auf engstem Raum gegenüberlagen. Mit freiem Auge bereits sehen wir links oben die winterlichen Zugangswege in steilstem Lawinengelände zur Front hoch oben. Mit Lupe können wir am Grat in Bildmitte (untere Hälfte) ebenfalls Stellungen und Wege sehen.

Im Hochwinter mußten alle errungenen Positionen unbedingt gehalten werden, da jedes Aufgeben der eigenen Stellung infolge Witterung, Krankheit, Hunger, Durst das sofortige Nachrücken durch den Gegner bedeutet hätte. Und jeder wußte, daß einmal besetzte Höhenstellungen kaum mehr zurückerobert werden können.

Am Ende unseres Bildteiles zur Fleimstalfront können wir nun feststellen, daß das Gros aller Luftbilder sich immer nur mit den Brennpunkten der Front beschäftigte. Das ist aber auch nur zu verständlich. Die Aufklärung aus der Luft mußte sich ja auf die gefärdetsten Stellen der Front beschränken, während nicht direkt gefährdete Frontlinien unberücksichtigt blieben. Cauriol, Busa Alta, Gardinal, Bocche, Lusia, Colbricon, die Pässe Valles und Rolle bildeten die Angelpunkte jenes heute so fern liegenden, gänzlich unvorstellbaren Kampfes. Der Grund dafür lag, wie so oft im Krieg, in den alpengeographischen Voraussetzungen: Die Pässe boten tiefe, gut passierbare Einbruchszonen. Lusia, Bocche bildeten die Bastionen gegenüber dem nördlich davon liegenden Val di San Pellegrino, das direkt den Zugang zur Fassaner Front eröffnet hätte (für Italien). Cauriol, Gardinal und Busa Alta wiederum wurden zum Hexenkessel, weil an diesen Bergen vorbei das Val Sadole den leichtesten Zugang in das Fleimstal, damit ins Etschtal geboten hätte. Und auch deshalb, weil westlich vom Cauriol ein tiefer Übergang, die Forcella di Sadole, das Heranführen großer Truppenmassen begünstigt hätte. Dazu mußten die Italiener aber vorerst den Cauriol einnehmen, um die Flanke des Überganges zu beherrschen. Trotz der kühnen Einnahme des Cauriol durch Alpini, gelang die Offensive nicht, weil die Tiroler Landesverteidiger nun die nächsten Flanken am Gardinal und auf Busa Alta besetzten. So konnten die Verteidiger unter kluger Ausnutzung des alpinen Geländes jeden italienischen Durchbruch unterbinden – allerdings unter schrecklichen Opfern.

Die Fassaner Dolomitenfront

Westlich des Fassatales (zwischen Moena und Canazei), südlich des Marmolatastockes, nördlich des Val di San Pellegrino, und östlich der Linie Andraz-Cencenighe erstreckt sich das große Viereck der Fassaner Dolomiten, einer – von Ausnahmen abgesehen – selten besuchten, aber sehr kühn aufgebauten Dolomitengruppe. Hier zog der Erste Weltkrieg ebenfalls seine blutigen Spuren in Form einer Frontlinie, die von Süd nach Nord diese Gebirgsgruppe durchquerte: Von den Nördlichen Fleimstalern stieg die Front von der Lusia (2490 m) hinunter in das Val di San Pellegrino, querte dieses Süd-Nord im Abschnitt Fangho, stieg unverzüglich zu den ersten Fassaner Gipfeln empor, zu Ricoletta, Rizzoni, Punta d'Allochet (alle um 2500 m) und erreichte am Passo le Selle (2529 m) und der benachbarten Cima di Costabella (2759 m) ihre ersten blutigen Kampfstätten. Von der Costabella lief die Front nach Norden über alle Gipfel, querte knapp östlich des Contrinhauses und stieg von hier zur Marmolatascharte empor, um nun über den berühmten Westgrat sich zum Doppelgipfel der Königin der Dolomiten, der Marmolata emporzuschwingen (übrigens klingt phonetisch das uralte, ladinische Marmolèda viel schöner ...).

Diese gesamte Frontlinie wurde von Tirol und Altösterreich gehalten. Italien versuchte hier, von Osten (Falcade) nach Westen durch das Val di San Pellegrino durchzustoßen, um die strategisch wichtige Furche des Fassatales zu erreichen. Damit wäre der Zugang in das Fleimstal, zur Marmolata- und Col-di-Lana-Front offen gewesen.

Während alle Gipfel, Grate, Übergänge in den Fassanern von Tiroler Feldwachen gehalten werden konnten, wurde die Costabella zum Hauptkampfort, da dieser Berg die Furche des Val di San Pellegrino im Kriege beherrschte: Bis März 1917 hielten Tiroler Kaiserschützen den Gipfel. Am 3. März 1917 nahmen ihn Alpini nach schwerstem Beschuß ein. Am 16. März 1917 eroberte das Valentini-Bataillon der Kaiserschützen die Costabella, u. a. mit einem Angriffsstollen im Schnee, den Gipfel zurück. Während des gesamten Krieges lagen sich beide Seiten auf der großen Gipfelfläche der Costabella in zahlreichen Stellungen, oft nur mit kurzer Distanz, gegenüber. Unentwegt belauerten beide Seiten einander. Tag und Nacht, im Winter, im Sommer, herrschte ewiger Kleinkrieg, der den Männern zahlreicher Feldwachen und Patrouillen das Leben kostete.

Die heute fast vergessene Costabella ist in Wirklichkeit ein heiliger Berg Tirols, muß von Bedeutung und Opfern, vom zähen Ringen her in eine Reihe mit Col di Lana, Rotwand, Zugna Torta und Pasubio gestellt werden. Die Costabella (= übersetzt schöne Schneid'; wie ironisch mag das den Soldaten geklungen haben ...) ist bis heute zernarbt, zerfurcht, zerrissen, ausgehölt vom Krieg, dessen

Spuren dort wohl ewig bleiben werden. Sie ist heute besonders einsam. Und die wenigen Menschen, die sie besteigen, tun dies zum Gedächtnis an die Toten.

Auf Abb. Seite 35 sehen wir ein erschütterndes, ergreifendes Bild: die Südseite der Costabella im schwersten italienischen Beschuß, der den ganzen Gipfel mit den Verteidigern x-mal umpflügte, der Gestein, Erde, Menschenleiber so sehr vermischte, daß man die Toten oft nicht mehr finden konnte. So, wie es jenes Bild zeigt, so, und nicht anders, sah der »Alltag« des Ringens um die Costabella aus.

☆

Die Cima di Lasté (2410 m) im Frontverlauf der Nördlichen Fleimstaler Dolomiten (Bild oben). Deutlich am Grat in der Mitte Stellungswege zu sehen; im Hintergrund das Val di San Pellegrino. Vom Kamm im Bild (von Süd nach Nord fotografiert) stieg die Front hinunter in das Val di San Pellegrino. Diese hochwinterliche Luftbildaufnahme unterstreicht, wie hart das Ringen um das Halten der Front im Kampf gegen die Natur gewesen sein muß.

Im Vordergrund (rechts oben) sehen wir Gipfel, Grate, Abstürze des Costabella-Massivs von Osten bzw. Nordosten. Diese hier sichtbaren Seiten der Costabella waren die Anmarsch- und Zugangswege zur Tiroler Front des Gipfels, während die Alpini von der viel einfacheren Süd- und Südostseite her den Berg bestiegen. Ganz oben, auf den Kämmen dieses Bildes, verliefen beide Fronten hauteng nebeneinander. Die oft auftauchende zeitgenössische Formulierung, »daß um jeden Meter gekämpft wurde«, kann dieses Bild verständlich machen, denn auf den schmalen Kämmen blieb Freund und Feind immer nur ein Platz von wenigen Metern zum Kriegführen.

Das Tiroler Frontkommando (rechts unten) der 9. Infanterietruppendivision am Karer See bzw. im Hotel am Karer Paß.

770.

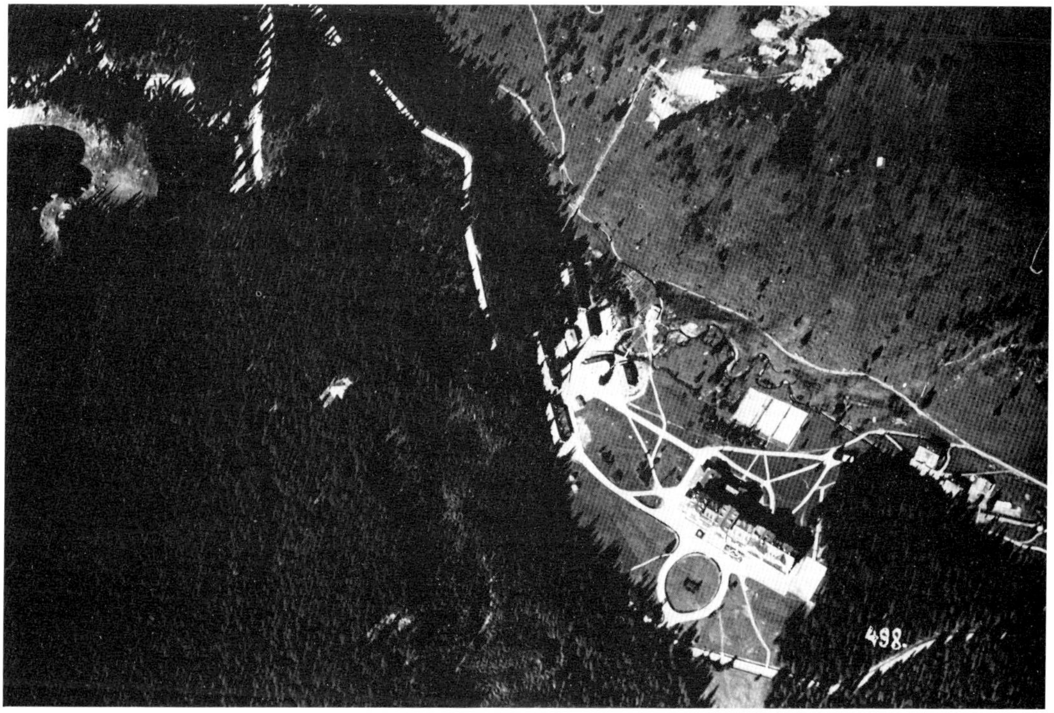
498.

Die italienische Talsperre (oben) im Val di San Pellegrino, von Süd nach Nord fotografiert. Ganz links ein Stellungsgraben-Viereck der Italiener, den Talboden, und die Hänge südlich, nördlich erfassend. Rechts davon zerschossene Unterkünfte (kein Fort!). Überall, vor allem ganz rechts, Granattrichter der österr.-ung. Artillerie. Diese Talsperre hatte zugleich eine wichtige Nachschubfunktion für die italienische Front auf Costabella.

Italienische Nachschub-Basen (rechts oben) für die mittlere und östliche, italienische Dolomitenfront, südlich von Auronzo gelegen.

Höchst eindrucksvoll das Luftbild (rechts unten) von Canazei im Fassa-Tal. Links, hinter Canazei, ziehen die ersten Serpentinen zum Pordoi- bzw. Sella-Joch empor. Nach rechts zieht der Flußlauf des Avisio in Richtung Alba und Penia. Vor allem links im Vordergrund gut zu erkennen die traditionellen Fassaner Ackerterrassen, einst im ganzen ladinischen Siedlungsraum verbreitet. Durch Ackerterrassen gewann man erstens mehr Anbaufläche, verhinderte zweitens die jährliche Erosion des dünnen Humus, erzielte eine bessere, intensivere Sonneneinstrahlung. Schließlich bildeten diese Ackerterrassen im an sich kargen Fassatal zugleich einen wirksamen Schutz gegen schwere Hangrutsche, Lawinenabgänge. Noch 1960 waren im Fassatal alle Ackerterrassen, wie seit weit über 1000 Jahren, voll in Verwendung. Dank Landwirtschaft und Forstwirtschaft waren damals noch alle Fassaner auf Zufuhr von außen nicht angewiesen. In den letzten 25 Jahren ist die Landwirtschaft im Fassatal auf fast Null zurückgegangen, die Forstwirtschaft auf einen Bruchteil. Ein viel zu hoher Preis für den Massentourismus! Vom ladinischen Substanzverlust ganz zu schweigen ...

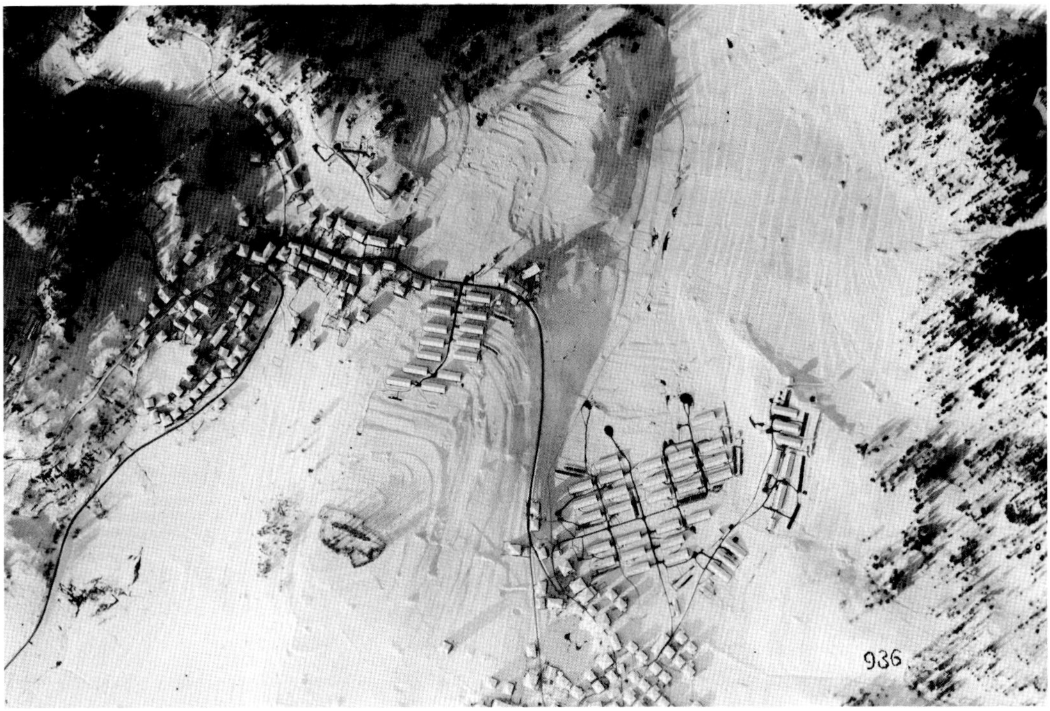

Der italienische Frontabschnitt (oben) in den zentralen Fassaner Dolomiten auf der Cima Ombrettola (2922 m). Die Alpini setzten sich in den zentralen Fassaner Dolomiten vor allem in deren östlichem Teil fest, den sie durch das Val Ombretta, durch das Val Ombrettola, durch das Val Franzedas militärisch versorgten. Die Tiroler Seite dagegen bezog die Berge im westlicheren Teil, ausgehend von deren Eckpfeiler Costabella, versorgten vom Fassa-Tal aus, sowie vom Val di San Nicolo die eigene Front.

Kulturgeschichtlich einmalig auch der brennende Kohlenmeiler (rechts oben) zur Erzeugung von Holzkohle für die Schwarmöfen (winzig kleine, tragbare Öfchen) der Hochgebirgsfront.

Aus 4000 m Höhe fotografierte der Flugbeobachter die stark ausgebauten italienischen Stellungen auf der Cima Ombretta (rechts unten), auf 3011 m Höhe gelegen. Deutlich zu sehen die im Bild nach rechts (nach Westen) ausgebuchtete italienische, vorderste Linie gegen die Tiroler, die im Contrintal saßen. Ganz links von der italienischen Stellung die Zugangswege aus dem Val Ombretta herauf, wo das heutige Rifugio Falier die wichtigste italienische Basis war. Aufgrund eigener, genauer Ortskenntnis kann der Verfasser festhalten, daß das Aufklärungsflugzeug sich kanpp südlich der Marmolata befunden haben muß, als der Beobachter den Auslöser der Kamera drückte. So entstand also während des Krieges diese wohl einzige Flugaufnahme der kriegswichtigen italienischen Ombretta-Stellung zu Füßen (beinahe) der gigantischen Marmolata-Südwand.

506.

Die Marmolatafront (mit Padonkamm)

Von der Marmolatascharte stieg die Tiroler Front am gesamten Westgrat der Marmolata empor zur Marmolata di Penia (3344 m), erreichte die Marmolata di Rocca (3309 m), lief damit über den höchsten Berg der Dolomiten hinweg. Von der Marmolata di Rocca zieht eine, damals von Tirolern besetzte Gletscherkuppe nach Osten, erreicht die Forcella Serauta: Da saßen bereits die Alpini auf engster Tuchfühlung mit den Tirolern. Ebenso beherrschten die Alpini den Monte Serauta, nächst der Serauta-Scharte (Forcella), wo man noch heute aus Alpini-Kavernen zum weiten Marmolatagletscher hinunterblicken kann. Der gesamte Gletscher mit seinen unteren Kämmen Saß de Mez und Sasso d'Undici gehörte den Tiroler Kaiserschützen, die die Marmolata verteidigten und hielten. Vom Fedaja-Sattel unterhalb des Gletschers lief die Front nun geradewegs nach Norden empor zum höchsten Teil des Padon-Kammes, der im Westteil und im mittleren Teil von Tirolern besetzt war. Der Padon-Kamm, stark ausgebaut, war nie direktes Kampfgebiet, sondern Basis für Nachschub der Tiroler Marmolatafront, war weiters als Auffangstellung vorgesehen, falls die Alpini die Marmolata mitsamt dem Gletscher erobert hätten.

Wie sah die Lage im Krieg aus? Auf der Serauta saßen die Alpini, beschossen Tag und Nacht mit MG und Artillerie die Tiroler Soldaten auf der Oberfläche des Gletschers. Bis zum Frühjahr 1916 waren die Kaiserschützen und Standschützen einem mörderischen, verlustreichen Feuer ausgesetzt, die Marmolata hätte 1916 nicht mehr gehalten werden können.

Im Mai 1916 aber erfand Leo Handl, Kommandant der K.u.k. Bergführerkompanie 8, die unterirdischen Gletscherstollen, die nun erstmals auf der Marmolata in Länge vieler Kilometer kreuz und quer, und bis zum Gipfel hinauf, den Gletscher durchzogen. Der ganze Krieg ging in den Gletscher hinein, die Tiroler waren nun vor dem italienischen Beschuß geschützt, ebenso vor dem Wüten der Natur. Von Mai 1916 bis Ende Oktober 1917 lebten, kämpften alle Verteidiger im Bauch des Gletschers, konnten dadurch die Front eisern halten. Das Hauptverdienst dabei kommt dem Marmolatabataillon der Tiroler Kaiserschützen zu.

Besonders grausam wüteten Lawinen an dieser Front in tieferen Lagen unter dem Gletscher: In Gran Poz, einem Lager, gab es bereits Mitte Dezember 1916 zwölf Meter Neuschnee. In der Nacht vom 12. zum 13. Dezember 1916 begrub eine Lawine mit 150.000 Tonnen Schnee das Lager, dessen Bewohner fast zur Gänze, an die 300 Mann, ums Leben kamen. Diese Nacht vom 12. zum 13. Dezember 1916 galt als die schrecklichste aller schrecklichen Lawinennächte der gesamten Dolomitenfront. Allein auf österr.-ung. Seite kamen in dieser einen Nacht mindestens 6000 Mann durch Lawinen ums Leben. Ähnlich hoch waren die Opfer der Italiener in jener Nacht, die somit an die 12.000 Soldaten auf einen Schlag ums Leben brachte.

Wenn wir heute die Marmolata besteigen, dann können wir uns genausowenig vorstellen, wie die Menschen vor Kriegsausbruch 1915, daß hier einmal eineinhalb Jahre im Innern des Gletschers ein gespenstischer Krieg ablaufen würde. Dipl. Ing. Leo Handl, Innsbrucker, rettete durch seine Erfindung der Gletscherstollen Tausenden von Soldaten das Leben (an allen Gebirgsfronten), setzte die Grundlage zum Halten vieler Gletscherfronten – und erhielt nach 1918 keinen Dank, keinen Orden des Vaterlandes, obwohl er objektiv zu den bedeutendsten Persönlichkeiten des Gebirgskrieges überhaupt zu zählen ist.

☆

►

Eines der herrlichsten Dokumente der altösterreichischen Luftbildfotografie des Gebirgskrieges 1915–1918: Die Marmolata, von Norden her gesehen, im tiefwinterlichen, jungfräulichen Schneekleid, so wie sie seit Urzeiten aussah, wie man sie nie mehr – dank Übererschließung heutiger Zeit – sehen wird! Ganz rechts die Scharte, dann ansteigend der bereits im Krieg total versicherte Westgrat, dann der höchste Gipfel die Punta di Penia (3344 m), daneben die Punta di Rocca mit 3309 m. Von letzterer zieht sich der oberste Teil des Marmolatagletschers wie ein breiter Rücken nach Osten zu den Serautaspitzen, knapp über 3000 m, links im Bild. Vor uns zieht der Gletscher zu Tal, zum Fedaja-Sattel. Vom linken Bildrand wirft der Sasso d'Undici (der Elfer!), im Bild selbst nicht sichtbar, seinen Schatten auf den Gletscher gegen Westen. Erstklassig zu sehen der Felskamm im Gletscher, der Saß de Mez. Der Gletscher selbst reicht heute gerade noch gegen den oberen Rand des Saß de Mez ...

Dieses Bild verdeutlicht wie kein anderes die damalige Lage von Freund und Feind. Nur am Kamm links oben im Bild, auf der Serauta, in dieser kaverniert, lagen die Alpini. Alles andere, das im Bild sichtbar ist (auch der Undici), war Tiroler Front. Soferne es nicht regnete, kein Nebel war, es nicht schneite, beschossen die Alpini Tag und Nacht (mit Scheinwerfern wurde der Gletscher bestrahlt) jeden einzelnen Tiroler, der sich am Gletscher zeigte. Nur bei Sturm (!), bei Regen, bei Schneeorkan konnten die Verteidiger ihre Front von Mai 1915 bis Mai 1916 mühsamst, unter großen Opfern, aufrechterhalten. Die beiden Gipfel wurden ein Jahr nur durch Patrouillen (!) gehalten. Erst infolge der Eisstollen, die bis ganz hinauf, und kreuz und quer, tief im Inneren des Gletschers liefen, waren die Verteidiger vor dem italienischen Beschuß, darunter Kavernengeschütze auf der Serauta, vor dem Wüten der Natur geschützt. Undici und Saß de Mez bildeten Zwischenstationen der Tiroler Front. Am wildesten war die militärische Situation dort, wo oben der Gletschergipfelkamm auf die ersten (italien.) Felsen der Serauta trifft – auf der Scharte. Dort war ein Stollenausgang der Tiroler nur wenige Meter von den Italienern entfernt, die ständig versuchten, die Verteidiger im Stollenausgang zu bezwingen (vergeblich). Da oben tanzte der Tod buchstäblich.

Ab Frühjahr 1916, dem Beginn des Baues der Gletscherstollen, waren die Tiroler gedeckt. Zugleich errichtete man am Padon-Kamm, gegenüberliegend, starke Artilleriestellungen, die von dort aus einen italienischen Vorstoß von der Serauta auf der Gletscheroberfläche abwärts verhindern konnten. Ab Sommer 1916 stand also die Tiroler Marmolatafront eisern. Hauptbrennpunkt der Kämpfe danach war der Gipfelkamm zwischen Serauta und Punta di Rocca, wo die Alpini verzweifelt versuchten den Stollenein- (bzw. -ausgang) zu nehmen, und im Stollen im Kampfe abwärts vorzustoßen (gelang nie).

Dieses Bild unterstreicht stellvertretend für alle Gebirgsfronten folgendes: Die bei Kriegsbeginn besetzten, beherrschten Positionen (auf beiden Seiten) und das Kampfgelände mit topographischen Verhältnissen, entschieden zu fast hundert Prozent, wie sich der weitere Kampfverlauf entwickelte. Eine Änderung dieses Gesetzes des Gebirgskrieges wäre,wenn, dann überhaupt nur mit Einsatz übergroßer Mittel an Mann und Material zu revidieren gewesen.

Das Bild rechts oben zeigt den Monte Vernel (Bildmitte), das Wahrzeichen von Alba. Links davon Einblick zum Fedajasattel und zum östlichen Padon-Kamm. Rechts vom Vernel die Marmolata mit Westgrat, der auch im Winter von Tiroler Feldwachen dauernd besetzt gehalten wurde.

Eine glaziologisch einmalige Aufnahme (rechts unten), die uns die Zunge des Marmolatagletschers im militärischen Luftbild 1915–1918 zeigt. In der Glaziologie und Alpengeographie sind derartige Aufnahmen alter Gletscherstände von äußerstem Seltenheitswert. Von dieser Zunge ist heute nach starkem Rückgang des Marmolatagletschers nichts, kein Quentchen mehr übriggeblieben.

Die Stolleneingänge im Krieg waren übrigens an der Oberfläche nicht zu sehen, waren in natürlichen Gletscherspalten plaziert. Auch der Aushub an Eis der Stollenvortriebe mußte zur Tarnung im Inneren des Gletschers, in tiefen Spalten, versenkt werden. Zu Kriegszeiten konnte man dem Gletscher nichts von seinem gespenstischen, unterirdischen Leben ansehen

663.

Wie hervorragend die Luftbildaufklärung der K.u.k. Luftwaffe wirken konnte, wie meisterhaft man fotografierte, das unterstreichen diese drei Aufnahmen italienischer Marmolata-Positionen, der Serauta-Stellungen. Abgesehen von der oberen Aufnahme der alleröstlichsten, gletscherfreien Serauta-Flankenstellung – von oben in Draufsicht aufgenommen, zeigen die anderen, vor allem die untere Aufnahme rechts, die infernalische Situation für beide Seiten eindrucksvollst: Wir sehen genau die von Tirolern noch gehaltene Zone, wo der Gletscher ganz empor reichte. Ebenso sehen wir, wie knapp daneben der gletscherfreie Felskamm der italienisch besetzten Serauta sich erhob. Nur wenige Meter an umkämpftem Niemandsland lagen dazwischen!

Wer heute mit der Seilbahn, oder zu Fuß die Marmolata besucht, der kann diese einstige Situation von Leben und Tod sofort selbst nachprüfen. Denn nur ganz wenige Schritte hat man zu gehen, um vom vergletscherten Gratrücken zur ersten italienischen Serautastellung zu gelangen. Auf und in dieser lohnt sich unbedingt der Besuch einer italienischen Kaverne, die einst mit Gebirgsartillerie (Kavernengeschütze) bestückt war. Wenn wir uns aus der Ausschußöffnung der Kaverne hinauslehnen, dann liegt unter uns, wie auf dem Präsentiertisch, der Marmolatagletscher. Wer das macht, der wird erst verstehen, wie hart die Lage der Verteidiger im direkten Beschuß durch unangreifbare Kavernengeschütze gewesen sein muß. Und der wird verstehen, was die Erfindung der Gletscherstollen durch Leo Handl für die gepeinigten Verteidiger an Erleichterung brachte ...

Luftbildaufklärung (oben) von tiefer gelegenen, italienischen Nachschub- und Frontzugangswegen im Abschnitt östlich des Padon-Kammes. Demgegenüber zeigt die unglaubliche Aufnahme (rechts oben) einer italienischen Feldwache am tief verschneiten Serauta-Kamm, wie exponiert die Männer beider Seiten waren. Exponiert im geographischen Sinn, ebenso exponiert seelisch, geistig, körperlich. Und dann muß man sich noch vor Augen halten, daß diese einsame, soldatische Insel im Hochgebirge Tag und Nacht, bei wirklich jeder Witterung, besetzt gehalten werden mußte. Oft liest man dann in den Berichten der am nächsten Tag eintreffenden Ablösung: »Als ich die Feldwache erreichte, fand ich drei tote Kameraden, steifgefroren wie ein Brett, die Opfer des Sturmes in der Nacht, vor. Kein Mensch kann sich vorstellen, wie mir da zumute war ...«.

Rechts unten die gesamte Marmolata–Padon–Col-di-Lana-Front im Luftbild, von West nach Ost fotografiert: Links vorne der Padon-Kamm mit Stellungswegen der Bregenzer Standschützen. Bildmitte vorne der Fedaja-Sattel zwischen Padon-Kamm (links) und -Hang zur Marmolata empor (rechts). Weiter hinten am Sattel gut sichtbar der fast zugeeiste, verschneite Fedaja-See. Ganz rechts hinten der Monte Pelmo. Links im Schatten das Buchensteiner Tal mit Buchenstein (Pieve di Livinallongo; nicht sichtbar), und dahinter der Frontabschnitt mit Col di Lana und Monte Sief! Hier sieht man, warum Italien im Abschnitt Col di Lana durchbrechen wollte (um jeden Preis) – weil dies der einzige, tief gelegene Abschnitt zwischen vergletscherter Marmolata und den kühnen, schwierigen Felsdomen der Tofanen war ...

508.

604.

Die Front am Col di Lana - oder die Apokalypse der Sinnlosigkeit

Vom Padon-Kamm stieg die Front abwärts nach Norden, querte östlich von Arabba das Buchensteiner Tal, stieg von hier hinauf zum Monte Cherz (2095 m), östlich des Campolungo-Passes und lief über die Almfläche Col di Rode zum Monte Sief (2425 m) und zum Col di Lana (2462 m). Vom Col di Lana und Monte Sief lief die Front direkt nach Norden zum Settsass (2571 m), zum Monte Castello (2369 m) und fand am Hexenstein (Sasso di Stria 2477 m), sowie am Fort Tre Sassi am Valparola Paß ihren Anschluß zum Abschnitt Lagazuoi-Tofanen-Travenanzes.

Italien verbiß sich am Col di Lana regelrecht in einem mörderischen Krieg, der der Tiroler Landesverteidigung völlig sinnlos aufgezwungen wurde. Und sinnlos war auch der fast kriminell anmutende Einsatz der eigenen italienischen Kräfte an diesem Berg, den die Italiener seither Col di Sangue, Berg des Blutes nennen. Über 6000 Italiener, über 2000 Österreicher, ließen hier ihr Leben sofort. Zehntausende von Verwundeten kamen dazu, von denen viele noch später starben, von den Lawinenopfern ganz zu schweigen.

Von Kriegsbeginn an hielten Standschützen und Bayern des Deutschen Alpenkorps den Berg, den die Alpini aber am 7. November 1915 eroberten, den ihnen danach Kaiserschützen Tirols unter Konstantin Valentini entrissen. Dann besetzten Tiroler Kaiserjäger den Berg, der zum Symbol der Tiroler Kaiserjäger werden sollte.

Bereits im Frühjahr 1916 treiben die Italiener einen Sprengstollen unter die Tiroler Gipfelstellung. Am 17. April 1916 trommeln 150 italienische Geschütze auf die Verteidiger des Gipfels, auf die 6. Kompanie des 2. Tiroler Kaiserjäger-Regimentes unter Oberleutnant Anton von Tschurtschenthaler, stundenlang ein. Knapp vor Mitternacht wird der gesamte Gipfel, werden alle Verteidiger in die Luft gesprengt. Nur ganz wenige Männer überleben. Diese verteidigen noch nach der Sprengung den Berg, können ihn aber nicht halten. Nun errichtet die Tiroler Front ihre Hauptbastion am benachbarten Monte Sief, den man bis zum Zusammenbruch der italienischen Dolomitenfront, bis zu deren Zerschlagung im Oktober/November 1917 halten konnte. Seit der Sprengung des Col di Lana wurde aus dem einstigen Einzelgipfel ein Doppelgipfel. Der riesige Sprengtrichter ist heute noch komplett zu sehen, dort wo Krieg geführt wurde, liegt heute noch blankes Erdreich, auf dem nichts wächst.

Italien versuchte über den Col di Lana nach Norden gegen Valparola-Falzarego-Tofanen durchzustoßen, ebenso vom Col di Lana nach Westen gegen Corvara und Abteital. In beiden Fällen hätte dies zum Zusammenbruch der zentralen Dolomitenfronten Österreich-Ungarns geführt, hätte in weiterer Folge die Offensive Italiens in das Pustertal erlaubt. Der italienische Generalstab schätzte den Col di Lana als tiefsten Punkt zwischen Tofanen und Marmolata ein, meinte, daß man diesen einst sanften Almberg leicht überrennen könne. Darin lag eine der schlimmsten Fehlentscheidungen Italiens für beide Seiten begründet. Denn westlich des Col li Lana erstreckt sich gegen Monte Cherz und Campolungo Paß ein viel tieferes, breiteres Almgelände, das größte Infanteriemassen Italiens begünstigt hätte, wo Tirol fast nichts entgegenzusetzen gehabt hätte. Auch als der italienische Generalstab das wußte, beharrte er am Hauptstoß gegen den Col di Lana und Monte Sief, die beide die Verteidiger begünstigten. Für Italien wurde der Kampf um den schließlich eingenommenen Gipfel des Col di Lana zum Symbol nationalen Prestiges, dem man besinnungslos Menschen zu opfern bereit war. Die Einnahme des Col di Lana erbrachte aber für Italien absolut keinen strategischen Wert. Darin liegt die größte Tragik jenes apokalyptischen Ringens.

Das Ausharren der Kaiserjäger am Gipfel bis zur Sprengung gehört wohl zum Mutigsten, das dieser Krieg einst kannte: die Verteidiger wußten genau, daß nach dem Verstummen der Bohrgeräusche im italienischen Sprengstollen knapp unter der eigenen Gipfelstellung die Sprengung von Gipfel und Männern bevorstand. Kein Tiroler verließ im nächtlichen Inferno des die Sprengung vorbereitenden Artilleriefeuers den Gipfel, jeder ließ sich mit dem Gipfel in die Luft sprengen, opferte sich für sein Heimatland.

☆

►

Wenn wir vom Gipfel des Col di Lana eine Linie genau nach Norden ziehen, so erfaßt diese Linie den Siefsattel, den Monte Sief, den Settsass bzw. nach Gabelung den Monte Castello. Auf diesem Luftbild sehen wir die österr.-ung. Stellung und Frontlinie am Settsass. Wir sehen, wie tief in der Breite dieses Stellungssystem ausgebaut wurde, daß es sich keineswegs um eine dünne Frontlinie gehandelt hatte. So wie bei allen textlichen Ausführungen dieses Buches, setzt der Verfasser voraus, daß der engagierte Leser von sich aus bei Bedarf derartige Angaben (wie oben) mittels Spezialkarte nachvollzieht. Nur mit Spezialkarten 1:50.000 lassen sich viele, sehr wichtige Hinweise dieses Buches wirklich verstehen. Das gilt vor allem für Frontverläufe, für die Darstellung der Ziele von Freund und Feind, für die Ausarbeitung militärgeographischer Details.

Die gesamte Frontlinie vom Gipfel des Col di Lana bis zum Valparola- und Falzarego-Paß war äußerst gefährdet. Warum? Westlich dieser Linie versorgten die Tiroler ihre Front von Corvara kommend. Östlich dieser Frontlinie versorgten die Italiener ihre Front. Die Front selbst ging sehr verwickelt im Abschnitt Valparola, Lagazuoi, Travenanzestal in die dortige Hochgebirgsfront von Lagazuoi und Tofanen über. Genauer gesagt bildete das Frontstück zwischen Col di Lana und Valparola-Falzarego einen der längsten, tiefsten Teile der Dolomitenfront, die hier noch dazu in vergleichsweise einfachem Gelände verlief.

Ständig bestand die große Gefahr, daß Italien von Osten kommend an dieser breiten, tief gelegenen Front nach Westen durchstoßen würde. Mit Erreichnung des Raumes Corvara und Abteital wäre den Italienern der Weg in das Pustertal mit der größten Nachschublinie (Eisenbahn und Straße) Tirols offengestanden. Damit wäre die österr.-ung. Dolomitenfront mit Sicherheit zum Zusammenbruch verurteilt gewesen. Italien griff aber erstaunlicherweise nicht an der tiefen Frontlinie an, sondern versuchte zuerst den südlichen Eckpfeiler (Col di Lana) und dann den nördlichen Eckpfeiler (Lagazuoi) zu nehmen, um so die gesamte Linie aus den Angeln zu heben. Beides mißlang. Wie richtig der starke kriegsmäßige Ausbau der Tiroler Stellungen nördlich des Col di Lana war, zeigte sich dann am Beispiel des Monte Sief, da man nur dadurch den Verlust des Col di Lana-Gipfels wettmachen konnte.

In Punkto italienischer Taktik und Strategie, an anderen Abschnitten oft haushoch überlegen, gibt diese Frontlinie vom Col di Lana zum Lagazuoi, ebenso wie im Abschnitt Monte Cherz, größte Rätsel auf. Der italienischen Führung lag hier eine klare Fehleinschätzung potentieller Angriffsräume zugrunde. Dies führte dazu, daß Italien die Hauptversuche an den ungünstigsten Punkten – Col di Lana und Lagazuoui – ansetzte, anstelle unzähliger anderer, viel besserer Möglichkeiten. Dadurch mußte sich Italien auf zahlenmäßig begrenzte Gebirgstruppen (Alpini) beschränken, während es im anderen Falle beliebig große Infanteriemassen, die es besaß, zur Entfaltung hätte bringen können. Tirol hätte dann nichts entgegenzusetzen gehabt.

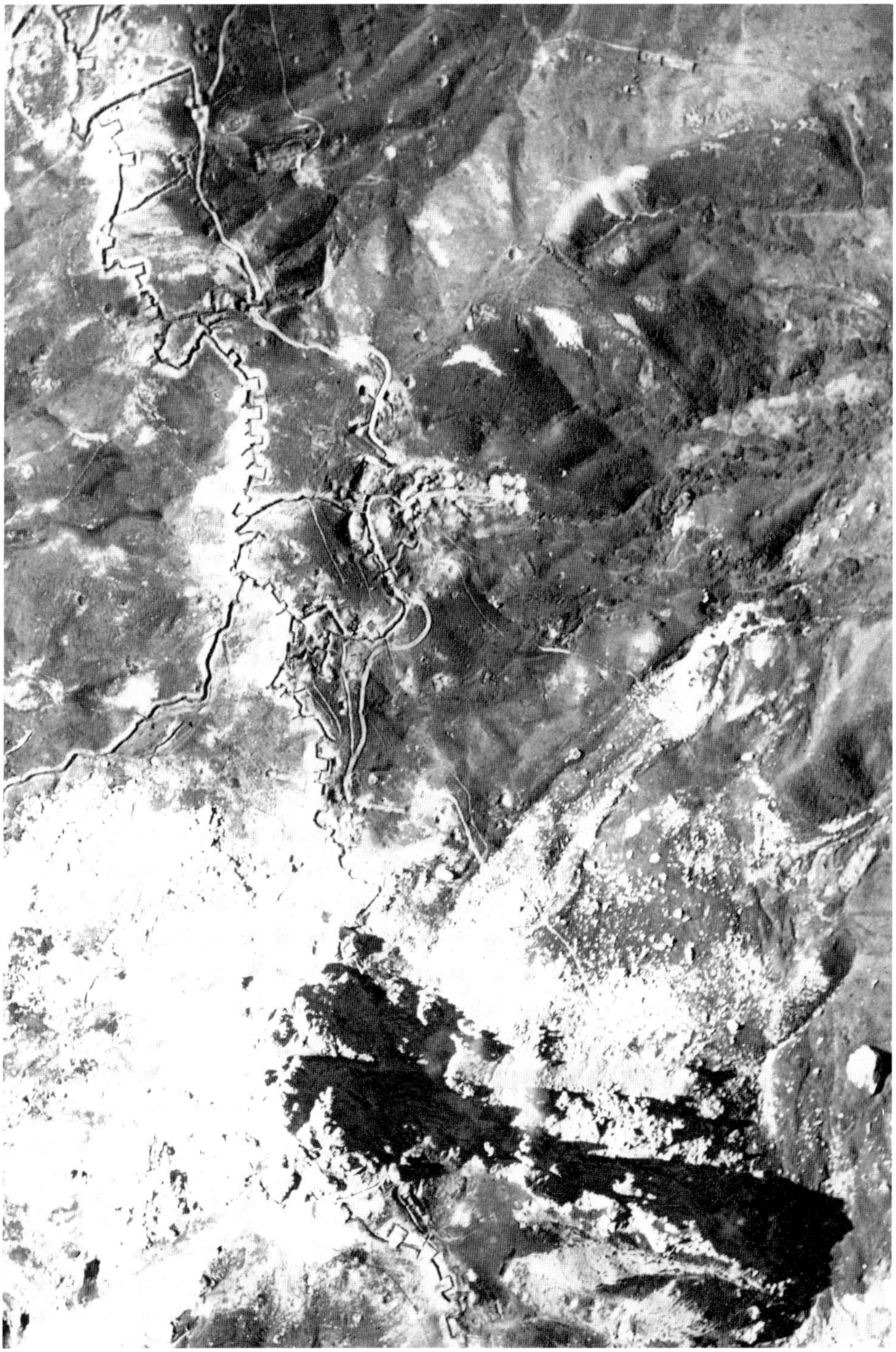

►

Die obere Fliegeraufnahme zeigt aus 3800 m Seehöhe den Frontverlauf von Settsass, Siefsattel, Monte Sief und Col di Lana. Die untere Aufnahme zeigt den Frontverlauf von Col di Lana, Monte Sief und Siefsattel. Bei der heutigen Beurteilung dieser Luftbilder ist von Interesse, daß die obere Aufnahme circa aus 1300 bis 1400 m über den Stellungen aufgenommen wurde. Trotz des Überfliegens in beträchtlicher Höhe konnte man bereits damals mit Fernobjektiven das Gelände fotografisch so nahe heranholen, daß wir heute das Gefühl haben, beim Betrachten der Aufnahmen auf einem nur unwesentlich höheren Gipfel zu sitzen. Diese damalige Aufnahmetechnik der militärischen Luftbildfotografie wurde vor allem dann angewandt, um potentielle eigene Angriffsräume plastisch darzustellen. Dies erkennt man in beiden Aufnahmen exemplarisch.

Vor allem in der oberen Aufnahme, weniger in der unteren, sieht man, daß zahlreiche tiefer gelegene Angriffsräume für Italien, anstelle der Gipfel, zur Verfügung gestanden wären. Im Vergleich zu den Gipfeln Col di Lana, Monte Sief und Settsass, handelte es sich beim tieferen Gelände um flaches, sanftes, breites almartiges Gebiet. Hier hätte Italien tatsächlich Infanteriemassenangriffe lancieren können. Daß dies nicht geschah, ist im Falle des Col di Lana mit nationalem Prestige Italiens zu erklären. Zu betonen ist allerdings, daß nationales Prestigedenken an vielen Fronten beider Seiten sachliche Überlegungen in den Schatten stellte.

Im Falle von Sief, Settsass dagegen könnte die italienische Fehlbeurteilung auch darin gelegen haben, weil beide Seiten damals primär in reinen Kategorien des Gebirgskrieges dachten und handelten! Und das bedeutete, daß man sich vorerst auf die Gebirgsbastionen des Gegners zu stürzen versuchte, ohne den Versuch tiefer gelegener Umgehung zu wagen. Im ersten Kriegshalbjahr 1915 standen hier auf Tiroler Seite nur ganz wenige Standschützen und ganz wenige bayerische Soldaten des Deutschen Alpenkorps. Diese Handvoll an Verteidigern hätte Italien in diesen ersten Kriegsmonaten mühelos mit 5000 Mann überrennen können. Und Italien hätte diese 5000 Mann hier locker zum Einsatz bringen können. Nichts hätte deren Vormarsch aufhalten können. Tirol konnte in diesen ersten Monaten des Krieges nur die Gipfel mit schwachen Kräften besetzt halten, mußte aber die tiefer gelegenen Zwischenteile der Front nur durch Patrouillen sichern, konnte da keine dauernden Besatzungn aufbieten!

Nachdem sich die Tiroler Front aber zur Jahreswende 1915/1916 gefestigt hatte, war die ganz große Chance Italiens vertan. Zu bedenken bei diesen Überlegungen, die man im Nachhinein leichter anstellen kann, ist außerdem, daß nur im Sommer große Angriffe möglich gewesen wären. Im Winter von sechs Monaten Länge kam es nur auf das Halten an, gab es nur kleinere Aktionen.

Die Divisionsbäckerei (oben) in Stern im Abteital diente zur Versorgung der Col di Lana-Lagazuoi-Front mit Brot.

Skisportlich hoch interessant die Skiabteilung (rechts oben) der Tiroler Kaiserschützen (kenntlich am Edelweiß am Kragenspiegel) auf der Pralongia (2138 m) östlich von Corvara. Von Corvara wurde der Hauptnachschub Tirols an Mann und Material zur Front am Col di Lana und Sief in Gang gesetzt. Der Weg führte im Sommer und Winter über die Pralongia, auf die heute Lifts emporführen, deren Abfahrten sehr beliebt sind. Die Skiabteilung war mit Schneemänteln zur Tarnung, mit weißen Pelzmützen ausgerüstet. Bemerkenswert die Technik mit zwei Skistöcken, die damals gerade begann, die Einstocktechnik nach Zdarsky abzulösen. Ski und Bindungen waren vom »System-Bilgeri«, mit dem der Verfasser übrigens im Alter von vier Jahren das Skifahren selbst erlernte. An den spitzen Nasen der Skischaufel wurden Steigfelle eingehängt. Zehenriemen der Bindung paßten für jeden Schuhtyp, für jede Schuhgröße. Der Schuh wurde mit umlaufendem Riemen fixiert, im Aufstieg konnte man den Fuß bis weit über 90° nach vorne neigen. Es gab keine Stahlkanten, keinen Belag. Gewachst wurde mit Bilgeri-Skiwachs, das man trocken-kalt, oder heiß (mit Bügeleisen) aufbrachte. Trocken wachste man mittels großem Korken!

Das bedeutendste italienische Basislager (rechts unten) in Caprile zur Versorgung der italienischen Front auf Marmolata und Col di Lana. Die Überlegenheit der Italiener betrug an vielen Gebirgsfronten für Mann und Material oft das Zehnfache.

Erschütterndes Luftbilddokument (oben) vom Col di Lana: Das Bild zeigt den hochwinterlichen Gipfel von Nord nach Süd fotografiert. Wir sehen, vor der Sprengung, die kleine dürftige Tiroler Gipfelstellung. Außerdem sehen wir die ganze Südflanke des Berges mit ausgedehnten, italienischen Stellungen. Darunter (ganz oben am Bildrand links) die italienische Reservestellung am Pian della Gitscha (im Aufstieg zum Col di Lana). Das Bild beweist, wie erbarmungslos nahe ausgedehnte italienische Positionen an die winzige Tiroler Gipfelposition heranreichten! Von der hier sichtbaren, italienisch besetzten Südflanke des Berges trieben die Italiener den Sprengstollen bis unter den von Tiroler Kaiserjägern gehaltenen Gipfel empor.

Die Aufnahme rechts oben zeigt einen Scheinwerferstollen am Sasso di Stria (Hexenstein) nördlich des Col di Lana. Damit der Scheinwerfer durch feindliches Feuer nicht vernichtet werden konnte, mußte die Anlage beschußsicher kaverniert werden.

Das Bild rechts unten zeigt eine österr.-ung. Minimalschartenkanone im sogenannten Pengow-Werk im Inneren des Sasso di Stria, der zu einer Gebirgsfestung ausgebaut worden war. Der Hexenstein stellte eine der stärksten Tiroler Bastionen im Abschnitt von Valparola, Lagazuoi, Tofanen dar.

EINWERFER

AUTO-GARAGE
POST-HOTEL ARABBA

◄

Die Fliegeraufnahme links oben zeigt nochmals den Abschnitt Col di Lana-Sief, sowie im Hintergrund den Monte Castello mit Sasso di Stria. Sehr gut sichtbar das in vielen Teilen äußerst lawinengefährdete Gelände. Die Tragik lag dabei darin, daß Stellungen, Zugangswege, Unterkünfte grundsätzlich nach den Bedingungen des Krieges errichtet werden mußten. Vorrangig dabei war, daß diese Anlagen beider Seiten möglichst gedeckt von gegnerischem Beschuß zu plazieren waren. Die Frage der alpinen Sicherheit mußte logischerweise demgegenüber zurücktreten. Wo man in sicheres, dennoch gedecktes alpines Gelände ausweichen konnte, tat man dies. Nur war dazu eher in seltenen Fällen die Chance gegeben. Für den Nachschub an Mann und Material, für den Abtransport der Verwundeten, ergaben sich somit im Winter meist höchste Gefahrenzonen. Und wenn die eigenen Kameraden wußten, daß die Männer hoch oben bereits seit einer Woche auf Nachschub warteten, dann versuchte man trotz höchster Lawinengefahr Nachschub an Essen und Brennmaterial emporzubringen. Und Brennmaterial war dann zum Schneeschmelzen (Trinkwassergewinnung) viel wichtiger als zum Heizen!

Das zerschossene Dorf Arabba (links unten). Vor dem Krieg zählte das Buchensteiner Tal (Livinallongo) mit seinen Hauptorten Arabba und Buchenstein (Pieve di Livinallongo) zu den baugeschichtlich interessantesten ladinischen Siedlungsgebieten. Während des Krieges wurden beide Orte total zerstört, ebenso alle umliegenden Streusiedlungen. Damit wurde die ladinische Bausubstanz bis heute vernichtet, wurde durch Ersatzbauten kompensiert. Die alte ladinische kombinierte Bauweise aus Holz und Stein ging damit in Buchenstein total unter.

Das, was der Krieg in Buchenstein schaffte, war dann heute den »Interessen« (was immer das sei!) des Massentourismus ein leichtes: In den anderen ladinischen Tälern, im Fassa-Tal, im Grödner Tal, finden wir fast nichts an ladinischer, gewachsener Bausubstanz. Diese wurde ersetzt durch rustikal sein sollende Touristenbunker. Im vierten Tal der Ladiner, im Abteital (mit Gadertal und Enneberg) setzte diese eigene Zerstörungspolitik erst später ein, wirkte sich ein klein wenig geringer aus. Doch wer die vier ladinischen Täler, so wie der Verfasser, vor einem Vierteljahrhundert sich erwandert hatte, der kann heute nur mit Wehmut zurückblicken. Abgesehen von den Toten, hat der heutige Massentourismus den ladinischen Tälern mehr geschadet als der Krieg.

Und daß es sehr wohl ganz anders gegangen wäre, das beweist das rätoromanische Graubünden der Schweiz, wo man alte Kultur, autarke Landwirtschaft, alte menschliche Substanz geradezu ideal in den modernen Tourismus integrieren konnte. So schuf man dort gewiß wünschenswerte, moderne Arbeitsplätze, bewahrte aber das Alte, machte so die Bergheimat lebenswert für nachkommende Generationen (während in Ladinien die Landflucht junger Menschen dramatische Umstände annimmt).

Die Front im Abschnitt Lagazuoi, Fanes, Tofanen, Valparola- und Falzarego-Paß

Vom Hexenstein (Sasso di Stria) setzte sich die Front fort zum heute noch sichtbaren k.u.k. Festungswerk Tre Sassi am Valparola Paß. Dann lief die Front empor auf den Großen und Kleinen Lagazuoi (2778 m), ebenso am Castelletto (2657 m), ebenso auf die Tofana I (Tofana di Rozes, 3225 m Höhe). Westlich und östlich des Travenanzestales verliefen dann während des Krieges beide Fronten. Die Tiroler Front beherrschte die gesamte Fanesgruppe mit Großem und Kleinem Lagazuoi, mit Fanesspitze (2988 m), Fanesturm (2922 m). Die italienische Front beherrschte alle drei Tofanen mit Tofana I (3225 m), Tofana II (3244 m), Tofana III (3237 m). Nördlich des Travenanzestales stiegen beide Fronten ab nach Son Pauses nördlich von Peutelstein, verliefen dann engst beieinander nach Rufreddo. Von Rufreddo stieg die Front steil, extrem und kühn empor zur Punta del Forame, bereits zur Cristallo-Front gehörend.

Drei Hauptstoßrichtungen verfolgten die Italiener in diesem sehr verzahnten Frontabschnitt: Einmal Stoßrichtung von Cortina über Falzarego und Valparola hinweg nach Abtei- und Pustertal. Einmal nach Süden gegen die Col di Lana-Hauptfronten (mit Monte Sief). Schließlich versuchten die Italiener durch das Travenanzestal von Süden nach Norden durchzustoßen, um über Schluderbach, durch das Höhlensteintal Toblach und das Pustertal zu erreichen. Alle drei italienischen Durchstoßbemühungen scheiterten.

Der Kriegsverlauf war durch zwei Schwerpunkte schließlich bestimmt: Um den Kampf am Kleinen Lagazuoi und um das italienisch besetzte Felsband Cengia Martini, das am 22. Mai 1917 mitsamt den Italienern gesprengt wurde. Dennoch konnten sich die Alpini am Felsband, der Cengia Martini, in überhöhter Stellung behaupten. Der andere Schwerpunkt lag im Bereich von Sasso di Stria (Hexenstein) und der Punta di Bois (Schreckenstein), der schließlich von den Italienern am 11. Juli 1916 in die Luft gesprengt und erobert wurde. Diese Kämpfe um Hexenstein und Schreckenstein dienten dazu, um sich italienischerseits den Zugang in das Travenanzestal zu erzwingen, was aber nicht gelang. Ein gewisser Schwerpunkt der Kämpfe während des Krieges lag schließlich im Travenanzestal, das die Tiroler Landesverteidigung ständig gesperrt halten konnte, so daß die Alpini auch hier nicht nach Norden durchzustoßen vermochten. Immer wieder versuchten kühne Alpini-Patrouillen außerdem von der italienischen Hauptfront auf den drei Tofanen durch deren Felswände, durch das Kar Il Masare, durch die Fontana Negra das von Tirolern gesperrte Travenanzestal zu bezwingen. Dabei gelang nur die Eroberung der Fontana Negra, nicht aber jene des Travenanzestales.

Bei den harten, erbitterten Kämpfen um die Fontana Negra fielen auf italienischer Seite der General Antonio Cantore (durch Kopfschuß eines Unterinntaler Scharfschützen), auf Tiroler Seite der legendäre Kaiserschützenhauptmann Emanuel Barborka. Ihn bestatteten die Italiener vorerst in der Fontana Negra, dann am Friedhof Antonio Cantore, wo auch sein einstiger Gegner General Antonio Cantore ruht.

Beide militärischen Führer zählten zu Lebzeiten zu fast sagenumwobenen, ritterlichen, tapferen Gestalten. Im Krieg fielen beide im Kampf um eine Schlüsselstellung, im Tod ruhen sie beide am selben Friedhof. Ergänzt sei noch, daß nach Kriegsbeginn Soldaten des Deutschen Alpenkorps die Tofana I in kühnem Zugriff eroberten, dann aber nach härtesten Kämpfen am Gipfelgrat im September 1915 den Alpini weichen mußten. Die Tofana I jedenfalls war der erste Dreitausender und im Ersten Weltkrieg der einzige Dreitausender, den die damals junge deutsche Gebirgstruppe eroberte.

Alpine Detachements der Tiroler Kaiserschützen und die ebenso gefürchteten Streifkommandos der Tiroler Kaiserjäger trugen die Hauptlast jenes Ringens an dieser Front. Wer diese Berge selbst kennt, der weiß, wie flächenmäßig groß, wie steil und kühn die Berge sind. Wenn man bedenkt, daß die Tiroler vom gesamten Faneskamm, die Italiener vom gesamten Tofanenkamm herunter ihre häufigen Angriffe gegen das Travenanzestal vortrugen, dann können wir in etwa abschätzen, was hier bei jedem Wetter (meistens im Schutze der Nacht, des Sturmes) die Soldaten geleistet haben. Der Krieg war vermehrt durch die Kühnheit Einzelner geformt worden. Es war ein Krieg kühner Einzelgänger, verwegener Kleingruppen, von hochalpinen Haudegen. Und so wie an allen Gebirgsfronten, wurde hier noch mehr mit äußerster Ritterlichkeit, Noblesse auf beiden Seiten gerungen. Und beide Seiten sahen besonders hier bei fast jedem Kampf das Weiße im Auge des Gegners. Letztlich kämpften hier auf beiden Seiten Elite-Alpinisten der damaligen Zeit gegeneinander.

Luftbildaufnahme (oben) des Abschnittes Lagazuoi und der Tofana I. Von beiden Bergen, aus deren Felswänden, stiegen die Tiroler Patrouillen, jene der Alpini herab, um tief unten um den Zugang in das Travenanzestal zu ringen. Was für eine unvorstellbare Leistung!

Unvorstellbar kühn auch der gesamte italienische Frontverlauf im Bild rechts oben, das von rechts nach links diesen zeigt: Tofana I, Tofana II, Tofana III, deren Verbindungsgrate und Felswände italienische Hauptfrontlinie waren. Hier sehen wir einmalig, in welch schwerem und exponiertem Klettergelände der Krieg in den Dolomiten oft ablief.

So (Bild rechts unten) sah der Ausblick der Tiroler Verteidiger aus, die im Inneren des Sasso di Stria im Pengow-Werk saßen.

Durch das Abtei- und Gadertal führte der Hauptzugangsweg zur Tiroler Front rund um Lagazuoi, Tofanen, Valparola, Fanes. Das Bild oben zeigt die für den Krieg ausgebaute Straße, sowie die verstärkte Kriegsbrücke in der Nähe von Pedratsches. Gut im Hintergrund eine Lawinengalerie zu sehen. Über diesen Nachschubweg mußten ja unter anderem auch schwerste Mörser in Frontnähe gebracht werden. Ganz rechts vorne der Posten zur Bewachung der Brücke in Habt-Aht-Stellung. Die Kriegsbrücke wurde von den k.u.k. Technischen Truppen, von deren Pionieren, errichtet. Straße, Lawinengalerie und Brücke alles zusammen ein Meisterwerk der Baukunst im Kriege (die alte Straße vor Kriegsbeginn war nichts anderes als ein besserer Weg für Pferdefuhrwerke).

Ein österreichischer 24-cm-Mörser (rechts oben) am Valparola Paß. Der Mörser wurde auf einer Drehscheibe in Stellung gebracht, konnte dadurch mit seinem Schußfeld einen Kreisbogen von 360° bestreichen. Maßgeblich an Konstruktion und Bau auch des 24-cm-Mörsers war Prof. Ferdinand Porsche sen. beteiligt. Der Mörser wurde in den Skoda-Werken Pilsens gebaut, die damals eine der besten Waffenschmieden der Welt darstellten.

Auch im nördlichen Hinterland der Tiroler Dolomitenfront richtete italienische Artillerie, die die Bahnlinie im Pustertal bekämpfte (Bild rechts unten), oft schwerste Schäden an (die aber jeweils raschest behoben werden konnten). Hier der Einschlag eines italienischen Kalibers von 30,5 cm.

Sanitätsauto (oben) in Bruneck, mit folgender Aufschrift: K.u.k. Sanitäts-Kol. 8 Kommandanten-Arzt-Wagen K.u.k. Automobilabteilung. Dieses Auto darf allerdings über das Leid der Verwundeten beim Abtransport aus den Höhenstellungen, wo der Transport-Tod häufigst vorkam, nicht hinwegtäuschen. Erst ab Corvara höchstens konnte der Transport mittels Automobil in Gang gesetzt werden, soferne die Verwundeten Corvara noch lebend erreichten.–

Diese hochwinterliche Luftbildaufnahme (rechts oben) der Front auf den Tofanen zeigt, welche Schneemassen in Wirklichkeit hoch oben lagen, um jederzeit, vor allem bei Tauwetter in das darunter liegende Travenanzestal als todbringende Massen hinabzustürzen.

Im Bild rechts unten sehen wir eine Fliegeraufnahme der Fontana Negra, jener von Italienern eroberten Scharte zwischen der Tofana I (rechts) und der Tofana II (links). Bis zum Sommer 1916 saßen hier, zwischen italienisch besetzter Tofana I und II die Tiroler, wie ein Stachel in der italienischen Front! Vom Frühsommer 1915 bis zum Juli 1916 griffen Alpini diese Stellung ständig an, dabei fiel General Antonio Cantore. Bei der Einnahme durch Alpini wiederum fiel Emanuel Barborka, der berühmte Hauptmann der Tiroler Kaiserschützen. Am Tage, als er fiel, sagte er: »Wenn die Fontana Negra verloren ist, will ich nicht am Leben bleiben«. In fast grausamer Deutlichkeit zeigt diese Luftaufnahme der Fontana Negra wie kalt, wie unnahbar, wie schrecklich diese Scharte im Krieg war. Tiefer Schnee deckt alles wie mit einem Leichentuch zu. Und nur jener Mensch, der auch nur ein einziges Mal in derart verschneiten Felsen kletterte, weiß, wie tödlich-feindlich da allein der Berg sein kann. Dazu aber kam hier noch der Krieg an einem der großen Brennpunkte der Tofana-Front hinzu.

912.

914.

Italienische Stellungen (oben) im Lagazuoi-Abschnitt mit zahlreichen Einschlägen österreichischer Granaten, deren Trichter vor allem mit Lupe eindrucksvoll zu sehen sind. Acht Tage nach dieser Aufnahme wurden die italienischen Stellungen von der österr.ung. Sappeurkompanie 7/14 gesprengt!

Ein Dokument von größter Seltenheit stellt die Fliegeraufnahme (rechts oben) vom Kleinen Lagazuoi dar: Links vom Schnittpunkt der Bilddiagonalen sehen wir die Wirkung der österreichischen Sprengung der italienisch besetzten Cengia Martini (Cengia = Felsband). Am oberen Bildrand die Stelle frisch ausgesprengten, hellen Gesteins, darunter am Wandfuß der ungeheure Schuttkegel der Felssprengung in Form eines hellen Gesteinsdreiecks! Bei der letzten Sprengung am 22. Mai 1917 wurden über 100.000 Kubikmeter Gestein abgesprengt, weitere 30.000 Kubikmeter Gestein stürzten der Sprengung folgend hinab. Die Aufnahme wurde von Südost nach Nordwest aufgenommen. Ganz klar zu sehen, welchen militärischen Vorteil die Alpini auf der den Falzarego-Valparola-Paß stark überhöhenden Cengia Martini, die sie trotz Sprengung hielten, innehatten.

Fuhrpark (rechts unten) zum Nachschub an die Gebirgsfront. Man beachte das vierte Fahrzeug von links mit Stahlreifen, die aus dem eigentlichen Reifen hervorragten. Damit konnte man auch auf Eisenbahnschienen fahren! Weiters zu beachten das fünfte und sechste Fahrzeug von links mit riesigen Stahlrädern, die mit stählernen Querprofilen versehen waren.

Ein Alpines Detachement (oben) bei einer Übung. Wir sehen verschiedene, damals übliche Sicherungstechniken mehrerer Kameraden mittels Bergseil. In der Bildmitte unten werden zwei Soldaten im Aufklettern gesichert (von oben). Eine Reihe der Männer trägt an der Feldkappe den Spielhahnstoß der Tiroler Kaiserschützen-Regimenter, also der altösterreichischen Hochgebirgstruppe. Jene Leser, die selbst klettern, die selbst auch sichern können, sehen hier sehr gut, wie mehrere Soldaten mit getrennt verlaufenden Bergseilen ganz bestimmte andere Kameraden zu sichern haben. Alpine Detachements wurden im Krieg oft blitzartig aus Männern verschiedener Einheiten aufgestellt, übernahmen in brenzligen Situationen die Funktion einer gebirgssoldatischen Feuerwehr. die Detachements operierten weitgehend autonom, waren in ihrer Entscheidung vor Ort auf sich allein gestellt.

Italienische Kriegsgefangene der Dolomitenfront (rechts oben) im Hof des Hotels Stern in Bruneck. Im Bild darunter sehen wir die Talstation der Frontseilbahn zum Valparola-Abschnitt in Stern. Mit zunehmender Dauer des Krieges führten zahlreiche motorisierte Seilbahnen gegen die obersten Gebirgsstellungen hinauf. Meist wurden die allerletzten, höchsten Abschnitte in Form von Handaufzügen errichtet.

Weiß und unnahbar erhebt sich der Gipfel der Tofana I (oben) in dieser herrlichen Luftbildaufnahme. Der nach links ziehende Grat leitet direkt zur heiß umkämften Scharte der Fontana Negra hinunter.

Das K.u.k. Festungswerk Tre Sassi am Valparola Paß. Auf der zum Betrachter gerichteten Seite können wir (eventuell mit Lupe) den Einschlag einer schweren, italienischen 24-cm-Granate erkennen. Im Sommer 1915 lag das kleine Fort im schweren italienischen Beschuß, der große Verluste unter den Verteidigern (Kaiserjäger und Kaiserschützen) anrichtete. Das veraltete Fort konnte nicht standhalten. Die Besatzung verließ das Fort und errichtete südlich davon eine erste, kriegsentscheidende Auffangstellung, die den Paß sperren konnte. Das alte Fort steht heute noch so da. Touristen brausen achtlos daran vorbei, die Nachfahren der Verteidiger haben meist keine Ahnung, welche Dramen sich hier im Kampf um die Einheit Tirols einst abgespielt haben. Nur an kalten, verschneiten Novembertagen herrscht hier vollkommene Ruhe. Da liegt dann das Fort so vor uns, wie es dieses Kriegsbild zeigt: Einsam, verlassen, kalt – irgendwie verloren im Wehen der Vergänglichkeit. An so einem Novembertag sollte man das Fort besuchen, um es aus seiner Einsamkeit zu befreien.

Feldmesse (rechts unten) an der Tiroler Front. Die voll ausgerüsteten Soldaten ziehen in ein Gefecht. Die Tiroler Feldgeistlichen waren großartige Kameraden ihrer Männer, leisteten immer auch schwerste Dienste bei Bergung und Versorgung von Verwundeten, erleichterten vielen Gefährten den Weg in die andere Welt …

913.

◄

Die Tofana III mit 3237 m Höhe (Bild links oben) stellte den höchsten, nördlichsten Punkt der italienischen Tofana-Front dar. Von der Tofana III sehen wir den Verbindungsgrat nach rechts zur Tofana II (3244 m) ziehen. Die schräg im Bild verlaufende Linie ist auf eine Beschädigung der Aufnahmeschicht zurückzuführen (keine Stellungsignatur etc.!). Diese Luftbildaufnahme wurde von West nach Ost gemacht. Die zum Betrachter gerichteten Felswände stürzen in das darunter verborgene Travenanzestal hinab.

Fotografisch ein Meisterwerk der frühen militärischen Luftbildfotografie: Das Massiv der Tofana I, II und III (Bild links unten; v.l.n.r.). Diese Aufnahme wurde aus knapp südöstlicher Richtung über dem Falzaregopaß geschossen und zeigt diese Frontberge aus ganz ungewohnter Sicht bzw. Blickrichtung.

Zwei Feldherren in Bruneck (auf dieser Seite), die das Geschehen mitbestimmten: Viktor Graf Dankl von Krasnik, Landesverteidigungskommandant von Tirol (»Dankl-Kaserne« in Innsbruck) links im Bild, rechts Feldmarschalleutnant Ludwig Goiginger. Ludwig Goiginger hatte bei der Fronttruppe einen zumindest umstrittenen Ruf, da man ihm vermutlich zu Recht die Lawinenkatastrophe von Gran Poz an der Marmolata anlastete. Der Kommandant von Gran Poz bat in den Tagen vor der Katastrophe mehrmals um Erlaubnis, das Lager wegen höchster Lawinengefahr (12 m Neuschnee am 12.12.1916!) kurzfristig räumen zu dürfen, Goiginger lehnte ab. Zur Sicherung der Front, tief verschneit, zur Ruhe verdammt, hatte das Lager zu diesem Zeitpunkt absolut keine Bedeutung. So nahm das Schicksal seinen Lauf, raffte an die 300 Männer hinweg ...

Fliegeraufnahme vom Lagazuoi (im Vordergrund) und der Tofana I (links hinten); rechts unten die Falzarego-Paßstraße. Das Bild wurde von West nach Ost fotografiert. Zwischen Tofana I und Lagazuoi-Hufeisen der südliche Eingang in das Travenanzestal. Rechts vom Lagazuoi in dessen Südwänden sehr gut zu sehen das Band, die Cengia Martini, von der aus die Alpini aus überhöhter Position wirksam Krieg führen konnten.

Die entscheidende Hilfe für Tirol durch das Deutsche Alpenkorps

Als Italien im Mai 1915 den Krieg erklärte, standen die österr.ung. Truppen, sowie deren spezielle Tiroler Regimenter zu fast hundert Prozent an den Fronten gegen Rußland, am Balkan. Italien wollte ja ein momentan wehrloses Land überfallen! Über 38.000 freiwillige Standschützen Tirols eilten damals an alle Fronten, hielten den italienischen Angriffen stand, retteten Tirol mit absoluter Sicherheit. Nur waren diese Standschützen militärisch nur mit dem Notwendigsten versehen, es fehlte an allen modernen Kampfmitteln, wie MG, Minenwerfer, Artillerie etc. Da wurde in größter Not das Deutsche Alpenkorps errichtet, dessen erste Einheiten ab Anfang Juni die Fronten entscheidend stärkten mit Gebirgsabteilungen, Minenwerferabteilungen, MG-Abteilungen, starker Feldartillerie, Pionieren. Bayern, Hannoveraner, Mecklenburger eilten Tirol zur Seite und leisteten an den Fronten vom Col di Lana, Tofanen-Lagazuoi, Cristallo, Piano, Sexten, Karnische Alpen Großartiges.

Was dabei darunter zum Beispiel zu verstehen war, sei hier am Ende des Kapitels Tofanen-Lagazuoi skizziert: In den ersten Kriegstagen gelingt den Bayern die erste Sperrung und Besetzung des frontentscheidenden Travenanzestales, wo die Italiener sonst nach Norden durchgebrochen wären. Bayern, Standschützen von Silz, einige Kaiserschützen kämpfen um jeden Punkt des Travenanzestales, vor allem um dessen südlichen Eingang im Abschnitt Schreckenstein, verhindern jeden Durchbruch der Alpini.

Soldaten des Kgl. Bayerischen Infanterie-Leibregimentes, die berühmten »Leiber«, errichten am ganzen Faneskamm die erste Tiroler Hauptfrontlinie. Insgesamt wurden die Italiener danach aus dem nördlichen und südlichen Travenanzestal endgültig vertrieben. Nun war die Tiroler Front gefestigt, jetzt wollten die Bayern den Alpini alle drei Tofanen eintreißen. Mit »Alpinen Patruillenkommandos« wird am 21. Juli 1915 in der Nacht im harten Kampf am Gipfelgrat die Tofana I erobert. Bis zum 18. September 1915 lag nun am Gipfel der Tofana I ein knappes Dutzend Bayern, das alle dauernden Angriffe der Alpini abwehrte, dann aber am 18. September die Tofana I verlor (die Tofana II, III konnten nicht genommen werden). Der vorhergehende Bildteil zeigt oftmals, wie kühn der Gipfel der Tofana I aufgebaut ist, belegt, wie hart die Situation der wenigen Bayern dort oben gewesen sein muß. Die Namen des Majors Spiegel, des Oberleutnants Denzel sind mit dieser Tat untrennbar verbunden.

Dem Deutschen Alpenkorps gelang an dieser, ebenso an den anderen Fronten, wo Teile des Korps lagen, die erste Sicherung der Gebirgsfront und deren Ausbau. Zusammen mit den Tiroler Standschützen, von denen bei Kriegsbeginn zum Beispiel nur 107 Mann im Treavenanzestal standen (gut 1000 Alpini gegenüber!), leisteten diese zahlenmäßig wenigen Tiroler und Bayern, Hannoveraner, Mecklenburger Erstaunliches.

Die Front am Monte-Cristallo-Massiv

Das zwischen Misurina, Cortina, Schluderbach, Peutelstein liegende Viereck der Cristallogruppe bildete im Krieg einen natürlichen Sperriegel gegen den beabsichtigten, großen italienischen Vorstoß nach Norden, um durch das Höhlensteintal das Pustertal einzunehmen. Da die Italiener an der Cristallofront nie durchkamen, setzten sie ihre größten Hoffnungen auf den benachbarten Monte Piano, der tiefer gelegen, alpinistisch ganz einfach zu überwinden gewesen wäre. Nur deshalb wurde der Piano zu jener Hölle des Krieges! Andererseits hätte ein Zusammenbruch der Tiroler Cristallofront auch zum Zusammenbruch der Tiroler Pianofront geführt. Am Cristallo-Massiv besetzten die Tiroler die Punta del Forame (2443 m), die Schönleitenschneid und Schönleitenspitze (2722 m), die Forame-Spitze (= Vecchio del Forame; 2861 m) und den Rauchkofel (2345 m). Die Tiroler Front lief westlich des Cristallo kommend von Fanes, Travenanzes, Ponte Alto, Peutelstein, Son Pauses, Croda dell'Ancona, bis nach Rufreddo und stieg von hier nun zur Forame hoch empor. Vom Rauchkofel wiederum lief die Front zum Monte Piano weiter.

Der Krieg zu Füßen des Cristallo, in Rufreddo, sowie oben auf den Bergen, entwickelte sich mit teils unvorstellbarer Härte und Grausamkeit, übertraf die Kämpfe um die Drei Zinnen bei weitem. Überhaupt werden bis heute jene Fronten, die auf damals bis heute berühmten Bergen (z. B. Drei Zinnen) lagen, deshalb so überbewertet, ja hochgejubelt, weil man die Kämpfe gleichsam mit dem großen Ruf jener Berge identifiziert. In Wahrheit aber waren die Kämpfe um die Drei Zinnen, um die Sextener Rotwand im Vergleich mit fast allen anderen Gebirgsfronten beinahe harmlos zu nennen!

Um Forame, Schönleitenschneid, Schönleitenspitze wird hin- und her gerungen, bis endlich die Gipfel im Besitz der Tiroler bleiben, denen berühmte Männer, wie Heinrich Gleißner (später Landeshauptmann von Oberösterreich), oder Dr. Paul Niehans (Schweizer Freiwilliger; Erfinder der Frischzellentherapie; Leibarzt des Heiligen Vaters) zur Seite standen. Im ersten Kriegswinter überwinterten auf allen Kamm- und Gipfelstellungen nur zwei Kompanien Tiroler Kaiserschützen mit einem Alpinen Detachement (zusammen ca. 300 Männer hielten diese ganze, verwickelte Front im Hochwinter!).

Äußerst gefährlich war die Lage, als die Italiener den Rauchkofel am 1. April 1916 eroberten und damit kurz vor dem Vormarsch ins Höhlensteintal standen. Am 7. April 1916 konnten u. a. Silzer Standschützen und Kaiserschützen nach unvorstellbar grausamem Kampf den Rauchkofel zurückerobern! Das den Angriff vorbereitende Tiroler Artilleriefeuer fegte den ganzen Schnee vom Rauchkofel-Gipfel hinweg. In stundenlangem Nahangriff mit Messern, Fäusten, Handgranaten wurden die Alpini Mann für Mann niedergemetzelt, unzählige Tiroler kamen ebenfalls um. Am Ende des Kampfes war der Gipfel mit Leichen übersät, mit Blut rot bedeckt. Und vom Gipfel zog sich bis ins Tal eine rote Blutspur, wo man mehr als dreihundert Gefallene hinuntergeschleppt hatte. Diese noch untertriebene Schilderung entspricht der nackten Wahrheit, die man sich heute kaum noch vorstellen kann.–

Ab Herbst 1916 jedenfalls beherrschte die Tiroler Front das Geschehen am Cristallo total, waren die Italiener in absolute Passivität gedrängt worden. Heute ist die Cristallo-Front so sehr vergessen, daß sogar viele Kenner jener Kriegsereignisse gar nicht mehr wissen, daß hier ein ganz harter Gebirgskrieg geführt wurde. Fast niemand besucht jene Frontstätten.

☆

►

Ein höchst instruktives Bild (rechts oben), das uns zeigt, welchen geographischen Gesetzmäßigkeiten der Gebirgskrieg unterlag: Wir blicken von Norden nach Süden durch das Höhlensteintal. Vorne im Talboden das alte K.u.k. Fort, die Sperre Landro. Dahinter mächtig aufragend das Massiv der Cristallogruppe. Wir erblicken den gesamten Frontraum aus der Sicht der Tiroler Verteidiger. Das Konzept aus Friedenszeiten sah vor, daß im Kriegsfalle mit Italien alle natürlichen Einbruchslinien im Gebirge (Hochflächen, Täler) mit Forts zu sperren sind. Die Artillerie der Forts konnte jeden feindlichen Großangriff weit im Vorfeld abschlagen. Zugleich mußten die flankierenden Gebirgskämme durch Gebirgstruppen besetzt werden, damit der Gegner die Forts nicht im alpinen Gelände umgehen könne. Genauso lief hier, und überall der Krieg ab. Durch die Tiroler Besetzung des Cristallo-Massivs und des östlich davon benachbarten Monte Piano war den Gegnern der Durchbruch über die Berge verwehrt. Hier, in diesem Abschnitt, kam der Front auf Piano und Cristallo erhöhte Bedeutung zu, weil das Fort Landro infolge seiner veralteten Bauweise italienischen Angriffen mit schwerer Artillerie nicht hätte standhalten können.

Die Sperre Landro und das Gebiet rundum bildeten im Krieg die erste, große wichtige Tiroler Basis zur Organisation der Fronten auf Piano und Cristallo. In Landro standen große Unterkünfte, Materialdepots, sowie ein wichtiges Lazarett, in dem sich wahre Dramen abspielten, da hier die zahllosen Verwundeten der Piano-Front erste Aufnahme fanden. Ein noch wichtigeres, größeres Hauptlazarett für diese Fronten war das Lazarett Naßwand, nördlich von Landro gelegen. Einer der wichtigsten Ärzte, Chirurgen, der hier als Schweizer unvorstellbare Dienste der Menschlichkeit leistete, war Prof. Dr. Paul Niehans.

Das Luftbild (rechts unten) wurde von Südwest nach Nordost aufgenommen und zeigt im Vordergrund den sehr exponierten Kampfabschnitt Forame, dahinter die weiße Fläche der Cresta Bianca. Bereits im Sommer 1915 konnten beide Positionen durch Tiroler Kaiserschützen im Gegenangriff (!) den Alpini entrissen werden. Während des Krieges wurden alle diese Kämme im Sommer und Winter besetzt gehalten. Die vielen Gratstücke wurden laufend durch Alpine Detachements in Form fliegender Patrouillen kontrolliert. Die Verteidigung dieser und ähnlicher Gebirgsfronten mußte sich, durch den Personalmangel bedingt, immer nur auf das dauernde Besetzen wichtiger Punkte beschränken. Andere Frontabschnitte zwischen den festen Punkten wurden mit Patrouillen Tag und Nacht überwacht. Vor allem bei schlechtestem Wetter war die »fliegende Überwachung« durch Detachements und Patrouillen von höchster Bedeutung, da dann die Gefahr eines feindlichen Angriffes im Schutze des schlechten Wetters am größten war. Da hätten die Gegner sonst unbemerkt bis knapp vor die eigene Stellung kommen können – und dann wäre es meist zu spät gewesen, um noch Widerstand erfolgreich zu leisten.

Wenn wir uns nun vorstellen, daß in all den Kreigsjahren an allen Gebirgsfronten diese Patrouillen ständig unterwegs waren, dann können wir vom Soldatischen, noch mehr vom Alpinistischen her vor diesen Männern größten Respekt haben. Die Namen der meisten Patrouillenmitglieder sind vergessen, verweht im Dunkel der Geschichte. Und dennoch, sie waren es vorrangig, die die Front hielten.

327.

Im Bild oben sehen wir Baracken, Unterstände, Wege, Geschütz- und Maschinengewehrstellungen im Forame-Abschnitt.

Der Gipfel (rechts oben) der Punta del Forame mit den Einrichtungen der Verteidiger. Man beachte bei der Beurteilung des Luftbildes den Nordpfeil. In Bildmitte zwei Geschützstellungen, deren beide Pfeile die Schußrichtung verdeutlichen (gegen die Feindseite). Die Unterstände am Gipfel sind an dessen Nordseite errichtet worden, um gegen italienischen Beschuß gedeckt zu sein. Gegen die italienische Feindseite vorgelagert, zwei MG-Stellungen in der rechten, unteren Bildecke. Gut zu sehen der Weg zur nächsten Stellung auf Schönleitenschneid. Wir erkennen, daß der potentielle italienische Angriffsraum frontal und flankierend unter Feuer genommen werden konnte. Ergreifend die Verlassenheit dieser winzigen, weltfernen soldatischen Inseln im tief verschneiten Gebirge. Und erneut erkennen wir, welche ungeheure Arbeit das ständige Ausschaufeln der Positionen, Wege bedeutet haben muß. Wenn die Männer dieser hochwinterlichen Besatzung nach der Ablösung, oft erst nach Wochen, zu Tal gingen, dann bildete das Erblicken grüner Wiesen, grüner Bäume für sie den überwältigendsten Eindruck (wie mir oft berichtet wurde).

Cortina d'Ampezzo (rechts unten) wurde zu Kriegsbeginn von Tirol freiwillig aus der Front genommen, da die Verteidigungssituation geographisch zu schwierig gewesen wäre. Bis November 1917, zum Zusammenbruch der italienischen Dolomitenfront, hatten hier die Italiener ihre wichtigsten Nachschubeinrichtungen, darunter auch einen Feldflugplatz.

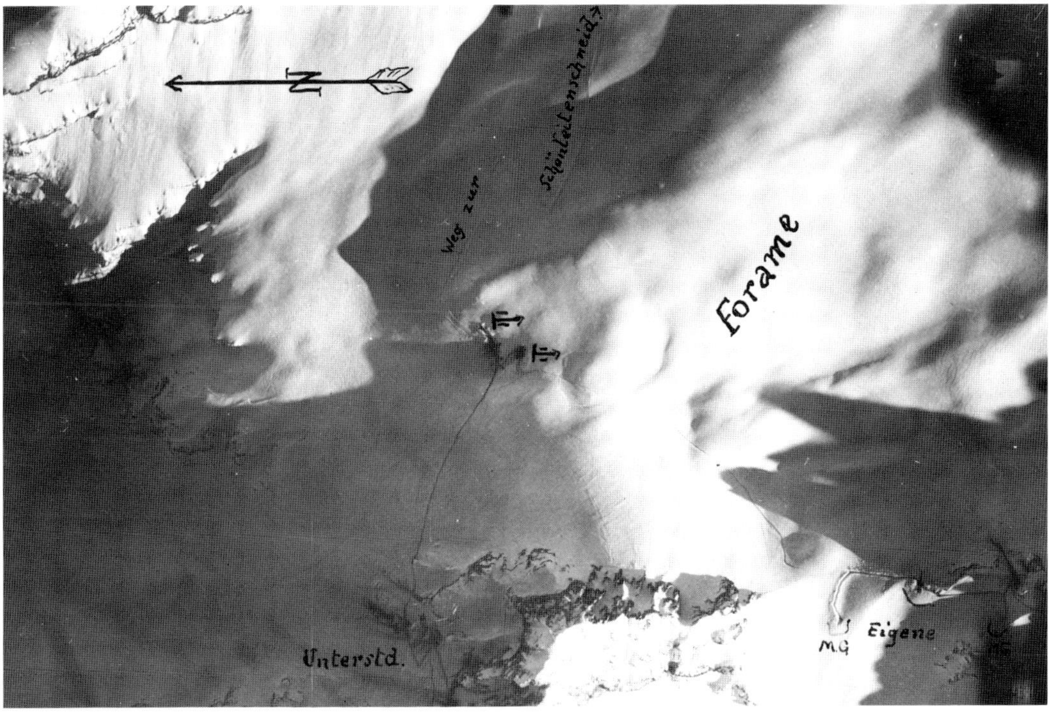
N
Weg zur
Schönleitenschneid
Forame
Unterstd.
M.G
Eigene

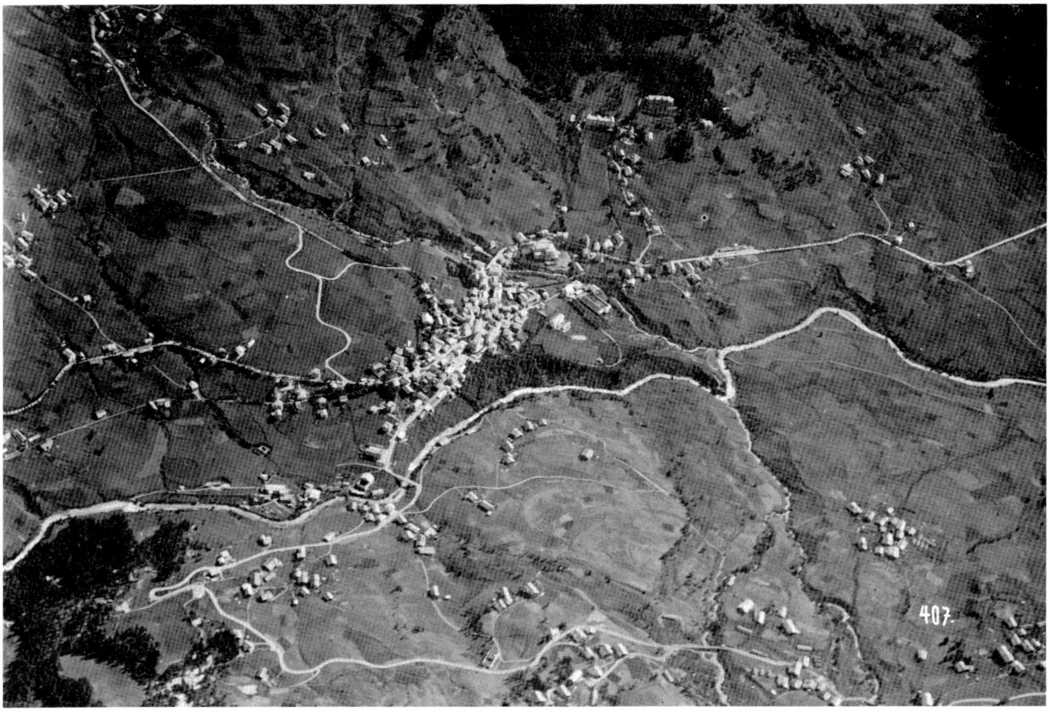
407.

►

Eine erstklassige Aufklärungsaufnahme (rechts oben) von San Vito di Cadore, einige Kilometer südlich von Cortina im Ampezzanertal gelegen. In Draufsicht und in gestochener Schärfe läßt sich das gesamte italienische Barackenlager erkennen, läßt sich jedes einzelne militärische Gebäude zählen. Derartige Aufnahmen wurden möglichst oft wiederholt, um rechtzeitig Angriffsabsichten des Gegners erkennen zu können. Denn jede Vermehrung der Baracken, sowie das Auftauchen von Geschütztransporten und Fuhrwerken auf der Straße hätte auf einen bevorstehenden Angriff hingewiesen. Cortina, San Vito di Cadore und Auronzo bildeten die wichtigsten italienischen Hauptorte zur Versorgung der Front im Abschnitt Tofanen-Falzarego, am Monte Cristallo, im Abschnitt Monte Piano, sowie für die gesamte Sextener-Front bis zum Kreuzbergsattel.

Ein seltenes Bild (rechts unten) von Sturmtruppen Altösterreichs an der Gebirgsfront. Feldmarschall Conrad von Hötzendorf schreitet als erster Offizier die Front ab. Von ihm halb verdeckt folgt General Roth von Limanowa-Lapanow. Bereits die Tatsache, daß die Männer Stahlhelme tragen, beweist, daß es sich um Sturmtruppen handelt. Ansonsten hätten die Männer die Feldkappe getragen. Die Sturmtruppen der alten Armee wurden zu Jahresbeginn 1916 systematisch nach dem Vorbild der sehr erfolgreichen deutschen Sturmtruppen (der Westfront) aufgestellt. Die Sturmtruppen wurden ausschließlich in Sturmbataillonen zusammengefaßt, nicht in Regimentern. Das Operieren auf Battaillons- und Kompanie-Ebene erlaubte ein schnelleres, wendigeres Vorgehen, gestattete eine viel bessere Anpassung an oft höchst unterschiedliche Sturm- und Kampfaufträge.

Die Sturmtruppen wurden nur ganz gezielt gegen bisher unüberwindliche Einzelpositionen der Gegner eingesetzt. Ihr Auftrag war immer rein lokaler Art, auch bei Offensiven wie der 12. Isonzo-Schlacht. Die Männer kannten durch Vorbereitungskurse (»Sturmkurse«) das zukünftige Angriffsobjekt genauestens, hatten vorher am Modell den Angriff personell, technisch, waffenmäßig komplett eingeübt. Normalerweise liefen derartige Sturmaktionen dann in der Praxis mit überfallartiger Geschwindigkeit ab, dauerten meist tatsächlich nur wenige Minuten! Der Angriffsplan wurde auf die Sekunde genau vorbereitet und eingeteilt, lief dann mit Präzision von Sekunden ab. Zu fast hundert Prozent verliefen alle Sturmaktionen mit größtem Erfolg. Gleichzeitig war die Verlustrate aufgrund der hochpräsisen Vorbereitung ungewöhnlich niedrig. Selten gab es mehrere Verwundete, noch weniger waren Tote in größerer Zahl zu beklagen gewesen. Diese deutschen und österreichischen Sturmtrupps des Ersten Weltkrieges bilden die Muster und Vorläufer der Kommandoeinheiten späterer Kriege.

Wir sehen in diesem Bild eine Reihe feldgrauer, kampferprobter Männer. Jeder von ihnen gehörte zur Elite der alten Armee. In den Reihen der Sturmtrupps fanden sich die treuesten Soldaten zusammen. Jeder von ihnen war hochgradiger Spezialist für ganz bestimmte Waffen und Kampftechniken.

Vallesella
Autogarage
S Vito di Cadore
Barackenlager
Costa
533.

Die Aufnahme oben entstand im Artilleriebeobachtungsstand am Schwalbenkofel (in den Sextener Dolomiten bereits). Ganz links vorne eine Teil des Monte Piano, unten das Höhlensteintal. Ganz hinten am Horizont die drei Tofanen. Beherrschend das Massiv des Monte Cristallo: Der gesamte, nach rechts ziehende doppelte Kamm von Cresta Bianca und Forame-Schönleitenschneid bildete die Tiroler Hauptkampflinie. Das nach rechts ziehende Tal, das »Gemärk«, wies ganz hinten die wild umkämpfte Talstellung Rufreddo auf, wo die Italiener von Cortina kommend, dauernd durchzustoßen versuchten. In Rufreddo gab es dauernd harte, blutige und verlustreiche Infanterie-Nahkämpfe, doch konnte diese wichtige Stellung immer gehalten werden. Durch die Täler, die vom Gemärk zu Forama, Schönleitenschneid, Cresta Bianca emporleiten, wurde die dortige Tiroler Front versorgt. Man beachte dabei wiederum die äußerst lawinengefährdeten Zugänge, die hier im Hochwinter bei Neuschnee tatsächlich unpassierbar waren. Die hochwinterlichen Cristallo-Stellungen gehörten zu den isoliertesten dieses Krieges.

Ein sommerliches Bild (rechts unten) des Weges von der Punta del Forame zur Schönleitenschneid. Einige Männer tragen den Spielhahnstoß der altösterreichischen Hochgebirgstruppe, der Tiroler Kaiserschützen. Wir sehen Bergschuhe mit genageltem Randbeschlag, sehr lange Eispickel, einen Bergführer mit umgehängtem Hanfseil, und einen Offizier mit Bergstock, Fernglas und Offizierskappe. Und wie meistens, keiner der Männer lacht. Die Gesichter sind vom Ernst gezeichnet.

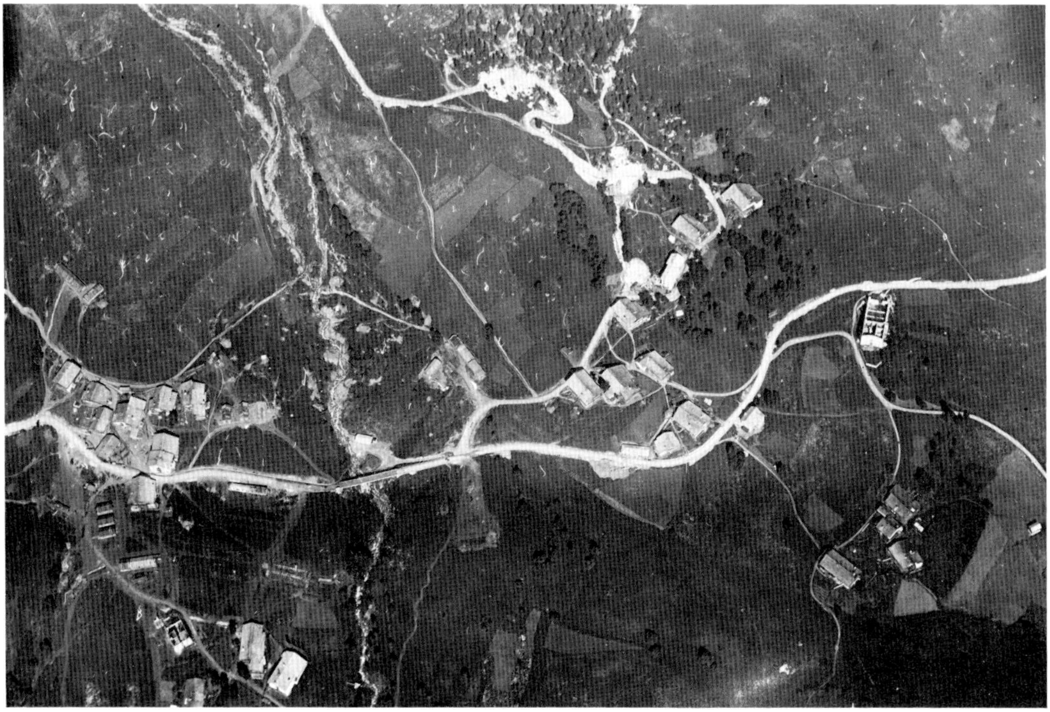

Fliegeraufnahme (oben) der von Cortina zum Falzarego Paß führenden Dolomitenstraße mit den Siedlungen Gilardon, Lacedel, Ronco.

Als Ende Oktober, Anfang November 1917 die gesamte italienische Dolomitenfront durch den Sieg der österr.ung. und deutschen Truppen in der 12. Isonzo-Schlacht zusammenbrach, wurde Cortina (rechts oben) blitzartig von den italienischen Truppen geräumt. Ein unbekannter Flugbeobachter fotografierte in diesen historischen Tagen das verlassene, verschneite Cortina. Die Verteidiger der Dolomitenfront, sowie der Karnischen und Julischen Alpen befürchteten zu diesem Zeitpunkt bereits, einen dritten Winter in den Gebirgsstellungen ertragen zu müssen. Doch blieb ihnen dieses schreckliche Los, im Gegensatz zur Front westlich der Etsch, erspart. Die von der gesamten Dolomiten-, Karnisch-Julischen-Front fliehenden Italiener, hofften noch vor der Spitze der Offensive der 12. Isonzo-Schlacht das eigene Tiefland erreichen zu können. Das war fast nirgends der Fall, überall trafen die Italiener der Gebirgsfront bereits auf erobertes, besetztes Tiefland. Erwin Rommel, der Eroberer des Matajur, querte zum Beispiel in tagelangen Kämpfen von Ost nach West durch die Südalpen, durch die Klautaner Alpen, und fing Zehntausende von italienischen Gebirgssoldaten im Raum Longarone noch ab.

Rechts unten die Drahtseilbahn von der Forame-Stellung zur Schönleitenschneid. Wir sehen von Osten auf die Forame-Stellung, erkennen das weite, mühsam freigehaltene Weg- und Stellungsnetz, sowie die an der Nordseite des Berges gedeckt plazierten Unterkünfte. Nach links im Bild, nach Süden zu, eröffnet sich die einstige italienische Feindseite.

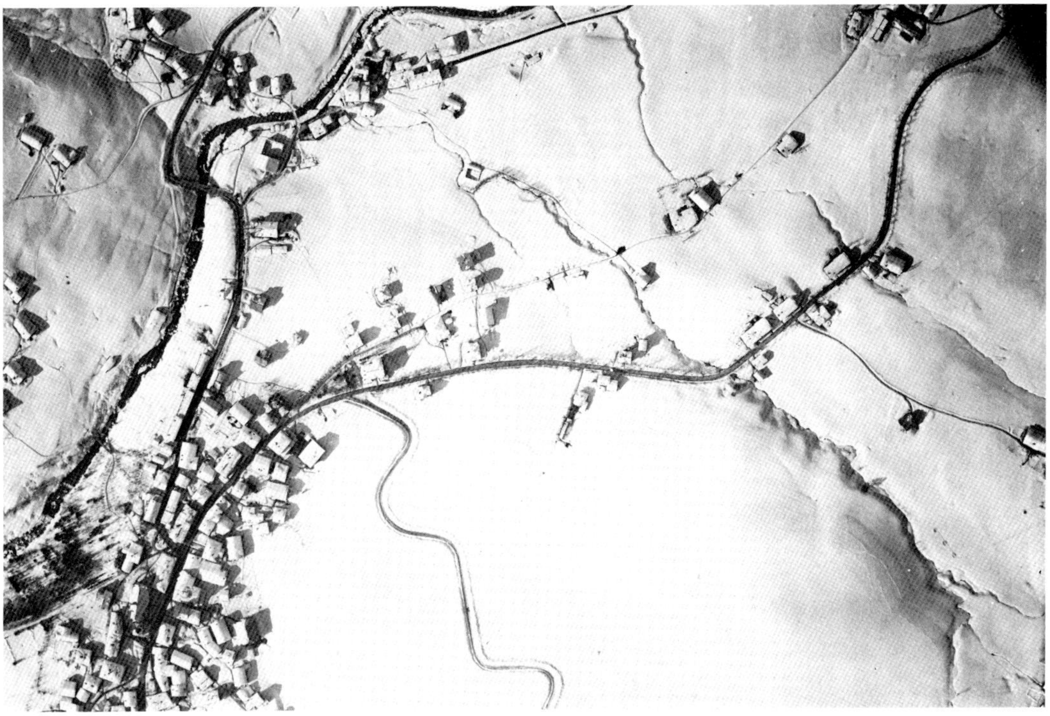

◄

Die Station der Drahtseilbahn (links oben) auf der Schönleitenschneid. Das Bild darunter zeigt die Endstation der Drahtseilbahn auf der Punta del Forame. Wir sehen die kunstvolle Konstruktion des Bockes und des Widerlagers, mit dem die Bergstation am Gelände verankert ist. Todmüde sitzen vier Soldaten, Tiroler Kaiserschützen, zu Füßen der Bergstation. Zwei Männer sind im Schlaf versunken. Wer diese vier Soldaten mit Lupe betrachtet, erkennt erst, wie erschöpft sie gewesen sein mußten. Keiner achtete auf den Fotografen, blickte nicht zu diesem hin. Auch der Fotograf hat sich im Bild verewigt. Allerdings nur durch seinen Schatten, den wir in der rechten Bildecke sehen!

Beide Aufnahmen zeigen, mit welch' unvorstellbarem Einsatz an menschlicher Arbeitskraft die Front im Hochgebirge nur aufrechterhalten werden konnte. Ehe die Seilbahnen errichtet waren (von Ausnahmen abgesehen erst 1916), mußten Menschen buchstäblich alles und jedes selbst emportragen. Jedes Stück Brennholz, jeder Schuß an Munition, die schwere Artilleriemunition, Essen, Verpflegung, Bekleidung, Waffen, Decken, Herde zum Kochen – alles, alles wurde von Menschen zwischen Stilfser Joch und Julischen Alpen emporgeschleppt. Unvorstellbare Leistungen wurden beim Bau der Seilbahnen nur durch menschliche Kraft erbracht!

Wo es geländemäßig möglich war, versuchte man die Seilbahnen ohne Stützen, ohne Zwischenstationen zu errichten. Denn Lawinen rissen dauernd Seilbahnstützen, Zwischenstationen in die Tiefe, schnitten damit im Hochwinter die Männer in den obersten Stellungen vollkommen ab. Das war immer mit lebensbedrohlicher Lage identisch. Der ewige Kampf gegen den metertiefen Neuschnee zermürbte die Soldaten. Noch viel mühsamer, viel gefährlicher war das Ausschaufeln gerissener Trag- und Zugseile in oft schwierigstem alpinem Gelände. Sechs bis acht Monate dauerte der Kampf gegen die winterlichen Gewalten fast immer. Nach dem Rückzug des Winters mußten in fieberhafter Eile alle Stellungen, Positionen, Unterkünfte von den Schäden des Winters repariert werden, um den ersten Angriffen des Gegners in völlig intakten Stellungen gewachsen zu sein. Nie hatten die Verteidiger Ruhe. So verlief dieser ewig erscheinende Wechsel vom Kampf gegen den Winter, vom Kampf gegen den militärischen Feind, wie ein teuflischer Kreislauf. Dabei bedrückt mich persönlich aus heutiger Sicht am meisten, daß diese gigangtischen Leistungen 1915–1918 im Bewußtsein der meisten Menschen von heute absolut keine Rolle spielen. Meine Kriegsbücher dienen niemals zur Verherrlichung des Krieges, sondern nur dazu, um zu beweisen, was diese Männer einst leisteten. Menschlich gesehen gehört das Vergessen dieser Dinge zu den größten Ungerechtigkeiten, die man jener Kriegsgeneration unserer Großväter, Urgroßväter antut. Aber nicht zu wissen, ist oft der – scheinbar – bequemere Lebensweg …

DAS RINGEN UM DEN MONTE PIANO: EINE WEITERE KRIEGSHÖLLE IM KAMPF UM TIROL

In der Stifungsurkunde des Bayernherzogs Tassilo des Jahres 769 für das Stift Innichen wird dieser spätere Blutberg bereits als Monte Plano (=flacher Berg) erstmals genannt. In Tirol hieß er immer Monte Piano, die Italiener bezeichneten ihn immer als Monte Piana. Der 2324 m hohe Gipfel in Form eines Plateaus wird durch eine Scharte, die Forcella dei Castrati, in eine nördliche und südliche Gipfelzone getrennt. Der südliche Hauptgipfel war während des Krieges im Besitz der Italiener, die nur geringfügig niedrigere Nordkuppe gehörte den Verteidigern Tirols. Nur die kleine Scharte trennte auf allerkürzeste Distanz Freund und Feind. Das erklärt auch, warum das Ringen so grausam, so verbissen, so verlustreich vor sich ging. Man muß sich einmal vor Augen halten, daß allein Scharfschützen auf beiden Seiten jede Bewegung der anderen Seite unter Feuer nahmen. Bei Nacht wurde das Gelände ständig mit Scheinwerfern angestrahlt. Und unzählige Geschütze, Maschinengewehre, Minenwerfer, Spezialisten für den Handgranatenzielwurf lauerten auf beiden Seiten Tag und Nacht.

Nachdem Italien an den benachbarten Hochgebirgsfronten der Drei Zinnen, der Tofanen, am Cristallo nie nach Norden durchbrechen konnte, setzte es alle seine Hoffnungen (vergeblich) auf den viel niedrigeren, geländemäßig viel simpleren Monte Piano. Nur knappe zwölf Kilometer trennten hier die italienischen Angreifer vom Pustertal, von Toblach – vom heißersehnten Ziel. Doch diese zwölf Kilometer waren während des ganzen Krieges für Italien – nicht einmal ansatzweise – zu überwinden.

Tiroler Kaiserschützen und Standschützen, Tiroler Kaiserjäger, Linzer »Hessen« des Infanterieregimentes 14 und Salzburger »Rainer« des Infanterieregimentes 59 hielten unter schwersten Opfern den Berg. Mit den Namen der hier kämpfenden Einheiten, wie vorher genannt, verbindet sich die Blüte allerbester Soldaten des Alpenraumes bzw. Altösterreichs! Bei Kriegsausbruch hatten die Italiener die Bedeutung des Piano erkannt, besetzten ihn sofort, planten schwerste Angriffsartillerie heranzubringen, mit der man das ganze Pustertal im Toblacher Raum vernichten und abschneiden hätte können. Damit wäre die Tiroler Dolomitenfront am Anfang bereits zum Scheitern verurteilt gewesen. Die Rückeroberung des Monte Piano bzw. wenigstens von dessen Nordkuppe durch Tiroler Kaiserschützen unter Leutnant Wilhelm Bernhard am 7. Juni 1915 gehörte zu den größten Taten dieses Krieges überhaupt. Damals wurde auch die Südkuppe genommen, wurde aber aufgegeben.

Alles, was danach folgte, war ein grausames, blutiges Kämpfen auf kurze Distanz durch Jahre. Mehrmals versuchten die Italiener mit Massenangriffen die Tiroler Nordkuppe zu erobern, immer aber vergeblich. Nur weil der Piano gehalten werden konnte, war es möglich, die Dolomitenfront zu halten. Dem Laien mag dies absurd erscheinen, aber die militärgeographische Lage des Berges wirkte sich im Krieg so aus. Und wenn wir bedenken, daß mit der Pustertalbahn zum Beispiel im Herbst 1917 ganze Armeen mit allem Material zum Angriffsraum Flitsch-Tolmein-Karfreit der 12. Isonzo-Schlacht gebracht wurden, kann man erahnen, wie hoch die Bedeutung der Front am Piano war.

►

Die obere Luftbildaufnahme der Fliegerkompanie 15 zeigt den italienischen Teil des Monte Piano und stammt vom 21. Oktober 1917. An diesem Tage versuchten Tiroler Kaiserjäger des 2. Regimentes und das Brandenburgische Jägerbataillon Nr. 3 des Deutschen Alpenkorps, den italienischen Teil des Piano, also dessen Südkuppe (im Bild) zurückzuerobern. Der Kampf währte bis zum nächsten Tag, die Angreifer erlitten schwere Verluste, mußten sich auf die eigene Nordkuppe zurückziehen. Das Luftbild weist zahlreiche frische Einschläge schwerer österreichischer Kaliber auf. Dieser Angriff war, abgesehen von der spektakulären Rückeroberung des Berges im Juni 1915, das einzige Mal, da man auf Seite der Verteidiger offensiv gegen die Italiener am Piano vorging. Erklärtes Ziel der Verteidiger war nur, den Berg zu halten, den italienischen Durchbruch nach Toblach zu unterbinden. Dieses Ziel wurde immer erreicht.

Jener Angriff vom 21./22. Oktober 1917 war aber auch als Tarnangriff gedacht, um die zur Isonzofront mit der Bahn durch das Pustertal fahrenden Armeen vor Entdeckung zu schützen. Der Antransport aller Armeen zur 12. Isonzo-Schlacht, beginnend am 24. Oktober 1917, in die Bereitstellungsräume rund um Flitsch-Tolmein-Karfreit mußte unter größter Geheimhaltung erfolgen, um die Großoffensive bis zum letzten Augenblick zu verheimlichen. Als am Piano jener Angriff startete, rechnete allerdings kein Mensch, daß die 12. Isonzo-Schlacht zur riesigen Offensive bis zum Piave sich entwickeln würde!

Die Einnahme der italienischen Pianokuppe wäre unter dem Aspekt einer weiteren erfolglosen Isonzo-Schlacht äußerst wichtig gewesen. Zur Isonzo-Front rollten damals auch starke deutsche Kräfte durch das Pustertal, darunter das Deutsche Alpenkorps. Diesem hatte man kurzfristig das Brandenburgische Jägerbataillon Nr. 3 zur Unterstützung des Angriffes am Piano entzogen.

Die untere Fliegeraufnahme zeigt beeindruckend den gesamten Monte Piano, dahinter den Misurina See. Keine noch so vielen Worte könnten die militärgeograhische Funktion des Monte Piano besser erklären als dieses zeitgenössische Luftbild: Wie ein Klotz sitzt der Berg im Tal, versperrt, ja verriegelt den Zugang in das Höhlensteintal und in das so kriegswichtige Pustertal. Wir sehen die flache Hochebene des Gipfelplateaus, das beide Seiten auf engstem Raum buchstäblich gefangen hielt. Im Grunde genommen war das einst für Freund und Feind eine tragische, ja fast archaische Situation, aus der es kein Entrinnen gab. Sicher, beide Seiten höhlten den Berg aus, spickten ihn mit Kavernen, großen unterirdischen Unterständen, Felsgalerien und konnten so wenigstens etwas Schutz vor dem anderen Gegner finden. Nur, die Entscheidung um den Besitz des Berges, die konnte man nicht im Inneren des Berges suchen. Diese Entscheidung konnte nur im Kampf oben, auf der Gipfelfläche vielleicht errungen werden.

Wenn wir uns den Berg, das Gipfelplateau und die militärische Lage von einst vor Augen halten, dann liegt der Vergleich eines fast dämonischen Geschehens für die dort kämpfenden Menschen nicht zu fern ...

2639
21/X.17
FLK.15

►

Rechts oben der Monte Piano im Hochwinter, aus Nord-Nord-Ost-Richtung aufgenommen. Die zum Betrachter des Bildes gerichtete Kuppe entspricht der Tiroler Nordkuppe. Dahinter die Scharte, die Forcella dei Castrati. Dann folgt die italienisch besetzte Südkuppe. Wir sehen deutlich, daß diese italienische Südkuppe die Tiroler Nordkuppe ums Kennen überhöht. Immerhin war diese Überhöhung groß genug, damit die Italiener von oben nach unten auf die Tiroler schießen konnten, sodaß deren Lage noch unerträglicher wurde.

Zwischen beiden Kuppen jene unsäglich berüchtigte Scharte in Form eines Einschnittes, der beide Kuppen kurz voneinander trennt. Die Scharte war das Niemandsland, sie war das Land des Todes, der Vernichtung. Denn wer diese Scharte im Krieg hätte überschreiten können, der hätte die Chance besessen, die andere Kuppe einzunehmen. So drückte die Gebirgsnatur dem kriegerischen Geschehen unbarmherzig ihren Stempel auf. Im Hintergrund rechts sehen wir die Cristallo-Gruppe. Auf den ersten Blick wirkt diese Aufnahme wie ein herrliches Bild aus den winterlich verzauberten Dolomitenbergen. Doch in Wahrheit das Dokument des Grauens.

Das Luftbild rechts unten zeigt die gesamten italienischen Stellungen auf der Südkuppe des Monte Piano. Der Berg ist wahrhaftig mit einem Netz an Stellungen, Kampf- und Verbindungsgräben gespickt.

Mit Lupe betrachtet, erkennen wir zahlreiche Gräben und Stellungen, die unzählige Aus- und Vorbuchtungen aufweisen, die also nicht einfach eine gerade Verbindung von A nach B ergeben. Diese Ausbuchtungen, Vorbuchtungen nannte man Sappen. Der Ausdruck wurde ursprünglich vor Jahrhunderten verwendet, um diese Form von Gräben bei der Belagerung von Festungen zu kennzeichnen. Man trieb Sappe um Sappe gegen die Festung vor. Die Männer, die die Sappen bauten, waren die Sappeure. Und damit sind wir beim ältesten Namen für die Pioniere der Armee des Habsburger Reiches angelangt!

Aus den Sappeuren entwickelten sich später die Genie-Truppen, aus diesen die Technischen Truppen, wobei gleichzeitig der Anteil von Pionieren (= Technische Truppen) immer größer wurde. Pioniere bauten, sprengten Brücken; errichteten Feldeisenbahnen, Kavernen, forcierten Flüsse im Kampf, waren im Ersten Weltkrieg die vielbewunderten Beherrscher der Technik geworden. Daß Pioniere perfekt mauern, betonieren, fortifizieren konnten – das nahm man als Selbstverständlichkeit hin.

Die Sappen dieses Bildes hatten zwei Hauptfunktionen (im Gegensatz zum gerade laufenden Graben): Ein bereits im Graben eingedrungener Feind konnte sich nur unendlich langsam von Sappe zu Sappe fortarbeiten, denn in jeder Sappe lauerten die Verteidiger. Außen bis zum Graben vorgedrungene Feinde konnten wiederum von mehreren Sappen erfolgreich unter Flankenfeuer genommen werden. Daß angesichts dieser italienischen Stellungen die Südkuppe nicht genommen werden konnte, dürfte wohl verständlich sein.

»Das Leichentuch des Schnees verhüllte alle Stellungen wie einen Toten« – so lautet es in den Feldakten nur zu oft. Hier, im Bild oben, zeigt sich der Piano von Nordwest nach Südost fotografiert. Links die Tiroler Kuppe, dann die Scharte zwischen beiden Seiten, dann die größere und überhöhte italienische Kuppe. Ganz rechts im Bild der Misurina See, von dem aus Italien seine Piano-Front versorgte. Die Tiroler Seite versorgte die eigene Front mit zwei Kriegswegen: Einmal vom fort Landro aus; einmal von der Grenzbrücke bei Schluderbach.

Durch Wolken hindurch fotografierte der Flugbeobachter im Herbst 1917 die italienischen Stellungen (Bild rechts) am Monte Piano.

Drei Szenen vom Alltag der Piano- und Dolomitenfront. Die Mannschaft (oben) der Landwehr-Reserve-Feldhaubitzbatterie 2/2 am Kantonierungsplatz in Bruneck, und zwar vor dem Militärverpflegsmagazin. Kriegsgefangene Italiener (rechts oben) marschieren auf der Straße im Pustertal zwischen Bruneck und St. Lorenzen.

Die Reste des Hotels Union (rechts unten) in Neu-Toblach, durch italienische Artillerie zerstört. Im gesamten Toblacher Raum richtete die italienische Artillerie oft schwerste Schäden an. Dabei richtete die italienische Artillerie ihr Bemühen vor allem auf die Pustertal-Straße und Eisenbahn, die beide von größter Bedeutung für den Nachschub waren. Hier ging nicht nur der Nachschub an Mann und Material zur Dolomitenfront, sondern in noch viel größeren Mengen zur Kärntner Front, ja bis zur nördlichen Isonzo-Front. Trotz häufiger Zerstörungen von Straße und Bahn, konnten beide Kommunikationen durch schnelle Reparaturen ständig ihren Zweck erfüllen. Das Pustertal war die Lebensader der Front schlechthin.

Ausblick aus einer Infanteriestellung (diese Seite oben) am Monte Piano gegen die Drei Zinnen. Beide Soldaten blicken nach Süden zur italienischen Kuppe.
Auch die Soldaten fuhren lieber mit der Feldseilbahn bergauf, obwohl dies verboten war, als per pedes Apostolorum die Front zu erreichen (links oben; gegenüberliegende Seite).

Drahtseilbahn (rechts oben; gegenüberliegende Seite) auf die Tiroler Seite des Monte Piano; Blickrichtung nach Norden in das Höhlensteintal. Rechts unter der Seilbahnkiste der Armierungsweg zur Tiroler Piano-Front.

In der Aufnahme der gegenüberliegenden Seite, rechts unten, erblicken wir eine drehbare Schnellfeuerkanone im Panzerturm der Talsperre Landro. Die Werksbesatzungen bzw. Geschützbedienungen waren bereits in Friedenzeiten voll auf das potentielle Angriffsfeld eingeschossen, das nach Planquadraten geteilt war. Außerhalb des Werkes postierte Artilleriebeobachter meldeten in das Werk das Ergebnis der Artilleriewirkung. Auch bei Nacht, bei Ausfall der elektrischen Beleuchtung im Werk, konnten alle Mitglieder der Besatzung ihre Aufgaben, gleichsam blind, erfüllen. Ein Festungswerk, eine Talsperre, und war sie noch so gut gebaut und ausgestattet gewesen, konnten letzlich nur durch die Leistungsfähigkeit der Besatzung bestehen. Und die altösterreichischen Werksbesatzungen dürften mit Sicherheit die besten der damaligen Zeit gewesen sein.

Ein Bild (oben) großer Seltenheit, die Sperre Landro zu Kriegszeiten! Davor der Drahtverhau, der je nachdem auch elektrisch geladen werden konnte. Die Sperre oder das Fort Landro vertrat den Typus eines sogenannten »Gebirgsforts«, vom berühmten K.u.k. Festungsbauer Feldmarschalleutnant Vogl entworfen. Das Fort entstand zwischen 1885 und 1890. Dabei wurde der Wechselbeziehung von Panzer (=Panzerturm) und Geschütz erstmals große Aufmerksamkeit gewährt. Landro verfügte bereits über gepanzerte Kasematten, sowie über gepanzerte, drehbare Geschütztürme. Das Fort Landro wurde aber noch in veralteter, hoch aufgezogener Bauform errichtet, während die modernsten Forts, errichtet in den Jahren vor Kriegsbeginn, vielgeschossig in die Tiefe, also unterirdisch gebaut wurden.

Offiziers- und Mannschaftsbaracken (rechts) am Nordhang des Monte Piano, wo die Unterkünfte gedeckt gegen den feindlichen Beschuß waren. Wie Adlernester klebten die Unterkünfte in steilsten Felswänden, waren mit Drahtseilen an den Wänden verankert. Schmale Verbindungswege, bei nächtlichen Stürmen gefährlich zu begehen, verbanden die Hütten. Über die äußerst steinschlag- und lawienengefährdete Lage dieser Unterkünfte muß hier wohl kein Wort mehr verloren werden. Aufgrund der vielen Drahtseile, teils metallischer Steiganlagen, war die Blitzschlaggefahr sehr groß.

►

Die Luftbildaufnahme rechts oben zeigt italienische Schützengräben und Laufgräben am Monte Piano, sowie im Val Popena. Die italienische Seite verfügte an allen Abschnitten der Gebirgsfront während aller Zeiten über den großen Vorteil enormer personeller Überlegenheit. Vor allem an den Brennpunkten der Front, am Pasubio, auf der Zugna Torta, am Cauriol, auf der Costabella, am Col di Lana und am Monte Piano wurde von dieser personellen, ebenso materiellen Überlegenheit bewußt Gebrauch gemacht. Diese Überlegenheit wirkte sich zum Beispiel in den vordersten Linien so aus, daß bei schweren Kämpfen die Italiener ihre Männer oft stündlich ablösen lassen konnten.
Ebenso gravierend wirkten sich diese Vorteile bei der Errichtung der Infrastrukturen der italienischen Front aus, wo unzählige Arbeitskräfte Stellungen, Wege, Kavernen, Unterkünfte, Seilbahnen in riesiger Zahl errichteten. Zugleich trachtete die italienische Führung von Anfang an danach, möglichst bis nahe zur vordersten Linie mit Kraftfahrzeug befahrbare Frontwege zu bauen. An sehr vielen Gebirgsfronten konnte die italienische Seite das Gros von Mann und Material in der guten Jahreszeit (zugleich die Zeit der Kämpfe) sehr nahe an die vorderste Linie mit Kraftfahrzeugen, die unbegrenzt vorhanden waren, heranfahren. Nachschubprobleme gab es auf italienischer Seite nicht. Mit Essen, Kleidung, Waffen, Munition etc. brauchte der italienische Soldat zu keiner Zeit an keiner Front zu sparen.

Auf der Seite der Verteidiger verhielt es sich genau umgekehrt. Da mußte mit allem und jedem ewig gespart werden, da führten fast keine fahrbaren Wege zu den Höhenstellungen, da fehlte es an Soldaten überall. Und die an der vordersten Linie abgelösten Männer mußten dann durchwegs die Infrastrukturen selbst errichten.

Das Luftbild rechts unten beweist, welch' schwerem italienischem Artilleriebeschuß (aus dem Raum Misurina und Piano) Neu-Toblach mit der Eisenbahnlinie durch das Pustertal ausgesetzt waren. Das ganze Gelände ist von Granattrichtern übersät, die Gebäude zerstört. Die Dichte der Einschläge nahm in Nähe der Eisenbahnlinie, wie man sieht, beträchtlich zu. Dieses wirkungsvolle italienische Artilleriefeuer wurde übrigens von italienischen Artilleriefliegern geleitet.

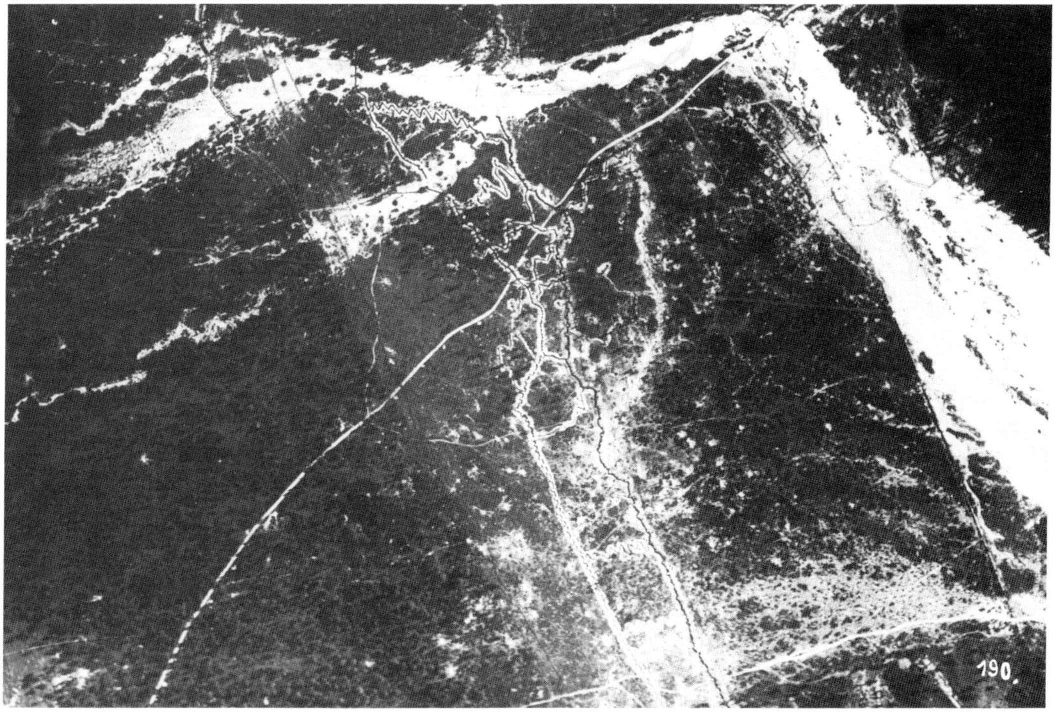
190.

175.

Die Sextener Front auf Drei Zinnen, Rotwand und am Kreuzbergsattel

Wir sind nun am östlichen Ende (oder Anfang) der Dolomitenfront angelangt, die geographisch exakt auf der Paßhöhe des Kreuzbergsattels ihre Begrenzung hatte. Nordöstlich der Paßhöhe begann bereits die Front auf den Karnischen Alpen. Vom Monte Piano führte die Tiroler Front über Schwalbenkofel (2617 m), Wildgrabenjoch (2290 m), Toblinger Knoten (2617 m), Morgenalpenspitze (2885 m; Innichriedlknoten genannt) zum inneren Fischleintal, querte dieses und stieg empor zur Sextener Rotwand (2965 m). Diese bildete im äußersten Osten der Dolomitenfront deren letzten bzw. ersten Punkt auf einem Hochgipfel. Zwischen Schwalbenkofel und Fischleintal verlief die italienische Front gegenüber der Tiroler Linie vom Paternkofel (2746 m) zu den Drei Zinnen, über Obernbacherspitze, Giralbajoch zum Elfer (3092 m) und von diesem zur Rotwand, wo sich die Italiener dann nahe bei den Tirolern nach Eroberung der Sentinellascharte einnisteten. Von der Sextener Rotwand stieg die Front nun ab zum Kreuzbergsattel (1636 m), querte diesen knapp nördlich der Paßhöhe zum Seikofel (1909 m), ging von hier weiter zum Roteck (2396 m), stieg von diesem zum Karnischen Hauptkamm auf die Gipfel hinauf. Am Eisenreich (2665 m), auf Cima Frugnoni (2567 m) und auf der Pfannspitze (2678 m) begann das Ringen am Karnischen Gipfelkamm. Ab Seikofel haben wir es geographisch bereits mit der Karnischen Front zu tun.

Das Zentrum des Kampfes um diese Front war an folgenden Stellen konzentriert: Das Zinnenplateau, der Sextenstein, der Toblinger Knoten, der Paternkofel, die Sextener Rotwand und der Kreuzbergsattel (letzterer nur im ersten Kriegsjahr). Tiroler Kaiserschützen, Landstürmer, Bayern des Deutschen Alpenkorps, Tiroler Kaiserjäger, Assistenzen der Tiroler Gendarmerie bildeten das Korsett der Front. An keiner anderen Front aber haben Standschützen Tirols so erfolgreich und ausdauernd gekämpft wie hier. Der ganze Kampfabschnitt, vor allem am Kreuzbergsattel, wurde zum Symbol des Tiroler Schützenwesens. Im ersten Kriegsjahr konnte die Front nur durch (berühmte), meist Standschützen-Patrouillen, kontrolliert und gehalten werden. Zum Besetzen der Gipfel fehlte es an Leuten. Die Innerkofler-Patrouille, die Rotwand-Patrouille gelten bis heute zu den kühnst operierenden Patrouillen jenes Krieges.

Der Paternkofel, von Italienern besetzt, war der Angelpunkt der Drei-Zinnen-Front. Beim Versuch der Rückeroberung am 4. Juli 1915 kam Sepp Innerkofler, damals schon Bergführer von internationalem Rang, ums Leben. Die Italiener behielten den Paternkofel. Ob Innerkofler durch Feindeinwirkung, oder durch eigenes Deckungsfeuer tödlich getroffen wurde, läßt sich nicht mehr begründen. Sein Tod, den er vorausahnte, weil er das Unternehmen als aussichtslos beurteilte, bildete einen Schock. Noch dazu, weil Innerkofler nach Kriegsbeginn sofort den Paternkofel besetzen wollte, dies ihm aber untersagt wurde. Innerkofler wußte um die strategische Bedeutung des Berges genau Bescheid. Die nach seinem Tod einsetzende Glorifizierung in den dreißiger Jahren, teils bis heute, wurde und wird dem Leben, Charakter und Wesen Innerkoflers nicht gerecht. Viel wichtiger ist, daß Sepp Innerkofler ein Sinnbild für Treue und Liebe zur Heimat wurde. Ihm ging es um nichts anderes, als seine Heimat zu verteidigen.

Auch den Sextenstein konnten die Alpini in tapferer Gegenwehr halten. Umgekehrt bauten die Tiroler den Toblinger Knoten zu einem uneinnehmbaren Punkt aus. Ebenso konnte die Tiroler Landesverteidigung das so wichtige Zinnenplateau halten. Auf der Sextener Rotwand wiederum standen Kaiserjäger und Standschützen, im ersten Kriegsjahr noch Bayern, und hielten diesen wichtigen Flankenschutz neben der Durchbruchslinie über den Kreuzbergsattel. Immerhin konnten Alpini des Bataillons Fenestrelle die Sentinellascharte (Anderteralpenscharte) im April 1916 nehmen, ohne dann weiterzukommen. Am benachbarten Kreuzbergsattel wiederum wurden in den ersten Kriegsmonaten alle Stellungen durch Standschützen, Bayern des Deutschen Alpenkorps, Salzburger »Rainer« bezogen, ausgebaut, gehalten. Dabei wurde oft blutig gekämpft, vor allem um Seikofel und Roteck. Ende 1915, Anfang 1916 stand die Linie aber ehern.

Ab Anfang 1916 war der Krieg zwischen Monte Piano und Kreuzbergsattel festgefahren, wurde zum Stellungskrieg im Gebirge. Italien konnte weder über die Zinnenhochfläche, noch über den Kreuzbergsattel gegen das Gebiet um Sexten durchstoßen, hatte sein Ziel verfehlt. Umgekehrt erfüllte die Tiroler Landesverteidigung ihren Auftrag, das Eindringen des Feindes zu verhindern, optimal. 1916 und 1917 herrschte hier vorwiegend Kleinkrieg, sowie Krieg der Patrouillen. Niemals aber mehr versuchten beide Seiten, mit großen Massen offensiv zu werden.

Italien hatte mit seiner militärischen Führung längst erkannt, daß die große Entscheidung des Krieges nur im Tiefland, am Isonzo herbeigeführt werden könne. Die wirklich ernsten Versuche im Gebirge konzentrierten sich nur auf Punkte wie Pasubio, Zugna Torta, Monte Cauriol, Costabella, Col di Lana, Monte Piano.

DIE VOLLSTÄNDIGE VERNICHTUNG DER ITALIENISCHEN DOLOMITENFRONT UND DER ITALIENISCHEN KARNISCH-JULISCHEN FRONTEN

Ab 24. Oktober 1917 tobte die 12. Isonzo-Schlacht, die sich in wenigen Tagen zur siegreichen Großoffensive über den Tagliamento hinaus, bis zum Ostufer des Piave entwickelte. Vom Passo Manghen der Fleimstalfront, über alle Dolomitenfronten bis zum Kreuzbergsattel, am Karnischen und Julischen Kamm, machten sich die Verteidiger Altösterreichs auf, die italienische Seite zu überrennen, um sie in das Tiefland zu treiben. An allen diesen Fronten konnten sich die italienischen Soldaten nicht mehr halten, da im südlich benachbarten Tiefland, im Rükken der italienischen Gebirgsfront, bereits die gegnerischen Kräfte Österreich-Ungarns und des Deutschen Kaiserreiches standen. So brach buchstäblich binnen drei, vier Tagen die italienische Gebirgsfront östlich der Etsch (ab Passo Manghen) zusammen. Verfolgt von den Verteidigern, flohen die Italiener verzweifelt nach Süden, um dort oft in Gefangenschaft zu geraten. Auf den Bergen, in der Tiefebene hatten die Verteidiger Österreich-Ungarns, unterstützt durch starke deutsche Kräfte, ihren größten Sieg gegen Italien erfochten, noch dazu fast ganz ohne Verluste. Doch in der ersten Novemberhälfte 1917 verspielte man den Sieg, der zugleich zur Ursache der totalen Niederlage wurde. Auf Seite der politischen Führung Österreich-Ungarns fehlte entschlossenes Handeln. Der ungeheure Erfolg der eigenen Frontsoldaten wurde negiert. Daß die Frontsoldaten dies als Verrat empfinden mußten, ist verständlich. Drei Jahre führte man Krieg, sah seine Kameraden, Freunde fallen. Und dann versagte die eigene politische Führung völlig!

►

Die Luftbildaufnahme rechts oben zeigt von Nordost nach Südwest fotografiert die zentrale Drei-Zinnen-Front so, wie sie sich aus Tiroler Sicht dargeboten hatte: Wir sehen in der rechten, oberen Bildecke das Massiv der Drei Zinnen, links daneben den Paternsattel, links von diesem den Paternkofel. Diese Positionen der Italiener überhöhten sogar die Tiroler Linien. In der rechten Hälfte der Aufnahme Hochfläche bzw. Plateau vor den Drei Zinnen, im Vordergrund der Toblinger Knoten. Die Tiroler Linien, dicht gestaffelt, gut ausgebaut, erstreckten sich auf der Hochfläche in einem sichelförmigen Bogen. Der Toblinger Knoten wurde stark ausgebaut, die Gipfelstellung u. a. mit einem Faraday'schen Käfig gegen Blitzschlag gesichert, mit Feind- und Artilleriebeobachtern besetzt. Vom Toblinger Knoten aus konnte die Tiroler Seite jede, auch kleinste Bewegung der Alpini sehen – so wie umgekehrt diese vom Paternkofel die Tiroler unter die Lupe nehmen konnten. Diese ganze Konstellation festgefahrener Fronten ist gleichsam typisch für den dauernden Zustand aller Gebirgsfronten dieses Krieges, wo nach meist anfänglichen Kämpfen um Einzelpositionen, der Krieg in Dauerstellungen verlief.

Die Aufnahme rechts unten wurde vom Schwabenalpenkopf gegen die Drei Zinnen aufgenommen. Und zwar genau vom Standort der hier postierten Artilleriebeobachter, die von hier den Einsatz und Wirkungsgrad der Tiroler Artillerie gegen die südlich davon liegenden italienischen Positionen lenkten bzw. kontrollierten.

Dieses Panorama der zentralen Sextener Front hat es seit 1918 in der Publizistik noch nie zu sehen gegeben. In aller Dramatik zeigt es das Amphitheater des Krieges um die Drei Zinnen. Der Fotograf stand in der Tiroler Auffangstellung am Innichriedl, die wir im Vordergrund sehen (nahe zu Füßen des Innichriedlknotens). Rechts der Toblinger Knoten, die Tiroler Frontbastion, an deren vom Feind abgewandter Seite wir die Unterkünfte (Lupe!) sehen. Links vom Toblinger Knoten bereits die erste italienische Stellung am tiefer liegenden Sextenstein. Links von diesem im Sattel die zerstörte Drei-Zinnen-Hütte. Dahinter das Massiv der Drei Zinnen. Links von diesen der Paternsattel. Links davon Sepp Innerkoflers Schicksalsberg, der Paternkofel. Von diesem zieht nun ein langer Grat im Bild nach links, nach Osten zu den Bödenknoten, denen das Büllelejoch mit vielen italienischen Wegen und Stellungen folgt. Links davon nun das mächtige Massiv des Zwölfers.

Zwei Tage habe ich über dieser Aufnahme gesessen, über sie nachstudiert, und mit Rückwärts-, Vorwärtscheinschnitten im Bild und Kriegskarten den Aufnahmestandort, den östlichen Teil des Innichriedl, identifiziert. Durch Vergleiche mit vielen Kriegsfotos aus meinem Archiv konnte ich schließlich anhand der Schneebedeckung und der Ausaperungsstellen ermitteln, daß das Panorama im Frühsommer 1916 entstanden ist. Die italienische Front verlief vom Sextenstein zu Paternkofel, Paternsattel, Drei Zinnen; vom Paternkofel nach links zum Büllelejoch.

Westlich vom Toblinger Knoten, hier nicht sichtbar, erstreckte sich nördlich der Drei Zinnen Tiroler Front- und Kampfgebiet.

Das Bild zeigt wie kein anderes seit 1918, wie sich beide Seiten gegenüberlagen in einem

Krieg, den beide Seiten meinten, bis Oktober 1915 gewonnen zu haben. Dann, im Oktober 1915, sahen beide Seiten, daß jetzt erst der Krieg beginnt und stellten sich auf das ein, worauf keiner vorbereitet war, auf das erste Überwintern an der Hochgebirgsfront …

Archaisch das Gegenüber von Alpini am Paternkofel, von Tirolern am Toblinger Knoten: Zwei eherne Gipfel im Krieg mit zwei zu allem entschlossenen Gegnern. Und dazwischen die weiten Kare, in denen oft blutigst gekämpft wurde. Das Bild beweist wie nichts anderes, daß Sepp Innerkofler als einziger die Bedeutung des Paternkofels erkannte. Denn wer diesen besaß, der beherrschte hier das Geschehen. Und nachdem Sepp Innerkofler den Paternkofel zu Kriegsbeginn nicht besetzen durfte, folgte er im Juli 1915 dann dem Auftrag der endlich zur Einsicht gekommenen Kommandostellen. Doch nun traf er mit seinen Männern auf einen Berg, der bereits besetzt war. Und so nahm das Schicksal Sepp Innerkoflers seinen tragischen Verlauf, der wie ein antikes Gleichnis anmutet.

Über dieses Bild sollte jeder von uns nachsinnen. Es wirkt ernst, schwer, und sehr, sehr einsam. Hindernisse, Gräben, Schießscharten – und zwei verlassene Soldaten unterstreichen noch diese unsägliche Schwermut, die über jener Szenerie lastet, wo Männer versucht haben, ihre Heimat Tirol und Österreich-Ungarn zu retten. Auch das ist ein Bild, das mich ermahnt, nicht zu vergessen, wo unsere Wurzeln sind, was unsere Vorfahren für prachtvolle Charaktere waren. Sicher, alles wird irgendwann in fernster Zukunft vergessen sein, doch für unsere absehbare Zukunft sollten wir für das treue Andenken an jene Männer dem Vergessen Einhalt gebieten.

Eine hinreißende Luftbildaufnahme (oben) der Drei Zinnen, von Ost nach West aufgenommen (durch die Fliegerkompanie 45 am 24. Mai 1917). Rechts im Bild die Nordwände der Zinnengruppe, links die Südseite mit einem italienischen Armierungsweg und weiteren Fronteinrichtungen der Alpini. Wer diese Aufnahme fotografierte, das wissen wir leider nicht, überliefert aber ist die sehr zutreffende Legende zu diesem Bild von Raimund Pichler, der diese Sicht als »Vogelperspektive« bezeichnet. So jedenfalls wurden die Drei Zinnen noch nie im Bild dargestellt.

Die Abbildung rechts zeigt Laufgräben im Vordergrund und Schützengraben im Hintergrund am Zinnenplateau. Daß es sich im Hintergrund um einen Schützengraben handelt, ist bereits durch die zahlreichen Sappen (Vorbuchtungen zur Feindseite) kenntlich. Dieses Grappenstück mit Sappen befand sich an besonders gefärdeter Stelle. Demgegenüber diente der Laufgraben, getreu seinem Namen, primär dazu, daß im Ernstfall die Verteidiger sehr rasch zur gefährdeten Stelle laufen konnten.

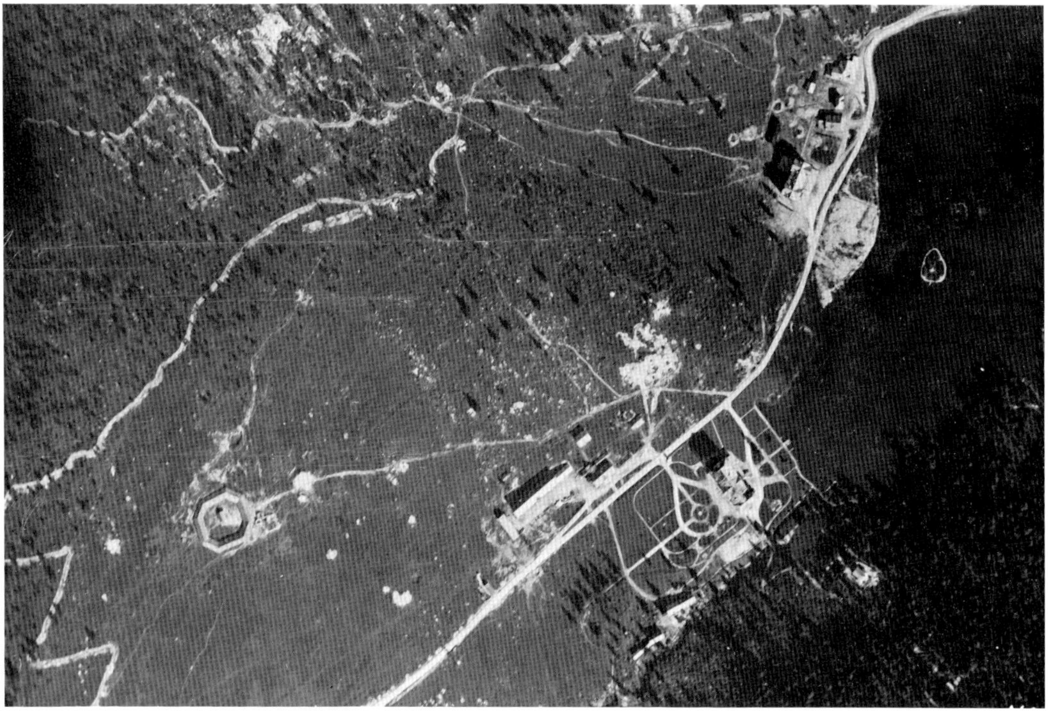

Das italienische Brigadekommando (oben) am Misurina See mit zahlreichen Granattrichtern des österreichischen 24-cm-Mörsers, der am nordöstlichen Ufer des Dürrensees in Stellung gebracht war. Die Luftlinie zwischen diesem Mörser am Dürrensee (im Höhlensteintal) bis zum italienischen Brigadekommando betrug ca. 8 Kilometer (ohne Berechnung der ballistischen Kurve des Geschosses).

Die Sentinella-Scharte (rechts oben) im Rotwandmassiv. Am 16. April 1916 gelang den Alpini in einer äußerst kühnen, ja spektakulären Aktion die Eroberung der Scharte, von der aus man sich erhoffte, die Rotwand in späterer Folge einnehmen zu können. Der Angriff der Alpini erfogte dabei u. a. bergab in den tief verschneiten Felsen des Elfers – eine gebirgssoldatische Meisterleistung.

Innichen (rechts unten) in einer Fliegeraufnahme vom 25. Juli 1917. Links im Bild sehen wir die Kaserne eines der wichtigsten Tiroler Regimenter, die sogenannte Landesschützen-Kaserne des K.k. Tiroler Landesschützen-Kaiserschützen-Regimentes Nr. III, das in Innichen garnisonierte und zur altösterreichischen Hochgebirgstruppe gehörte. Die Kaiserschützen dieses Regimentes kämpften schwerpunktmäßig unter anderem an der gesamten Fleimstaler- und Marmolatafront.

466.

Links ein entladener italienischer Blindgänger (30,5 cm), der gegen Plätzwiese abgeschossen wurde. Daneben ein Tiroler Kaiserschütze mit Wickelgamaschen, daneben zwei Soldaten des Deutschen Alpenkorps. Darunter ein Bild von der Woche des Roten Kreuzes in Bruneck. Rechts der Toblinger Knoten (1915), im Vordergrund mit Tellerkappe ein deutscher Soldat.

Diese Doppelseite zeigt drei äußerst seltene Aufnahmen von der Sextener Front: Oben die Feldschmiede der Tiroler Standschützen in Sexten, die von großer Wichtigkeit war. Vor allem in Hinblick auf den Einsatz zahlreicher Tragtiere (Haflinger; Muli wurden nur von den Italienern eingesetzt).

Einmalig für die Kriegsgeschichte Bayerns und Tirols die Abbildung rechts oben mit der Sanitätsmannschaft des Kgl. Bayerischen Infanterie-Leibregimentes, der »Leiber«, die zur Elite der Armee des Königreiches Bayerns zählten. Auf der Tafel lesen wir: Kriegs-Jahr 1914–1915. Gruß aus Tirol. Diese Aufnahme wurde in Niederdorf im Pustertal, sichtlich im Atelier eines Fotografenmeisters, aufgenommen. Ein Zeugnis einstiger Waffenbrüderschaft zwischen Bayern und Tirol. Diese Abbildung kann nur zwischen Juni 1915 und Anfang Oktober 1915 in Niederdorf gemacht worden sein.

Alpini (rechts unten), die von den bayerischen »Leibern« bei Sexten, also 1915, gefangen genommen wurden, werden, wie es hieß, »in Bruneck präsentiert«. Ergänzt sei hier noch, daß die Angehörigen der Alpini-Truppe damals wie heute eine eigene Barttracht, den Knebelbart am Kinn mit Oberlippenbart, traditionell bevorzugen.

Kriegs-Jahr
1914 – 1915.
Gruss aus Tirol.

Ein Schützengraben (oben) der Akademischen Legion Innsbrucks im Abschnitt der Kreuzbergsattelfront. Bemerkenswert die Feldtelephonisten im Vordergrund, deren technischer Standard bereits damals außergewöhnlich hoch war. Neben den Standschützen bildete die Akademische Legion der Innsbrucker Studentenschaft das Rückgrat der ersten Verteidigung von Rotwand und Kreuzbergsattel. Weil die Italiener am Kreuzbergsattel nicht durchstoßen konnten, blieb nichts anderes übrig, als den Versuch der Bezwingung der Rotwandstellungen zu wagen. Daher vor allem das Ringen um die Rotwand, denn wer diese besitzt, der beherrscht den Kreuzbergsattel (so bedingte das eine das andere).

Kriegsgeschichtlich, noch viel mehr medizingeschichtlich eine wahrhaft einmalig seltene Aufnahme (rechts oben): Einem Tiroler Landesschützen wird in Innichen der Oberschenkel amputiert. Die Geschichte kriegsbedingter Amputationen reicht übrigens sehr weit zurück. Der persönliche Feldscher Napoleons war dafür z. B. berühmt, daß er in eineinhalb Minuten eine Oberschenkelamputation durchführen konnte (ohne Betäubung kam es auf größte Schnelligkeit, damals zu Napoleons Zeiten, an).

Schier unübersehbar (rechts unten) die Anzahl der Schlitten im Schlittenpark der Etappen-Trainwerkstätte in Bruneck. Auch an derartigen Aufnahmen erkennen wir, wie groß der Aufwand zur Versorgung der Front gewesen sein muß.

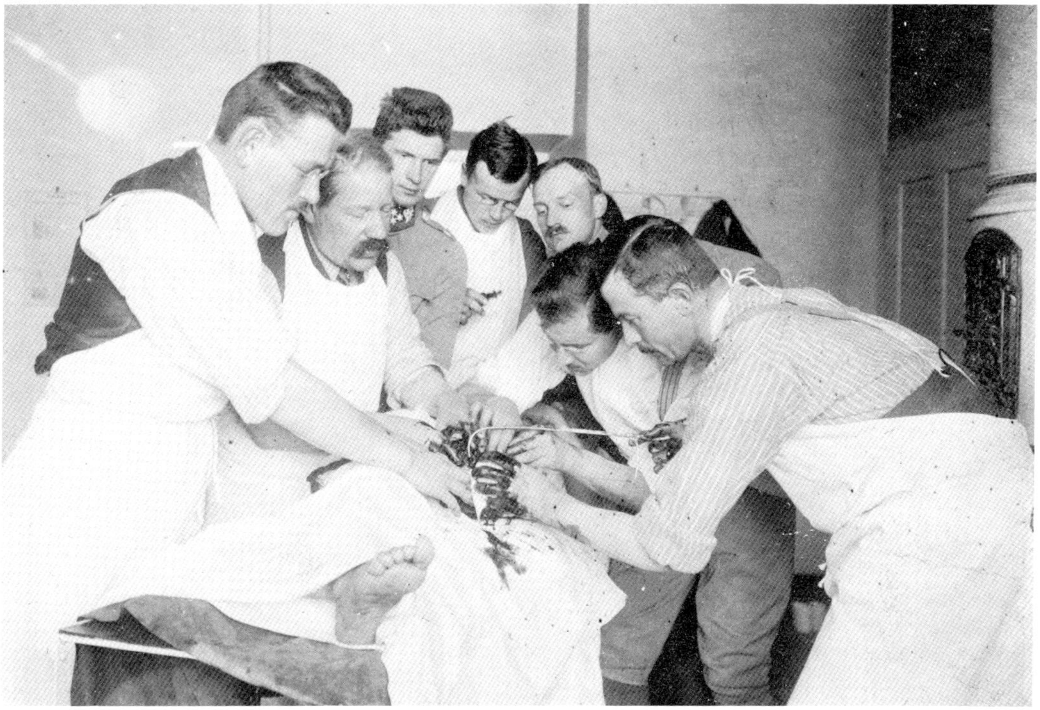

Die altösterreichischen Festungswerke Haideck (am Innergsell bei Sexten), sowie Mitterberg, bildeten im Krieg die letzte Bastion gegenüber einem eventuellen Durchbruch der Italiener über den Kreuzbergsattel in das Pustertal bei Innichen. Zu diesem Ernstfall kam es nicht, da die Front am Kreuzbergsattel hielt. Fachleute bezweifelten übrigens schon damals, ob beide Festungswerke, die nicht dem modernsten Stand entsprachen, schwerster italienischer Belagerungsartillerie auf Dauer Stand hätten halten können.

Die Abbildung oben zeigt die Artilleriekaverne am Innergsell bei Sexten, die integrierter Teil der Gesamtverteidigung mit dem Fort Haideck war. Dasselbe gilt von der Abbildung rechts, die am Innergsell eine 15-cm-Panzerhaubitze in Drehkuppel zeigt. Wenn auch beide Forts bei Sexten einer wochenlangen Beschießung wahrscheinlich nicht hätten widerstehen können, so hätten beide Forts dennoch so lange Widerstand leisten können, bis eigene, große Infanteriekräfte herangeführt hätten werden können. Dadurch wäre dann der nachfolgende italienische Angriff gebremst, vielleicht sogar zum Erliegen gekommen.

Die Schmiedewerkstatt (links oben), die Sattlerei (links unten) der Etappen-Trainwerkstätte in Bruneck. Im gesamten Pustertal, vor allem in St. Lorenzen, Bruneck, Toblach, Innichen befanden sich unzählige Einrichtungen für Nachschub, Versorgung und Instandhaltung. Ohne das dauernde Funktionieren dieser lebenswichtigen Einrichtungen hätten die Männer die Front hoch oben niemals halten können.

Ein Schützengraben (rechts oben) mit Granatwerfer am Fuße des Toblinger Knotens. Nur selten sind vom Krieg 1915–1918 derartige Aufnahmen überliefert, wo wir die Verteidiger lachen und musizieren sehen. Bemerkenswert die häufig verwendeten Schutzplatten am oberen Grabenrand mit fest plazierten Gewehren, deren Schußrichtung (Entfernungseinstellung am Visier) von vorneherein die potentiellen Angriffsräume bestreichen konnte. Geschichtlich wichtig weiters die gut sichtbare Wickelgamasche des Soldaten hinter dem Granatwerfer: Bis Anfang 1916 verwendete man noch diese Wickelgamaschen, die viele Abstürze im alpinen Gelände beim Klettern verursachten (wenn sich die Gamasche selbst löste). Diese Wickelgamaschen wurden daher an der ganzen Front durch richtige Gamaschen aus Segeltuch oder Filz ersetzt.

►

Der Toblinger Knoten mit den österreichischen Stellungen, hier – rechts oben – im Luftbild zu sehen, stellte an der zentralen Zinnenfront die mit Abstand wichtigste Bastion des Krieges dar. Noch dazu hatten die Alpini den Sextenstein nächst dem Toblinger Knoten erobert und konnten diesen Stachel in der Tiroler Front dauernd halten. Der Ausbau des Toblinger Knotens aber gehörte zu den eigenartigsten Kapiteln dieser Front.
Die höhere Führung erkannte nicht rechtzeitig, daß der Toblinger Knoten infolge der italienischen Besetzung des Paternkofels zum Angelpunkt der Front werden müsse. Dies erkannte nur ein katholischer Geistlicher, nämlich der berühmte, ja sagenumwitterte Tiroler Feldkurat Hosp. Er baute mit einigen Männern in Eigeninitiative erste Aufstiegsleitern, Seilsicherungen, Gipfelunterstände für die dauernde Besetzung des Berges. Und Hosp entwarf, baute jenen Faraday'schen Käfig für den Gipfelunterstand, damit die Besatzung vor häufigem Blitzeinschlag geschützt war. Feldkurat Hosp setzte sich oft gegen übergeordnete militärische Stellen durch, wenn diese Frontsoldaten wegen geringfügigster Vergehen zu hart bestraften.

Mündlich überliefert ist von Hosp auch, daß er selbst mehrmals zur Waffe gegriffen habe, was er als Pater natürlich nicht hätte tun dürfen. Der Feldkurat Hosp war jedenfalls eine der herausragendsten geistlichen Persönlichkeiten auf Tiroler Seite, deren Männer ihn schließlich mit dem legendären Pater Haspinger von anno 1809 gleichsetzten.

Spätestens nach dem Zweiten Weltkrieg waren alle irdischen Spuren jenes Feldkuraten verwischt. In den siebziger Jahren suchten Augenzeugen, einstige enge Frontgefährten von Feldkurat Hosp, die mit ihm monatelang an der Front standen, nach ihm. Niemand, kein Mensch, konnte Auskunft über den weiteren Lebensweg dieses so verdienten Paters geben. Sein Name ist aber mit der Front rund um Drei Zinnen und Rotwand auf ewig verbunden.

Drahthindernisse und Infanteriestellungen im Abschnitt zum Kreuzbergsattel. Es gehört zu den großen Rätseln dieses Krieges, daß die Italiener nicht sofort nach Kriegsausbruch über den Kreuzbergsattel bis Innichen in das Pustertal – nur zwölf Kilometer in einfachstem Gelände – vorgestoßen sind. Nichts und niemand hätte diesen Vorstoß, zu dem man keine Gebirgssoldaten benötigt hätte, aufhalten können. Nach Kriegsanfang lagen hier nur die Standschützenkompanien Hall, Sexten, Sillian, Vintl, sowie eine Kompanie des Landsturmbataillons 157. Diese Männer waren erbärmlich bewaffnet, hätten einem infanteristischen Angriff nicht standhalten können. Theorien besagen, daß die italienische Führung die Verteidigungskraft der Forts Mitterberg und Haideck überschätzt habe. Das könnte jene italienische zögernde Haltung erklären, bleibt aber auch nur Theorie, da die italienische Feindaufklärung bereits lange vor Kriegsausbruch bestens orientiert war. Erst durch das Eintreffen von Einheiten des Deutschen Alpenkorps im Juni 1915 standen hier kampferprobte Verteidiger mit modernstem technischen Gerät.

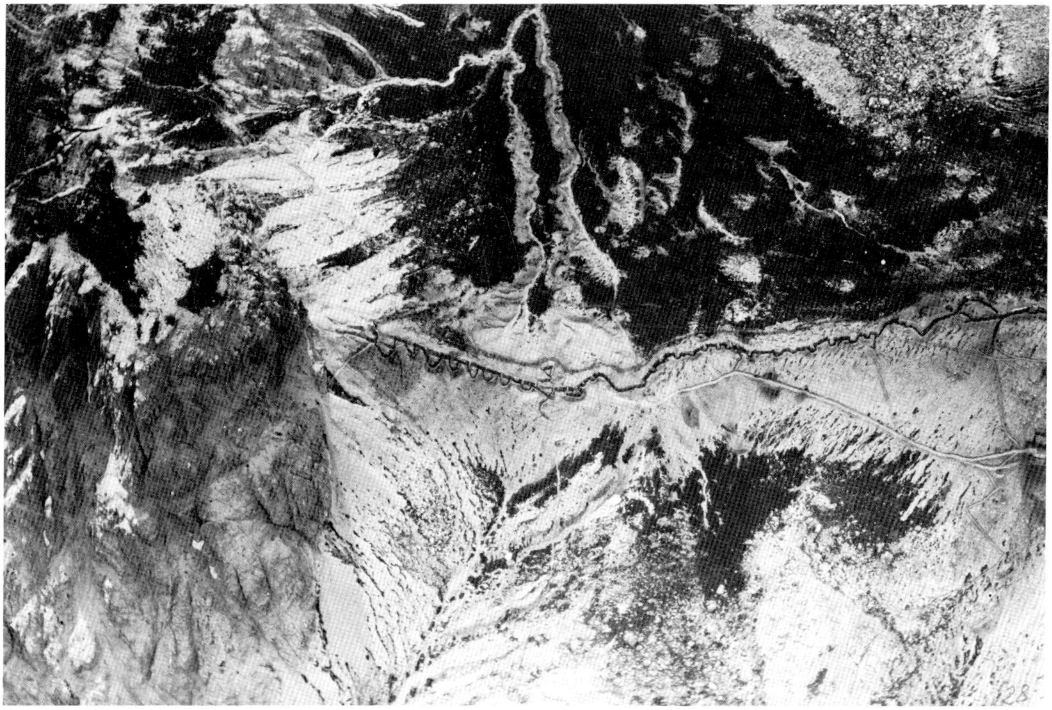

Die Drei Zinnen mit ihren Nordwänden in einem Luftbild (oben), das aus nordnordwestlicher Richtung her aufgenommen wurde. Dem Schatten entsprechend, den die Drei Zinnen werfen, wurde die Aufnahme am späteren Vormittag gemacht. Dahinter der Blick in das italienische Fronthinterland.

Bereits 1915 wurde Sexten (rechts) durch italienische Artillerie in Brand geschossen und weitgehend zerstört. Im Vordergrund ein Granattrichter mit Geschoßhülse. Wie kaum ein anderes Dorf der Gebirgsfront war Sexten vom Krieg direkt heimgesucht worden. Sexten war eines der ersten großen Opfer jenes Ringens, das damals im weitesten Sinne zivile Stätten noch verschonte. Man sagt, doch ist es nicht überliefert, daß Sepp Innerkofler auch wegen der Zerstörung seiner Heimat, versuchte, den Paternkofel zurückzuerobern, um die Italiener aus der Hauptkampflinie der Drei Zinnen so zu vertreiben, daß keine italienischen Artilleriebeobachter mehr ihre verheerende Wirkung entfalten hätten können. Vorstellbar ist diese Überlieferung durchaus, wäre voll im Einklang mit dem tapferen Charakter dieses bedeutenden Sohnes Sextens. Sachlich und menschlich hatte Sexten jedenfalls diesem Krieg außergewöhnlich großen Tribut gezollt.

Die Front auf den Karnischen und Julischen Alpen, das Ringen um Kärnten, die Schlachten am Isonzo

Kärnten war durch die Kriegserklärung Italiens im Mai 1915 in noch viel bedrohlicherer Lage als Tirol, da Kärnten im Gegensatz zum Tiroler Schützenwesen, über kein eigenes Selbstverteidigungssystem, zusätzlich zur Armee (die im Osten stand), verfügte. Tirol entsandte 38.000 freiwillige Standschützen an die Grenze, Kärnten dagegen mußte erst freiwillige Einheiten aufstellen, ausbilden, bewaffnen. Dazu zählten dann u. a. die »Kärntner Freiwilligen Schützen«, denen »Freiwillige Schützen« Salzburgs, Oberösterreichs und der Steiermark zu Hilfe kamen. Nicht vergessen wollen wir das Kärntner Hausregiment, das K.u.k. Infanterie-Regiment Graf von Khevenhüller Nr. 7, weiters das berühmte Kärntner Feldjägerbataillon Nr. 8 (die »Achterjäger«), sowie die beiden Gebirgsschützenregimenter Nr. 1 (Klagenfurt) und Nr. 2 (Laibach). Am westlichen Teil des Karnischen Kammes, noch zum Tiroler Bereich gehörend, standen Salzburger »Rainer«, Bayern vom Deutschen Alpenkorps, Standschützen und Iller Kaiserschützen Tirols.

Die Front auf den Karnischen Alpen verlief auf deren gesamten Kamm, beginnen östlich des Kreuzbergsattels, endend an der Fella, dem Fluß des einst kärntnerischen Kanaltales. Absolut alle Gipfel der Karnischen Alpen waren Hauptkampflinie, deren Ereignisse im Detail zu schildern, den Rahmen dieses Buches sprengen würde. Brennpunkte des Kampfes lagen am Hochweißstein (Monte Peralba), im Abschnitt Wolayersee und Wolayerpaß, am Cellon (Frischenkofel) und vor allem im Raum Plöckenpaß. Letzterer stellte im Karnischen Hauptkamm während des Krieges die ideale, tiefgelegene Durchbruchsstelle für Italien dar, wurde daher zwangsweise zum Brechpunkt. Aber auch hier, wie an allen Fronten, kamen die Italiener nicht durch. Schwere Kämpfe gab es auch in den Abschnitten Puartis, Findenigkofel, am Naßfeld. Im tief gelegenen Kanaltal stellten Pontafel und Pontebba die Zone höchster Gefährdung dar. Doch das Fort Hensel (Malborghet) erfüllte seine Funktion als Sperre perfekt. Auch im Kanaltal gab es für Italien während des Krieges kein Durchkommen.

In den Julischen Alpen lief die Front vom Kanaltal über den Mittagskofel zum Somdognasattel, von hier zum Neveasattel mit der italienischen Montasch-, der österreichischen Wischbergfront. Vom Neveasattel stieg die Front empor zum Rombon, dem Hausberg von Flitsch (Plezzo, Bovec), lief bei Flitsch vorbei, stieg hinauf zum Vrsic und Krn, ging weiter nach Tolmein (Tolmino, Tolmin). Zugleich ging eine zweite Frontlinie vom Rombon zum Monte Kanin (Canin) bis zum Berg Kolovrat nahe Tolmeins. Brennpunkte der Julischen Front waren der Mittagskofel beim Kanaltal, der Wischberg, der Rombon, die Confinspitzen, das gesamte Flitscher Becken. Noch härter wurde auf den Bergen südlich von Flitsch, auf Vrsic und Krn, wo beide Seiten hauteng beinander lagen, gerungen. Ebenso erbarmungslos wurde um den Mrzli vrh, Monte Stol, Monte Matajur und Kolovrat gekämpft. Den Kolovrat und Matajur, sowie den Monte Cragonza eroberte übrigens Erwin Rommel, der spätere Wüstenfuchs, mit seinem Württembergischem Gebirgsbataillon in den ersten Tagen der 12. Isonzo-Schlacht, eröffnete damit den Weg in die italienische Tiefebene.

Die Hölle der Massenvernichtung in zwölf Schlachten am Isonzo

Von Tolmein im Süden der Julischen Alpen verlief die Front, generalisiert gesagt, immer entlang des Isonzo, und endete in Duino am Adriatischen Meer, am Golf von Panzano. Tolmein, Görz, der Monte Santo, der Monte San Gabriele, die Höhe der Hermada, die Hochfläche von Doberdo, der Monte San Michele, der Monte Sabotino – das waren die schlimmsten Höllen des Krieges gegen Italien. Das, was Verdun an der Westfront für Deutschland bzw. Frankreich war, das war die Isonzofront für Österreich-Ungarn. Diese Front wurde zum Symbol des Abschlachtens Hunderttausender. Die gesamten Verluste am Isonzo betrugen für beide Seiten annähernd eine Million Menschen an Toten, Verwundeten, Vermißten, Verschütteten. Die Zahl der Toten betrug mindestens mehrere Hunderttausend, unter Umständen gegen eine halbe Million. Österreich-Ungarn verlor z. B. vom 18. Oktober bis 1. Dezember 1915 fast 26.000 Tote und über 45.000 Verwundete, Italien verlor in der selben Zeit ca. 116.000 Mann am Isonzo!

Die Front im Isonzo zwischen Tolmein und dem Adriatischen Meer bildete Österreich-Ungarns gefährdetste Flanke, an der Italien den Durchstoß nach Laibach, Wien, Ungarn, Innerösterreich plante. Von 1915 bis 1917 tobten die ersten elf Isonzo-Schlachten mit unvorstellbarer Grausamkeit. Fast alle Schlachten dauerten mehrere Wochen!

Das Kampfgelände im Karst bot den Verteidigern Altösterreichs keine Deckungsmöglichkeit, das Gestein verstärkte durch Splitterwirkung die Folgen italienischer Geschosse auf das Schrecklichste. Überall herrschte totaler Wassermangel. Im Sommer lastete glühende Hitze über den Stellungen, im Winter tobten eiskalte Stürme darüber hinweg. Soldaten aller Nationalitäten Österreich-Ungarns wuchsen hier über sich selbst jahrelang in größter Treue, in unvorstellbarer Opferbereitschaft, hinaus. Regimenter Altösterreichs wurden hier viele Male komplett vernichtet, von 4000 Mann blieben einige wenige übrig. Regimenter wurden hier ein halbes Dutzendmal und mehr neu (!) aufgestellt. Bataillone schmolzen in einem Tag von 1200 Mann auf 100 zusammen. Monatelang standen die Männer in den Stellungen auf den eigenen Toten, bis zu den Knien versanken sie in Leichenteilen eigener Kameraden. Zwischen beiden Frontlinien lagen Zehntausende verwesender Gefallener, und zwar monatelang! Unentwegt schrieen Schwerstverwundete beider Seiten, die man nicht bergen konnte, so lange, bis der Tod sie erlöste. Typhus, Cholera, Malaria, Ruhr waren die Norm. Oft stampfte das Artilleriefeuer Tausende von Soldaten so in das Gestein, daß absolut nichts von den Soldaten übrigblieb. Kein Wort hier ist übertrieben, sondern entspricht dem Daueralltag in den ersten elf Isonzoschlachten. Und nachweislich scheuten sich hohe Truppenführer, am Isonzo die vordersten Linien zu besichtigen, weil sie Angst hatten jenes Grauen selbst zu sehen. Die Isonzofront fraß die Menschen buchstäblich auf. Elf Schlachten konnte Österreich-Ungarn unter größten Opfern abwehren, Italien kam nicht weiter, konnte nicht durchstoßen. Am Ende der 11. Isonzoschlacht (1.9.1917) wußte Österreich-Ungarn, daß es allerdings eine weitere Schlacht nicht mehr würde überstehen können.

DIE 12. ISONZOSCHLACHT: DIE SIEGREICHE OFFENSIVE GEGEN ITALIEN

Österreich-Ungarn und sein deutscher Verbündeter entschlossen sich nun, gemeinsam am Isonzo diese mörderische Stellungsfront in eine Offensivfront zu verwandeln. Die Angriffskräfte wurden durch stärkste deutsche Truppen, darunter das Alpenkorps, verstärkt. In zwei Teilen sollte die Schlacht losbrechen: Bei Flitsch, Tolmein, Karfreit mußte das Gebirge der Julischen Alpen überrannt werden. Entlang der tiefer gelegenen Fronten am Isonzo sollten sich die Männer Altösterreichs simultan in Bewegung setzen.

An einem düsteren Tag mit schwerem Regen, am 24. Oktober 1917, erzittert im Morgengrauen die ganze Erde zwischen Duino bei Triest bis nach Flitsch! In einer meisterhaft geführten Hochgebirgsschlacht wird die südliche Front in den Julischen Alpen überrannt, setzen sich am Isonzo die grauen Streiter gegen Westen in Bewegung. Bereits am 31. Oktober stehen die Verbündeten am Tagliamento, der eigentlich das Endziel der Offensive hätte sein sollen. Vom 1. November bis zum 9./10. November 1917 stehen die Kräfte Österreich-Ungarns und des Deutschen Kaiserreiches am Ostufer des Piave. Insgesamt verlor man knapp 5000 Mann, während Italien buchstäblich vernichtet wurde, annähernd eine Million Mann verlor. Italiens Armee war am Ende. Dazu fiel das gesamte Kriegsmaterial der hier unterlegenen italienischen Armeen in die Hände der Sieger, von denen jeder einzelne Soldat infolge der unerhörten Offensive seelisch und körperlich in Topform war. Die italienische Regierung gab sich selbst auf, wollte in den Süden des Landes übersiedeln, westlich des Piave herrschte militärisches Vakuum. Hier hatte Italien weder Stellungen, noch Soldaten, noch sonst etwas. Österreich-Ungarn und sein deutscher Verbündeter hätten binnen dreier Tage nach Übersetzen des Piave bis Mailand vormarschieren können, ohne nennenswerten Widerstand. Italien hätte kapitulieren müssen. Doch warum das alles anders kam, das behandeln wir im nächsten Textkapitel.–

☆

►

Ganz nahe am westlichsten Teil der Front am Karnischen Hauptkamm flog jenes Flugzeug, von dem der Beobachter aus gegen die Sextener Dolomiten (oben rechts) fotografierte. Aus dem weißen Nebelmeer erheben sich die tiefwinterlich verschneiten Frontberge. So entstand mitten im Krieg eine bezaubernde Luftbildaufnahme der Berge Südtirols.

Im Bild rechts unten schwebte der Pilot mit seiner Maschine im Gebiet zwischen Sextener- und Karnischer Front, fotografierte der Beobachter nach Norden zum Alpenhauptkamm, zum Großvenediger!

Beide Luftbilder dürfen aber nicht darüber hinwegtäuschen, daß tief unten auf den Bergen der Krieg der Dolomitenfronten seine Fortsetzung am gesamten Kamm der Karnischen und Julischen Alpen fand. Nur wer eine Landkarte des Maßstabes von etwa 1:500.000 zur Hand nimmt, kann sich jene unvorstellbare Länge der Kärntner Front vorstellen. Vom Kreuzbergsattel zog sie sich auf allen Karnischen Gipfeln, Jochen und Übergängen dahin, um endlich in das Kanaltal südlich von Tarvis abzusteigen. Im Gegensatz zu den vielen Einzelfronten in den Tiroler Gebirgsgruppen, deren jede Front für sich organisiert wurde, war die Karnische Front dem kettenförmigen West-Ost-Aufbau des Gebirges entsprechend, eine einzige, ununterbrochene Frontlinie von allerdings fast gigantischer Länge.

Erst im Kanaltal schwenkte diese West-Ost-Front der Karnischen Alpen nach Süden, um nun in einem Bogen die gesamten Julischen Alpen von Nord nach Süd zu durchziehen. Erst in Flitsch und Tolmein im südlichen Teil der Julischen Alpen war das Ende der gesamten Hochgebirgsfront zu finden.

Das muß man sich vorstellen: Vom Stilfser Joch bis nach Flitsch und Tolmein eine einzige, ununterbrochene Hochgebirgsfront! Ihre gesamte, ungeheure Erstreckung kann nur eine Landkarte verdeutlichen, die alle diese Frontgebiete enthält.

Italien wollte an der Karnischen Front über den Plöckenpaß, durch das Kanaltal nach Kärnten durchstoßen, schaffte das nie. Auch der Durchstoß durch die Julischen Alpen gelang Italien niemals. Südlich der Julischen Front bzw. noch an dieser, begann der Verlauf der Isonzofront, die geradewegs zum Adriatischen Meer bei Triest führte. In diesem hier nur skizzierten Gesamtzusammenhang müssen wir die Ereignisse an allen Tiroler Fronten, die wir bisher betrachteten, sehen. Die italienische Kriegsführung sah von allem Anfang an vor, daß der Hauptstoß gegen Österreich-Ungarn am Isonzo zu führen ist. Italien entwickelte dort seine ersten elf Schlachten mit methodischer Genauigkeit und mit nie nachlassender Energie und Systematik. Trotzdem konnte Italien in elf blutigsten Schlachten höchstens einige, wenige Kilometer an lokalem Geländegewinn verbuchen. Man stelle sich einmal vor: Annähernd eine Million Mann auf beiden Seiten in elf Schlachten verloren, demgegenüber einige Kilometer »gewonnen«! Dieser Krieg am Isonzo war in jeder Hinsicht der Apokalypse von Verdun ebenbürtig.

Verteidigungsstellung (oben) auf der Hollbrucker Spitze am westlichen Karnischen Kamm, wo vor allem Salzburger »Rainer« (IR 59) die Front eisern hielten. Die 2. Kompanie des X. Bataillons der »Rainer« konzentrierte sich besonders auf das Halten dieses Gipfels, dessen Stellungen wir hier sehr gut erkennen können. Dahinter erheben sich die Frontberge der Sextener Dolomiten.

Dürftigst waren die ersten Positionen (rechts oben), die die Verteidiger am Karnischen Kamm nach Kriegsausbruch errichteten. Wir sehen im Hintergrund einen winzigen Unterstand von jenem Typ, den die Soldaten nur zu gerne als »Hundehütte« bezeichnet hatten. Diese Notunterstände dienten nur dazu, damit die Patrouillen zu Kriegsbeginn wenigstens ab und zu Schutz gegen das Toben der Natur finden konnten.

Italienisches Panzerwerk (rechts unten) im Abschnitt Tudajo südöstlich des Kreuzbergsattels. Knapp oberhalb der Bildmitte die Talstation einer italienischen Feldseilbahn zu sehen. Als dieses Luftbild gemacht wurde, begann die italienische Besatzung bereits, das Werk zu desarmieren, da die 12. Isonzo-Schlacht inzwischen schon im Tagliamento tobte. Doch wenige Tage danach war das Fort bereits im Besitz der Österreicher, die Italiener schafften die Desarmierung nicht mehr.

2713
2.XI.17
Fl.K.15

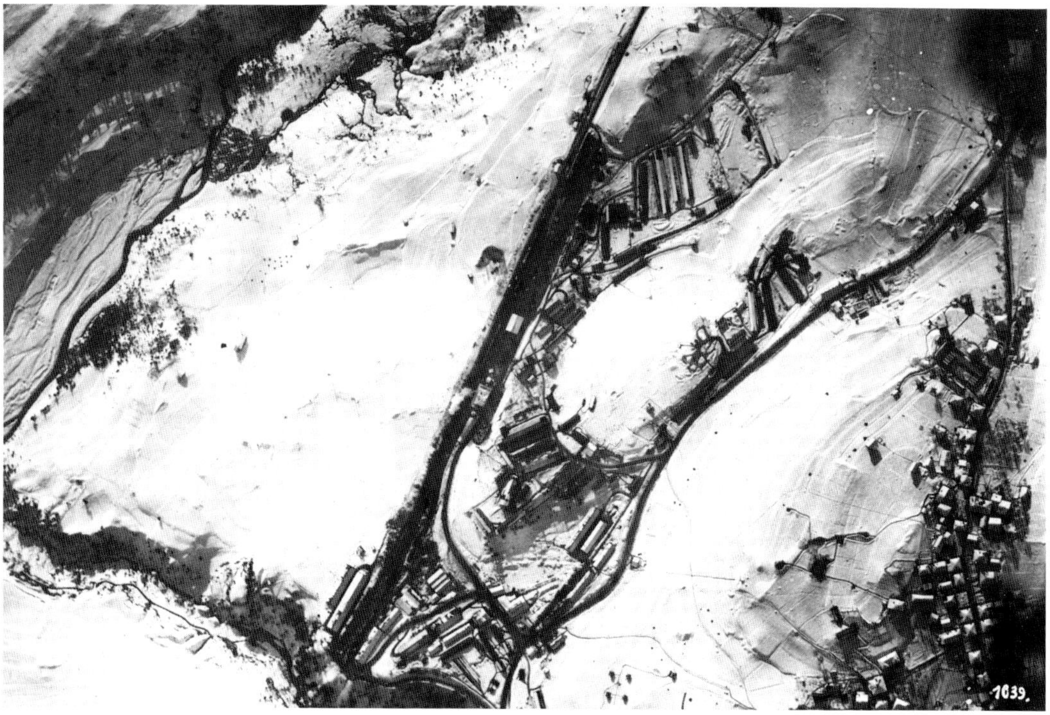

Die Fliegeraufnahme (oben) zeigt die Endstation der italienischen Belluno-Bahn mit großem Nachschublager in Calalzo (bei Pieve di Cadore). Von hier ging der italienische Nachschub einerseits nach Cortina zur Versorgung der dort umliegenden Dolomitenfronten. Von hier ging der italienische Nachschub aber auch weiter an die Karnische Front im Raum östlich des Kreuzbergsattels, die speziell von San Stefano aus versorgt wurde.

Beide Fliegeraufnahmen rechts wurden über der Isonzofront aufgenommen. An der Isonzofront gab es eine Reihe von blutig umkämpften Bergen (siehe Einleitungstext dieses Kapitels), die im Winter, ebenso wie die Linien am Karst, oft schwer eingeschneit wurden. Man stellt sich heute unter Isonzo, unter dem Triestiner Karst irrtümlicherweise sonnigen Süden, hohe Temperaturen etc. vor. Das gilt nur für den Sommer, während im Herbst, im Winter, im Frühjahr oft unvorstellbar eisige Stürme darüber hinwegtoben. Das Klima im Jahreslauf der Isonzofront machte den Soldaten unerhört zu schaffen.

Zwei italienische Maschinengewehre, bei der 12. Isonzoschlacht erbeutet (linke Seite). Alle Gegner Österreich-Ungarns waren schon vor Beginn des Ersten Weltkrieges ungleich stärker mit Maschinengewehren ausgerüstet. Österreichischerseits unterschätzte man noch zu Kriegsbeginn die enorme Bedeutung dieser Waffe bei der Abwehr von Infanterie-Massenangriffen. Demzufolge erlitten die österr.ung. Truppen bereits bei der Einleitungsoffensive im Sommer 1914 gegen Rußland schwerste Verluste durch Maschinengewehre, von denen man selbst viel, viel zu wenig hatte. Gegen Rußland fielen von Sommer 1914 bis Herbst 1915 allein 5000 Tiroler Kaiserschützen (Tote!), von nur drei Regimentern mit zusammen knapp unter 15.000 Mann!

An der Isonzofront (oben): Links im Bild die Toten und Verwundeten, von denen einer notdürftig verbunden wird. Das hier gut sichtbare Karstgestein potenzierte die Wirkung feindlicher Geschosse grauenhaft, Gesteinssplitter riefen dauernd schwerste Verletzungen hervor. Daß an dieser Front nach jahrelangem Ringen in Form der 12. Isonzoschlacht, des Überrennens der Julischen Front im Kampfe, des Vorstoßes zum Piave, dennoch eine der größten Landschlachten des Ersten Weltkrieges siegreich durch Österreich-Ungarn und das Deutsche Reich geschlagen wurde, gilt in der internationalen Militärwissenschaft bis heute als einmalige Tat. Bis heute werden auf der ganzen Welt die Details jener erfolgreichen Großoffensive an vielen Militärakademien als Mustervorbild gelehrt. Umso tragischer mutet das politisch bedingte Verspielen eines der größten Siege der Kriegsgeschichte an.

Innichen, im Luftbild oben, war nicht nur das Zentrum zur Versorgung der Sextener- und Kreuzbergsattelfront, sondern ebenso zur Versorgung der Front am westlichsten Karnischen Kamm. Die Aufnahme links zeigt die Kapelle am Monte Santo an der Isonzofront, durch italienischen Beschuß zerstört.

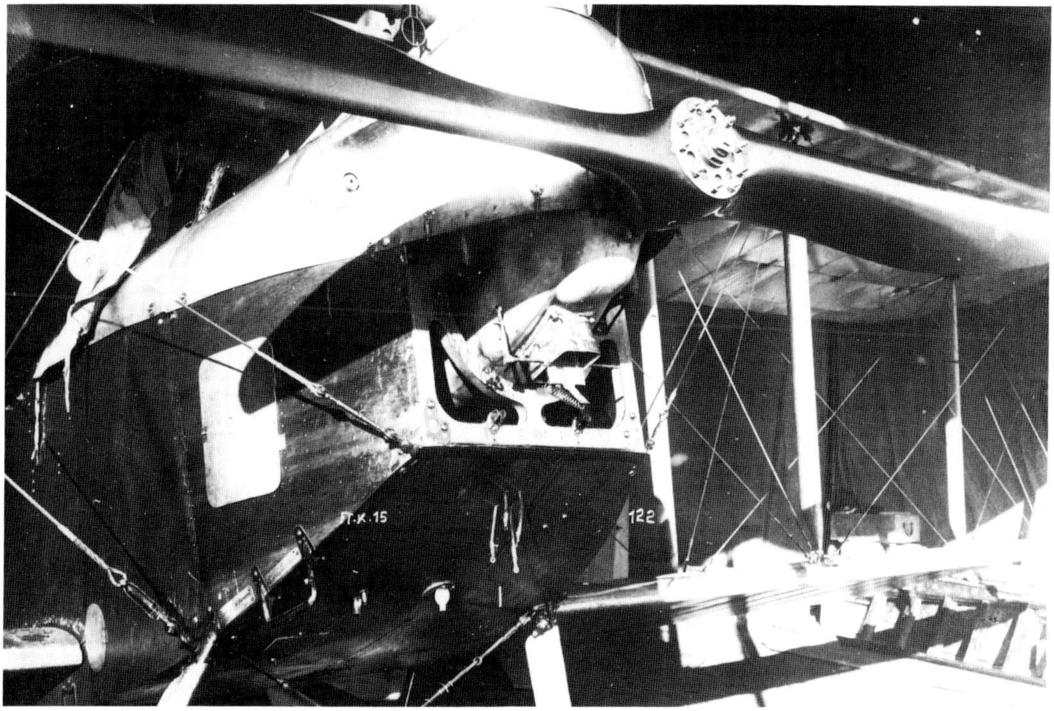

Bug und Propeller eines Brandenburg C. I-Doppeldeckers. An der Isonzofront hatte die K.u.k. Luftwaffe von Anfang an einen sehr schweren Stand gegenüber der technisch und zahlenmäßig haushoch überlegenen italienischen Luftwaffe. Besonders deren Caproni-Flugzeuge wurden von Anfang an im Kampf gegen Bodenziele eingesetzt, waren dafür besonders ausgerüstet worden (durch mehrere MG, Bordkanonen, große Bombenlast, Panzerung an allen wichtigen Teilen).

Die gut gepanzerten italienischen Caproni-Flugzeuge konnten – wegen der Panzerung – auch sehr tief fliegend gegnerische Infanterieansammlungen angreifen. Zusätzlich wurden die schweren Caproni-Mehrzweckflugzeuge mit zunehmender Dauer des Krieges immer häufiger von meist französischen Jagdflugzeugen begleitet und unterstützt. Unter allen diesen Aspekten können wir aus heutiger Sicht den Mut der altösterreichischen Feldpiloten, die keinen Kampf scheuten, nur bewundern. Selbstverständlich waren den K.u.k. Feldpiloten die Aspekte der technischen Überlegenheit der Italiener genauestens bekannt. Trotzdem stellte sich die alte Luftwaffe, wo immer es ging, dem Gegner.

Die Front am Piave, der Verrat am Piave: Vom größten Sieg zur totalen Niederlage ...

Vom 24. Oktober 1917 bis zum 9./10. November 1917 stürmten die verbündeten Soldaten Österreich-Ungarns und des Deutschen Reiches vom Isonzo bis zum Piave, zerschlugen die italienische Armee total, deren überwiegendes Gros hier kämpfte, erbeuteten alle Waffen und Vorräte, verloren selbst knapp 5000 Mann. Zu diesem Zeitpunkt war Italien militärisch, psychisch und politisch am Ende. Zugleich befanden sich die verbündeten Angreifer in bester körperlicher, seelischer Verfassung. Unverzüglich wollten die verbündeten Offensivarmeen noch am 9. und 10. November 1917 den Piave übersetzen und blitzartig gegen Mailand vorstoßen. Westlich des Piave gab es keine Stellungen, keine Soldaten in nennenswerter Zahl. Zusätzlich war die italienische Armee in chaotischer Organisationsform, was nur zu natürlich ist, hatte sie doch in knappen 14 Tagen eine Million Mann verloren.

Da ereilte die Truppen Österreich-Ungarns und des verbündeten Deutschen Kaiserreiches am Ostufer des Piave der Befehl zum Halt. Das Armee-Ober-Kommando befahl, daß hier die Offensive abgebrochen werden muß. Die Fronttruppe bezeichnete dies als Verrat und sagte, man habe ihr hier den Dolchstoß versetzt. Das alles stimmt zweifelsfrei. Die Soldaten, die hier standen, hatten vorher oftmals gegen kampfstärkste Russen (im Osten), gegen stärkste Franzosen (im Westen) unter ungleich brutaleren Schlachtbedingungen Flüsse siegreich gequert (forciert). Es besteht kein Zweifel, daß dies hier ein absolut siegreiches Unternehmen geworden wäre.

Bis heute versuchte man, dieses skandalöse Im-Stich-lassen der eigenen Leute zu vertuschen. Es gab nach 1918 in Wien strenge Untersuchungen darüber, die aber in ihrem Verlauf vertuscht, niedergeschlagen wurden. Heute lebt noch ein Mensch, den ich kenne, der weiß, daß es Verrat war, der dabei war auf politischer Ebene. Doch dieser Mensch wird sein Wissen in das Grab mitnehmen. Genauso wie noch der letzte Attentäter von Sarajewo 1914 lebt, der seither schwieg, der auch sein Wissen in das Grab mitnehmen wird (Sarajewo hatte nämlich ganz andere Hintergründe, als bis heute offiziell behauptet wird).

Ohnmächtig mußten die Männer der siegreichen Armeen die Fäuste ballen, und bis hinauf zur höchsten soldatischen Führung an der Front gab es keinen Offizier, der nicht so gedacht, gefühlt hätte. Dafür gibt es unzählige, nachgelassene Belege. Man ließ Italien einige Wochen Zeit, um sich westlich des Piave ungestört zu fangen. Zugleich kamen riesige Hilfslieferungen von England und Frankreich zum Piave, vor allem äußerst kampfstarke Elite-Einheiten. Zugleich wurde die italienische, militärische Führung dem energischen, tüchtigen General Diaz übertragen, der Cadorna ablöste. In vier Wochen stand am Westufer des Piave eine starke, alliierte Macht da. Man muß sich diese ungeheuerliche Lage einmal konkret vorstellen: Da schlagen Armeen in einem Blitzfeldzug fast das Gros des Gegners. Dann wird Halt befohlen. Und einige (ca. 15) Kilometer Luftlinie von der Halt-Position entfernt, erlaubt man dem geschlagenen Feind, sich vollkommen neu, stärker denn je zu formieren. Man störte die Italiener mit ihren Alliierten dabei nicht einmal. Man mußte ja tatenlos zusehen.

In diesen vier Wochen verspielte Österreich-Ungarn absichtlich auf politischer Ebene der Donaumonarchie den Sieg. Südtirol, Unterkärnten, Untersteiermark wurden geopfert, ebenso ganz Österreich-Ungarn. Und verraten wurde der jahrelange Fronteinsatz der so tapferen, treuen Soldaten der alten Armee. Nie gab es in der jüngeren Kriegsgeschichte eine derart skandalöse Sache, die größte weltpolitische Konsequenzen nach sich zog.

Fassen wir zusammen: Als Österreich-Ungarn am Piave stand, hatte es vier Fünftel der italienischen Armee, die vorher am Isonzo stand, nicht mehr gegeben. Das fünfte Fünftel der italienischen Armee stand auf den Gebirgsfronten und auf Sieben Gemeinden. Jene Reste der italienischen Armee, die westlich der Etsch und auf Sieben Gemeinden standen, konnten ihre Stellungen nicht verlassen, da sonst sofort Österreich-Ungarn nachgerückt wäre. Und jene Reste der italienischen Armee, die vordem an der Front der Dolomiten, der Karnisch-Julischen Alpen kämpften, fluteten in Panik ins Tiefland, wurden gefangen genommen. Die italienische Armee gab es nicht mehr. Übrigens sind obige Angaben den amtlichen, italienischen Quellen exaktest entsprechend. Zusätzlich gibt es zahlreiche politische und amtlich-diplomatische Quellen Italiens und seiner Alliierten, die in der ersten Novemberwoche zum selben Schluß gelangten (darunter alle führenden Staatsmänner Italiens, Frankreichs, Englands).

Ende November 1917, anfangs Dezember stand die italienisch-alliierte Front westlich des Piave so stark, wie nie vorher. Zugleich hatten die Italiener nebst Alliierten das bereits vorher militärisch ausgebaute Massiv des Monte Grappa am oberen Piave besetzt, zu einer uneinnehmbaren Festung ausgebaut.

Gleichzeitig versiegten auf österr.ung. Seite alle Reserven immer mehr. Der zu spät im Jahr 1917 versuchte Angriff, von Sieben Gemeinden herunterzustoßen, scheiterte wieder einmal mehr, so wie im ganzen Krieg. Die nun am Piave verlaufende Front (östlich Österreich-Ungarn; am Westufer Italien und Alliierte) wurde zu einer Stellungsfront. Im Juni 1918 versuchte Österreich-Ungarn in Form der Juni-Schlacht den Piave zu überschreiten, ereichte noch am Westufer den Montello, mußte sich dann geschlagen geben, sich auf das Ostufer zurückziehen. Italien mußte nun nur noch zuwarten, bis die ausgemergelten, kranken Männer am Ostufer nichts mehr zu essen, anzuziehen, zum Kämpfen hatten. Das war gegen Ende Oktober 1918 der Fall. Zwischen Grappa und Piavemündung traten italienische, englische, französische Korps Ende Oktober, anfangs November 1918 zur Großoffensive an, überquerten den Piave relativ mühelos, errangen den Sieg im Weltkrieg.

Während der Juni-Schlacht 1918 verlor Österreich-Ungarn am Piave 140.000 Mann, in einem Jahr Piavefront insgesamt über 200.000 Mann (jeweils Tote, Verwundete, Vermißte). An der banachbarten Grappafront verlor Italien weit über 100.000 Mann, Österreich-Ungarn in etwa 50.000 Mann (jeweils Tote, Verwundete, Vermißte) – auch das in nur einem Jahr Krieg um den Monte Grappa.

Doch die Männer von Altösterreichs Armee, bestehend aus vielen Nationalitäten, hielten sich am Piave, am Grappa, bis zum letzten Schuß, bis zum letzten Bissen Strohbrot die Treue. Diese Armee war im Augenblick größten politischen Versagens der absolut einzige, umso ergreifendere Lichtblick. Und allein auch deshalb wird ihr Andenken auf der ganzen Welt geachtet, man bringt ihr bis heute weltweit tiefe Verehrung entgegen.

►

Beide Luftbilder zeigen den Schicksalsfluß Piave, den wir in der oberen Abbildung bei Longarone sehen. Bei Longarone spielten sich übrigens im November 1917 dramatische Szenen ab, als hier Tausende und Abertausende Italiener der Dolomitenfront versuchten, das italienische Tiefland noch vor der Offensive der 12. Isonzoschlacht zu erreichen. Doch vergebens, die Offensive schnitt im Tiefland die italienischen Truppen im Gebirge ab, die gefangen genommen wurden. In diesen Tagen war das obere Piavetal zum Bersten voll mit Soldaten.

Daß die Überquerung des Piave im November 1917 noch möglich gewesen wäre, das bewiesen übrigens zwei Bataillone des K.u.k. Infanterieregimentes Nr. 92 (Theresienstadt-Komotau) unter ihrem Hauptmann Hans Ullmann. Beide Bataillone übersetzten den Piave, gelangten bei San Bartolomeo auf das Westufer. Italien konnte den beiden Bataillonen dort nichts entgegenstellen als freiwillige Jünglinge des Jahrganges 1899! Beide Bataillone der 92iger wurden von der eigenen Seite ohne Nachschub belassen und mußten bis zur letzten Patrone kämpfen, ehe sie sich ergaben. Man beließ beide Bataillone tatsächlich zu einem Zeitpunkt ohne Nachschub, als man darüber in Überfülle verfügte, und als man ohnedies am Ostufer nicht mehr kämpfen durfte! Ich erspare mir jeden Kommentar dazu, außer jenen, daß die überlebenden Männer der beiden Bataillone zeitlebens, logischerweise, die Ansicht vertraten, daß man sie absichtlich ohne Nachschub habe kämpfen lassen. Außerdem wurde nach 1918 in der Berichterstattung auf österreichischer Seite diese erfolgreiche Übersetzung des Piave bis heute mehr oder wenig totgeschwiegen. Man tat jedenfalls, vor allem in den dreißiger Jahren, alles, um dieses Ereignis zu verschweigen. Und spätere Bearbeiter der heutigen Zeit übernehmen den damaligen Stand der Informationspolitik.

Wir müssen daher alles, was nach 1918 bis in etwa 1945 über die Front gegen Italien publiziert wurde, kritisch beurteilen. Dabei muß man den jeweiligen Verfassern zugestehen, daß man ihnen kaum das ganze, vorhandene Material gab. Ansonsten wäre es nicht möglich gewesen, den Halt am Piave mehr oder weniger zu verschweigen, und den tatsäachlichen Inhalt des Waffenstillstandsprotokolls zwischen Italien und Österreich-Ungarn zu verschweigen. Darüber berichte ich im letzten Kapitel erstmals die Wahrheit anhand der Verträge in amtlicher Fassung.

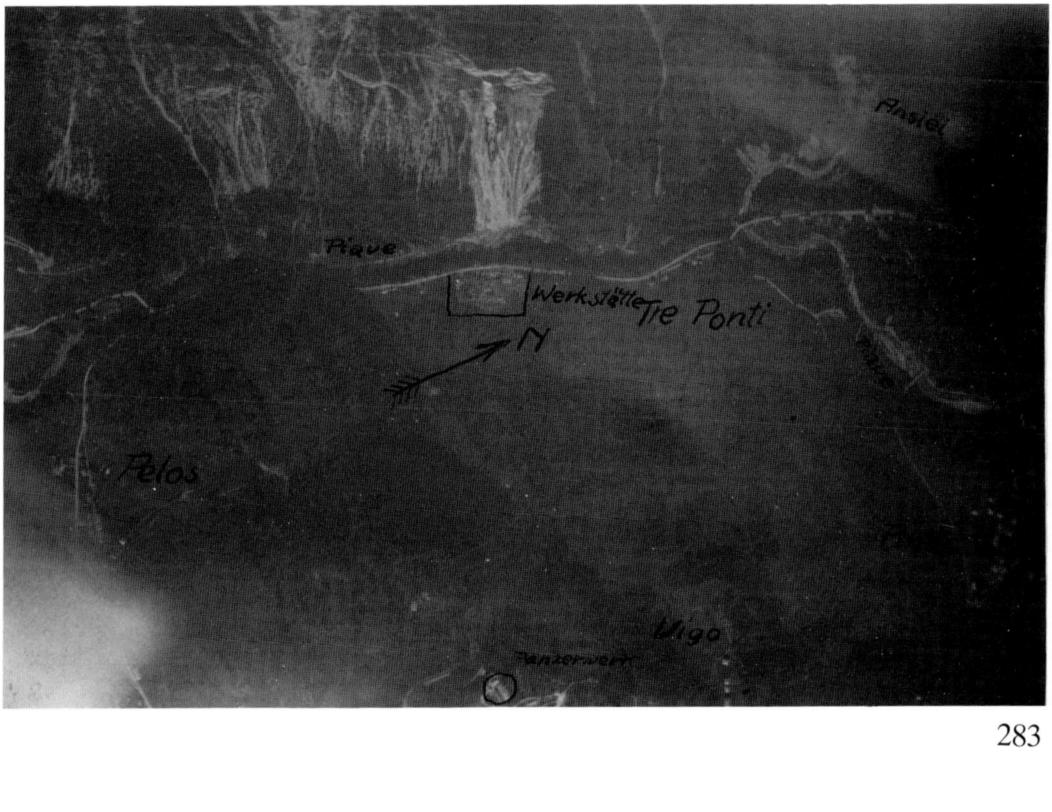
Ansiei
Piave
Werkstätte
Tre Ponti
N
Pelos
Vigo
Panzerwerk

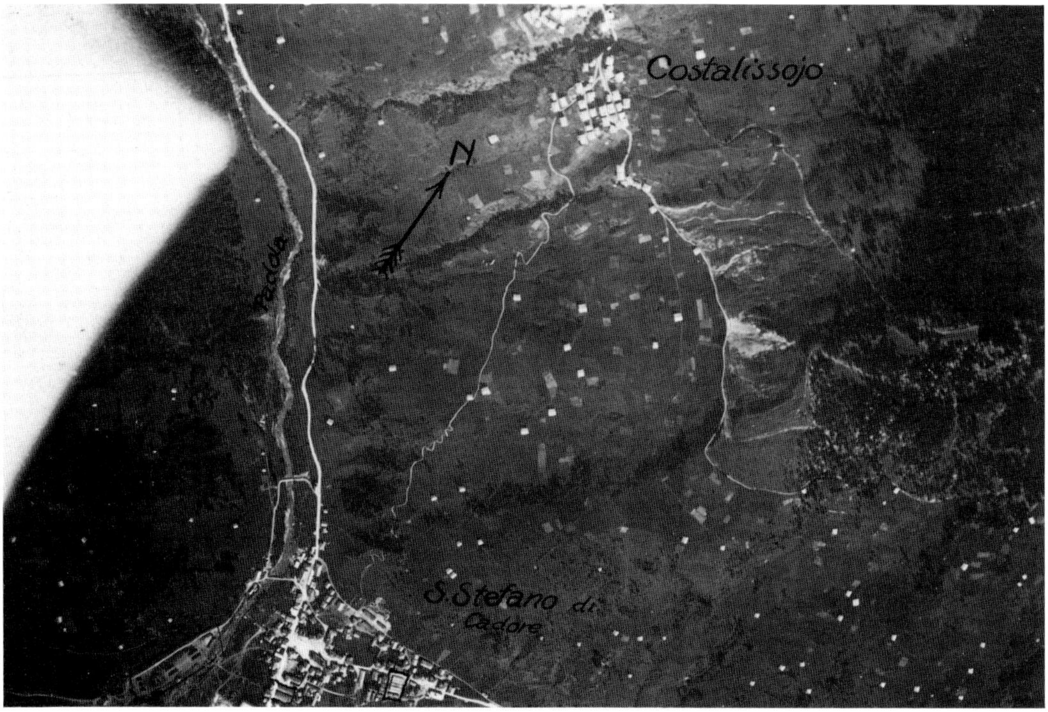

Fliegeraufnahme von San Stefano (oben) im Piavetal. Rechts oben sehen wir die Bahnstation Longarone im Piavetal. Das Luftbild rechts unten zeigt Vallesella im Piavetal.

Nachdem sich Italien gegen Ende November 1917 militärisch und politisch gefangen hatte, nutzte die italienische Führung unter General Diaz sehr klug die militärgeographischen Bedingungen aus. Man bediente sich erstens des Flußlaufes des Piaves, um sich den Feind (am Ostufer) vom Leibe zu halten. Dort, wo der Piave aus den Bergen herauskommt und die Tiefebene erreicht, baute man das Gebirge (Grappa!) neben der Durchbruchsstelle des Flusses zur völlig uneinnehmbaren Festung aus. Bei Pederobba erreicht der Piave das Tiefland, und genau dort an der Schlüsselstelle, wurde der anschließende Stock des Grappa besetzt.

An der Westseite des Grappa-Massivs wiederum profitierte die italienische Führung davon, daß da eine ganz enge Schlucht, militärisch nicht überwindbar, die Brenta-Schlucht, den Anschluß zur Front auf Sieben Gemeinden bildete. Im letzten Kriegsjahr hätte Österreich-Ungarn nur vom Grappa hinunter stoßen können, oder von der Hochfläche der Sieben Gemeinden. Beides gelang nie. Italiens Soldaten verfügten hier außerdem über den Vorteil begünstigter Positionen, die unbegrenzte Entfaltung erlaubten, während auf österreichischer Seite geländemäßig kein Platz zur Entfaltung geboten war. Und damit war bereits zu Anfang 1918 der Krieg zu Ungunsten Österreich-Ungarns entschieden. Doch noch fast ein Jahr sollte das langsame, qualvolle Sterben der alten Armee währen …

nach Domegge
n. Villogra
Grea
Vallesella
Train
Zelte
592.

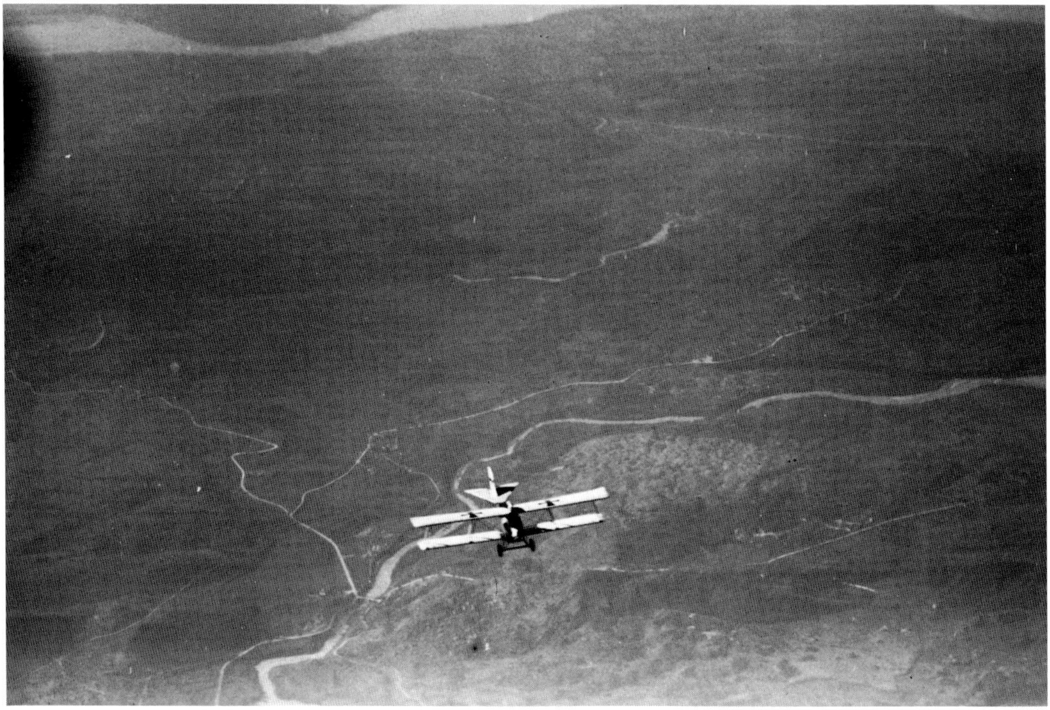

Ab Dezember 1917 wußten nahezu alle Männer der K.u.k. Armee längs des Piave, am Grappa, daß der Krieg verloren war. Dennoch standen sie alle treu ihren Mann. Auch die Luftwaffe flog noch ihre immer weniger werdenden Einsätze, denn jetzt stürzten sich ganze Rudel feindlicher Flieger auf nur ein einziges, auftauchendes österreichisches Flugzeug. Ein österreichischer Doppeldecker zieht seine Kreise über dem Piavetal (oben).

Rechts oben sehen wir das italienische Flugfeld bei Belluno. Dort, wo die Straße im unteren Bildteil schräg verläuft, erkennt man (mit Lupe!) zwei italienische Flugzeuge, die die österr.-ung. Luftbildauswertung als Caproni-Flugzeuge identifizierte. Gut ist auch bei den beiden Flugzeugen das Flugfeld zu sehen.

Die letzte Abbildung dieser Doppelseite zeigt rechts unten in bemerkenswerter fotografischer Qualität die Stadt Treviso in musterhafter Draufsicht aufgenommen.

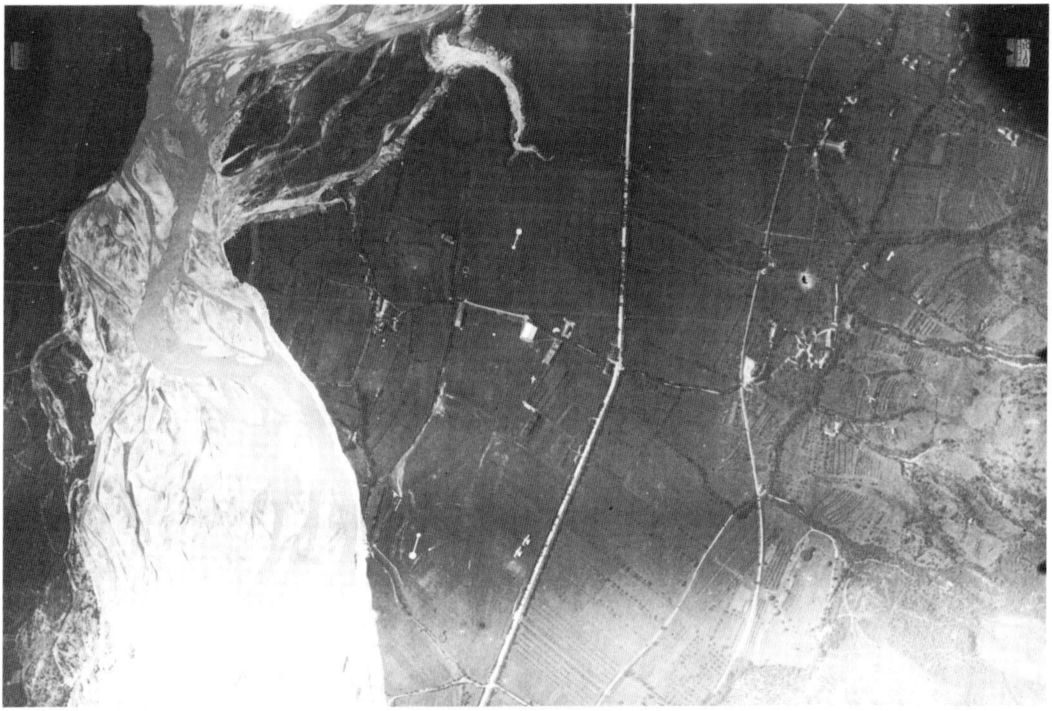

►

Diese Lufbildaufnahme des einstigen italienischen Frontgebietes im norditalienischen Tiefland zeigt Udine, das alte Zentrum von Sprache, Handel und Kultur Friauls. Zu Kriegszeiten wurde hier die alte rätoromanische, vermutlich keltische Sprache, das Furlán, viel gesprochen. Heute ist diese sehr schöne Sprache wieder in erneut beachtlicher Verwendung stehend. Menschen, Landschaft und Kultur Friauls – um das es übrigens sehr viel Krieg gab – gehören zu den eindrucksvollsten Werten Italiens. Über dieses Land, das ein altes Kriegsland ist, tobte jener Krieg hinweg. Am Ende des Piave-Kapitels angelangt, möchte ich noch einige Gedanken zum Halt am Piave niederlegen.

Höchste Heerführer beider Seiten haben nach 1918, wider jede Tradition höchster Offiziere, die damaligen Ereignisse sehr offen und schonungslos behandelt. Wenn überhaupt, dann ist es jenen Offizieren beider Seiten zu verdanken – niemals den Historikern –, daß dieser Schlüsselpunkt militärgeschichtlicher Beurteilung nicht in Vergessenheit geriet. Ich selbst habe nun ein Vierteljahrhundert, abgesehen von meinen anderen Forschungen, speziell darüber geforscht. Ich konnte noch direkte Nachfahren jener Männer sprechen, also deren Söhne, die damals an den politischen Schalthebeln standen. Jeder hat bestätigt, daß es keine, wie immer geartete militärische Sachbegründung für diesen Befehl zum Halt am Piave geben konnte. Zugleich bestätigte man mir, daß Ignoranz seitens des österr.-ung. Armee-Ober-Kommandos auszuschließen ist, da dasselbe A.O.K. in vergleichbaren anderen Lagen im Osten, am Balkan sehr wohl energisch eine erfolgreiche Offensive zum Abschluß brachte.

Der von österr.-ung. Seite gegebene Befehl wurde von der Deutschen Führung nie gebilligt, die deshalb auch das Gros ihrer eigenen Truppen richtigerweise abzog, da man nicht bereit war, diese sinnlos zu verheizen. Seit November 1917 bestand ein tiefes, berechtigtes Mißtrauen seitens des deutschen Kaiserhauses, seitens der deutschen militärischen Führung gegenüber dem als wankelmütig eingestuften Verbündeten. Im November 1917 entstand auch das deutsche Spottwort vom österreichischen »Kameraden Schnürschuh«, was besagen wollte, daß dieser Kamerad im Felde nicht energisch genug sei. Nun, der im Feld am Piave entstandene Begriff ist sehr wohl verständlich, wenn wir uns vorstellen, was die an der Westfront gestählten deutschen Soldaten über einen derartigen Befehl dachten. Wenn wir die Hintergründe verstehen, verstehen wir auch das Ergebnis.

Natürlich waren die österr.-ung. Soldaten das Gegenteil vom »Kamerad Schnürschuh«, aber die Führung auf höchster militärischer und politischer Ebene hat zu diesem Zeitpunkt so versagt, wie nie in über 600 (!) Jahren erfolgreichsten Wirkens zuvor. Der Nachfahre eines damals in Europa führenden Staatsmannes zu Wien sagte mir zum Kapitel Piave folgendes: »Große Reiche sind immer irgendwann vergangen. Das einst mächtige Großreich der Awaren ist sogar so untergegangen, daß wir heute davon buchstäblich nichts wissen. Die Donaumonarchie war eben nicht mehr lebensfähig. Immerhin schaffte man es, daß man das großartige Werk von über 600 Jahren in nur vier Jahren so zerstörte, daß kein Quentchen davon übrigblieb«. Die Fakten der Geschichte haben dieses weise Urteil inzwischen längst bestätigt.

Die Monte-Grappa-Front: Das Ende eines europäischen Dramas …

So kommen wir nun zur letzten Gebirgsfront dieses Krieges, zu einer erst im November 1917 entstandenen neuen Front, die zugleich heute zu den unbekanntesten Fronten zählt. An dieser Gebirgsfront nahm der Krieg tatsächlich sein Ende. Im Gebirge wurde der Krieg im Mai 1915 begonnen, im Gebirge wurde er jahrelang verbissen geführt. Und beide Seiten meinten, mit Hilfe der Tiroler Kaiserschützen bzw. mit Hilfe der Alpini den Krieg im Gebirge entscheiden zu können. Während immer noch bis zuletzt im Gebirge am Grappa gekämpft wurde, da war der Krieg schon längst im Tiefland am Piave entschieden worden …

Doch als diese Entscheidung um Sieg oder Niederlage längst am Piave gefallen war, da kämpften die Verlierer, die Verteidiger Österreich-Ungarns, das zu diesem Zeitpunkt schon auseinandergefallen war, am Grappa mit all dem Mut einer über 600 Jahre alten soldatischen Tradition! Am Grappa standen letzte Reste absolut aller multinationalen Einheiten der K.u.k. Armee, da sprachen die Männer viele Muttersprachen, schlugen aber gemeinsam mit einem Schwert zu. Und diese Männer, die letzten Glanz auf Altösterreich warfen, blieben am Grappa bis zur letzten Sekunde siegreich. Während zuhause das Reich zerfiel, politischer Zersetzungskampf tobte, da waren es Soldaten – nicht Zivilisten –, die letzten Ruhm für das bereits tote Ganze schufen. Die Männer standen zu ihrer Heimat, zu Ihrer Fahne, und sie kämpften bis zur letzten Sekunde. So sorgten Soldaten dafür, daß niemand den letzten Fronteinsatz beschmutzen konnte. Das war der Sinn, das war das bis heute gültige Erbe der Grappafront.

Nun müssen wir uns noch folgendes vorstellen: An den vergletscherten Fronten von Ortler, Adamello, Presanella standen die Verteidiger immer noch in festen, gesicherten Positionen, hatten sich längst auf den Kriegswinter 1918/1919 (!) vorbereitet. Was inzwischen konkret am Piave, am Grappa ablief, davon wußten diese Soldaten fast nichts. Jeder kannte nur seinen begrenzten Abschnitt, kam oft wochenlang nicht ins Tal. Das letzte, das diese Männer wußten, war, daß Österreich-Ungarn mit der 12. Isonzoschlacht einen ungeheuren Sieg errungen hatte. Wie sehr der Sieg damals verspielt wurde, das war an den Gletscherfronten nicht bekannt. So standen die einen westlich der Etsch hoffnungsfroh in Stellungen bis fast 4000 m Höhe, während zur selben Zeit die anderen am Grappa in vollem Bewußtsein sicheren Unterganges nur noch deshalb kämpften, um ihren Idealen – jetzt erst recht – treu zu bleiben. Und eines sei festgehalten: Am Grappa kämpften Männer aller Nationalitäten der Donaumonarchie. Aber da gab es keinen Nationalitätenzwist, da gab es nur höchste, edle Kameradschaft. Die alte, ehrwürdige, ruhmreiche Armee, von der Josef Roth sagte, daß sie zum Kriegführen zu schade sei, blieb im Chaos der totalen Katastrophe Österreich-Ungarns das einzige, von dem sich lohnt, zu berichten.

Bei Pederobba tritt der Piave aus den Bergen heraus. Dort erstreckt sich ein einst unbedeutendes, friedliches Almgebirge, das Grappamassiv. Nördlich wird es durch die Linie Feltre-Primolano begrenzt, westlich durch den Brentafluß zwischen Primolano-Bassano, östlich durch den Piave zwischen Feltre-Pederobba. Im Süden bildet die Linie Pederobba-Bassano die Begrenzung. Das Ziel Österreich-Ungarns war es, von Norden aus dem Raum Feltre kommend, alle Berge der Grappafront von Norden nach Süden zu überrennen, um so siegreich die italienische Tiefebene einzunehmen. Man wäre der italienischen Piavefront von hinten in den Rücken gefallen. Am Südrand dieses Gebirges erhebt sich der höchste Gipfel, der Monte Grappa (1775 m), der die unangreifbare italienische Bastion bildete. Militärisch war die Lage für Österreich-Ungarn sehr schwer, da man von Norden nach Süden im Kampfe ansteigend das Gebirge Punkt für Punkt nehmen mußte. Dann erst konnte man versuchen, den Monte Grappa als italienische Schlüsselstellung zu nehmen. Frontgebiet wurden außerdem Monte Asolone (1520 m), Col della Berretta (1448 m), Monte Pertica (1549 m), Monte Colombera (1449 m), Col dell' Orso (1670 m), Monte Solarolo (1625 m), Fontana Secca (1609 m), Monte Tomba (869 m), Monte Spinuccia (1296 m) sowie Monte Peurnia, Monte Santo, Monte Tomatico, Col Bonato, Col della Berretta.

Ehe der Grappa zur Schlüsselfront wurde, hatte General Cadorna (auf italienischer Seite) in fast genialer Voraussicht veranlaßt, daß der ganze Grappagipfel zur Festung ausgebaut wurde. Der Gipfel wurde komplett kaverniert, alle Unterkünfte, Lazarette, Kraftwerksstationen gingen beschußsicher und unangreifbar in den Berg hinein. Zugleich ließ Cadorna von Bassano eine erstklassige Autostraße bis in die vorderste Linie der Italiener bauen. Die italienische Grappafront war in der Kriegsgeschichte die erste Gebirgsfront, die ausschließlich mit Lastkraftwagen (ohne Träger, ohne Seilbahnen) versorgt wurde. Das geschah zu einer Zeit, da am Isonzo noch die Stellungsschlachten tobten, da niemand auf die Idee kam, daß je am Grappa und Piave gekämpft werden würde. Nur Cadorna dachte daran. Er ließ den Grappa zur strategischen Falle für Österreich-Ungarn ausbauen. Österreichischerseits merkte man bis zuletzt davon absolut nichts. Dann, als am Grappa zu kämpfen war, dachte man, die Italiener am Grappa in offenem Gelände werfen zu können. Doch man sah, daß die Italiener den Gipfel des Grappa tatsächlich zu einem natürlichen Fort ausgebaut hatten. Und da ging es nicht mehr weiter. Dazu kam, daß die österr.-ung. Truppen an der gesamten Grappafront so schlecht versorgt wurden, wie nie zuvor, weil zuhause alle Resourcen an Menschen und Material erschöpft waren. Die Soldaten der alten Armee kämpften hier völlig deckungslos, hatten fast keine Gräben mehr, lagen im mörderischen Hochwinter offen im Schnee, von Zeltplanen verdeckt. Im Kampf bei Anstiegen mußten Höhenunterschiede von meist 1300 m überwunden werden. Alle österreichischen Nachschubwege lagen im Feuer der italienischen Artillerie. Die meisten Ersatzmannschaften wurden bereits zum Großteil im Anstieg getötet. Der Rest, der ankam, war vom Grauen bereits erfaßt worden.

Die letzte österreichische Frontlinie verlief wie folgt: Monte Alessi (westlich der Brenta noch), Grotteli (zwischen San Marino und Rivalta), Col Caprile, Monte Asolone, Monte Pertica, Col dell' Orso, Monte Solarolo, Fontana Secca, Monte Spinuccia. Von letzterem stieg die Front im Osten ab zum Piave, gelangte nach Alano, ging über den Piave auf dessen Ostufer nach San Vito. Vom 24. Oktober bis 29. Oktober 1918 tobte entlang jener Linie eine unvorstellbar wilde Abwehrschlacht, die die österr.-ung. Soldaten den Italienern (mit Alliierten) hier siegreich lieferten. Kein einziger Gegner kam hier gegenüber der alten Armee durch! Der Monte Asolone wurde schließlich zum letzten Gebirgskampfort der K.u.k. Armee, die den Gipfel verlor, zurückeroberte, behielt. Italien konnte am Grappa den Gegner nicht werfen, an keiner Stelle. Dies hatte allerdings keine negativen Auswirkungen, da durch den Sieg Italiens am Piave die Grappafront umgangen wurde.

►

Der Krieg an der Grappafront spielte sich einerseits auf relativ weiten Almflächen (zum Beispiel am Monte Asolone) ab, wurde aber andererseits in teils sehr schwierigem Klettergelände ausgetragen. Es gab nicht wenige Gipfelaufbauten, die den Einsatz erstklassiger Gebirgssoldaten, hier bei einer Übung, erforderten. Und das waren am Grappa erneut die Tiroler Kaiserschützen-Regimenter gewesen. Diese Aufnahme hat großen geschichtlichen Wert, da sie zeigt, welcher Klettertechniken sich die Männer damals bedienten. Wir sehen sogar einen Mann beim Abseilen! Der Soldat in Bildmitte unten trägt Schneereifen am Rucksack. Wir sehen weiters das kurze Gewehr, den Stutzen (System Mannlicher) der altösterreichischen Gebirgstruppe. Im Gegensatz zum baugleichen, aber längeren Infanteriegewehr, wurde der Gebirgsstutzen bis knapp zur Ausschußöffnung mit Holz geschäftet, um den Lauf gegen Beschädigungen beim Klettern im Fels zu schützen. Zur kurzen Baulänge des Stutzens entschloß man sich deshalb, damit der umgehängte Stutzen beim Klettern nicht behindert.

Der Mannlicher-Stutzen war eines der besten Gewehre der modernen Kriegsgeschichte. Er funktionierte immer, ganz gleichgültig, ob er verschlammt und verdreckt war oder ob man damit im Schneesturm kämpfen mußte.

Verwendet wurden Bergseile aus Hanf, deren Mindestdurchmesser bei 11 mm lag, meistens aber gegen 14 mm betrug. Die Sturzlast dieser frühen Hanfseile war immerhin so groß, daß der Absturz eines Mannes bei voller Seillänge gehalten werden konnte. Die Armee führte außerdem laufend Seiltests durch, bei denen verschiedenste Sturzmöglichkeiten erprobt wurden, indem ein Kartoffelsack mit 80 kg Gewicht den stürzenden Mann zu simulieren hatte. Also so gesehen waren diese Hanfseile, mit denen der Verfasser noch das Klettern lernte, eine bessere Sache, als man heute so meinen könnte. Der große Nachteil lag im Gewicht der Seile und bei Regen und Schnee. Die dann sehr rasch durchfeuchteten Seile wurden unerträglich schwer im Gewicht, viele Knoten ließen sich nicht mehr aufbinden. Bei Auftreten von Minusgraden fror das naße Hanfseil buchstäblich zu einer Stange, zu einem Draht zusammen. Es konnte in gefrorenem Zustand nicht eingesetzt werden. Alpinisten heutiger Zeiten, die nur Perlonbergseile kennen, wissen die Vorteile der wasserfesten, nicht gefrierenden, viel reißstärkeren Perlonseile meist nicht zu schätzen.

Flammenwerfer (oben) und Minenwerfer (rechts oben beim Abschuß) spielten in den letzten beiden Kriegsjahren eine der wichtigsten Rollen. Vor allem an der Grappafront wurden beide technischen Kampfmittel intensiv eingesetzt.

Sehr interessant das Abseilen eines Leichtverwundeten,der noch mitwirken kann: am obersten Bildrand die Abseilstelle, wo das Abseilen mit Doppelseil und Flaschenzug erfolgt! Die drei Soldaten am Doppelseil hatten nur die Aufgabe, für einen freien, reibungslosen Lauf des Doppelseiles zu sorgen. Ganz oben wurde nur ein Mann benötigt, der mittels Flaschenzug das Seil nachließ. Eine sehr gute Sache, nur einen Haken hatte das Ganze, wie es der Verfasser noch aus eigener Erfahrung weiß: An jeder Stelle, an der das Seil (bzw. das Doppelseil) Felskontakt hatte, bestand die sehr große Gefahr, daß das geflochtene Hanfseil aufgeschlissen und zerrissen wurde! Demzufolge kamen im Krieg, ebenso in der gesamten alpinistischen Hanfseil-Ära sehr viele Abstürze während des Abseilens vor!

Rechts unten Sanitätsautos im Brentatal (zwischen Grappagebirge und westlich anschließender Hochfläche der Sieben Gemeinden). Im Brentatal hatte die österreichische Seite ihre Hauptstützpunkte zur Versorgung der westlichen Grappafront. Die meisten Schwerverwundeten mußten sechs Stunden zu Tal getragen werden und erlitten sehr oft den Transport-Tod. An der österr.-ung. Grappafront hatten fast nur Leichtverwundete eine Chance zu überleben …

PUCH
A VII
409

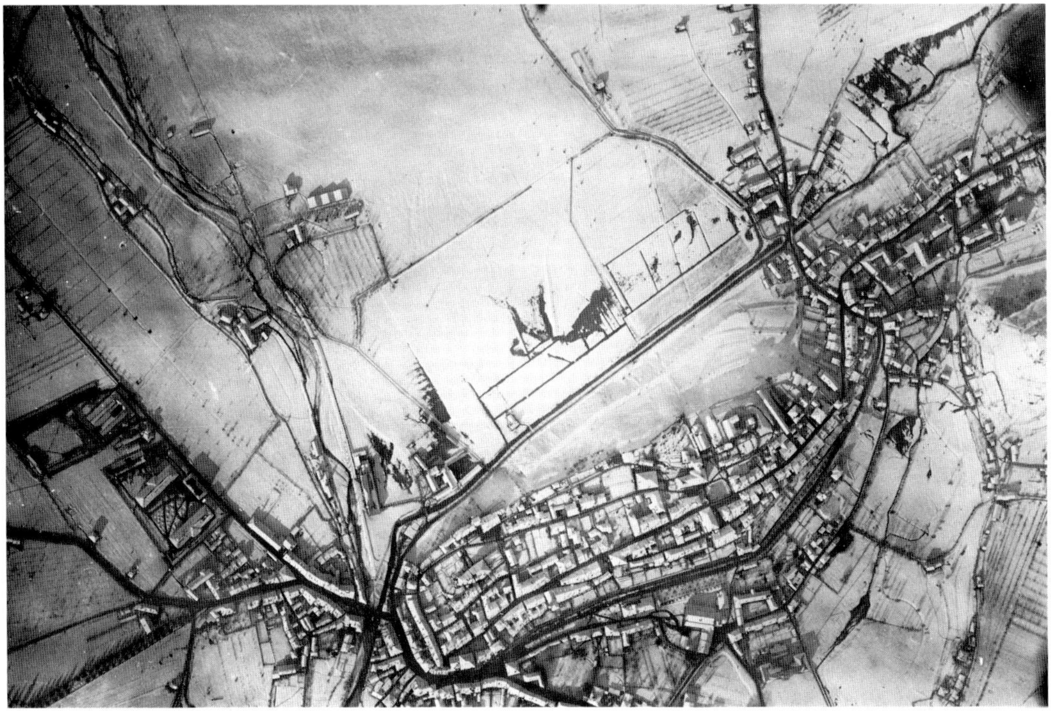

Feltre (Lufbild oben) stellte das weitere wichtige Zentrum zur Versorgung jener österr.-ung. Grappafronten dar, die von Norden her anmarschiert wurden. Westlich von Feltre führt das Val di Stizzon (auch Stizzone) direkt in die Grappaberge hinein. An der östlichen Seite des Tales erheben sich von Nord nach Süd die einst wild umkämpften Frontberge Monte Peurna, Fontana Secca, Monte Spinuccia und Col dell' Orso der Verteidiger. Alle diese österr.-ung. Positionen waren, ebenso wie der Monte Pertica und Monte Asolone wesentlich tiefer als der italienische Hauptgipfel des Monte Grappa. Die Italiener hatten hier den wichtigen Vorteil, den höchsten Punkt, der außerdem geländemäßig nach allen Seiten freies Schußfeld eröffnete, zu besitzen. Aus unangreifbaren Kavernen schossen die Italiener Tag und Nacht gegen die an der Oberfläche stehenden österr.-ung. Soldaten, deren ausgeleierte, wenige Geschütze oft gar nicht mehr bis zum Monte Grappa reichten. Außerdem gab es fast keine Artilleriemunition mehr. Ganz verheerend war diese Lage am Monte Pertica und Monte Asolone, da beide Hauptkampflinien direkt sehr nahe am Monte Grappa anschließen. Noch heute sieht man am Asolone die österreichischen Linien, die in den Linien selbst, sowie hauteng daneben, mit heute noch sichtbaren, unzähligen Granattrichtern der italienischen Artillerie umgepflügt wurden. Diesen letzten, im Kampf siegreich gehaltenen Gipfel Altösterreichs sollte man unbedingt besuchen.

Rechts sehen wir eine der besten Artilleriewaffen des Ersten Weltkrieges, den österreichischen Skoda-Mörser des Kalibers 30,5 cm, in den Skoda-Werken zu Pilsen gebaut.

Drei sensationelle Luftbilder der Grappafront: Oben der italienisch besetzte Hauptgipfel des Monte Grappa. Alle hier sichtbaren Stellungen hätten nur zur letzten Abwehr eines österr.-ung. Infanterieangriffes gedient. In keiner Stellung dieses Bildes kam es je zu einem Kampf Mann gegen Mann, zu überhaupt einem Kampf. Die italienische Hauptverteidigung erfolgte aus dem Inneren heraus, war unüberwindbar. Die beiden Kare links und unten wären Angriffskare der Österreicher gewesen. Rechts die vom Feind abgewandte Seite mit italienischen Versorgungseinrichtungen.

Rechts oben flog das Flugzeug über der Brentaschlucht, fotografiert wurde nach Westsüdwest. Wir sehen die benachbarte Hochfläche der Sieben Gemeinden mit dem hier wild umkämpften Monte Meletta. Das ganze Gelände liegt im Artilleriefeuer, dessen Rauchschwaden überall zu sehen sind!

Rechts unten das Brentatal bei Collicello, knapp südlich des Ortes Cismón del Grappa. Man sieht die extrem enge Brentaschlucht. Hier bricht der Fluß Brenta aus der Valsugana zwischen der Hochfläche der Sieben Gemeinden und dem Grappagebirge durch. Hier erhoffte sich das A.O.K. Österreich-Ungarns, mit einer großen Offensive durchbrechen zu können. Man wunderte sich dann, daß alle Versuche ergebnislos waren. Die Truppen konnten sich nicht entfalten, blieben wie in einem Flaschenhals stecken. Um diese grundfalsche Angriffsdisposition führten während des Krieges und danach höchste Generäle einen fast lächerlichen, militärtheoretischen Glaubenskrieg ...

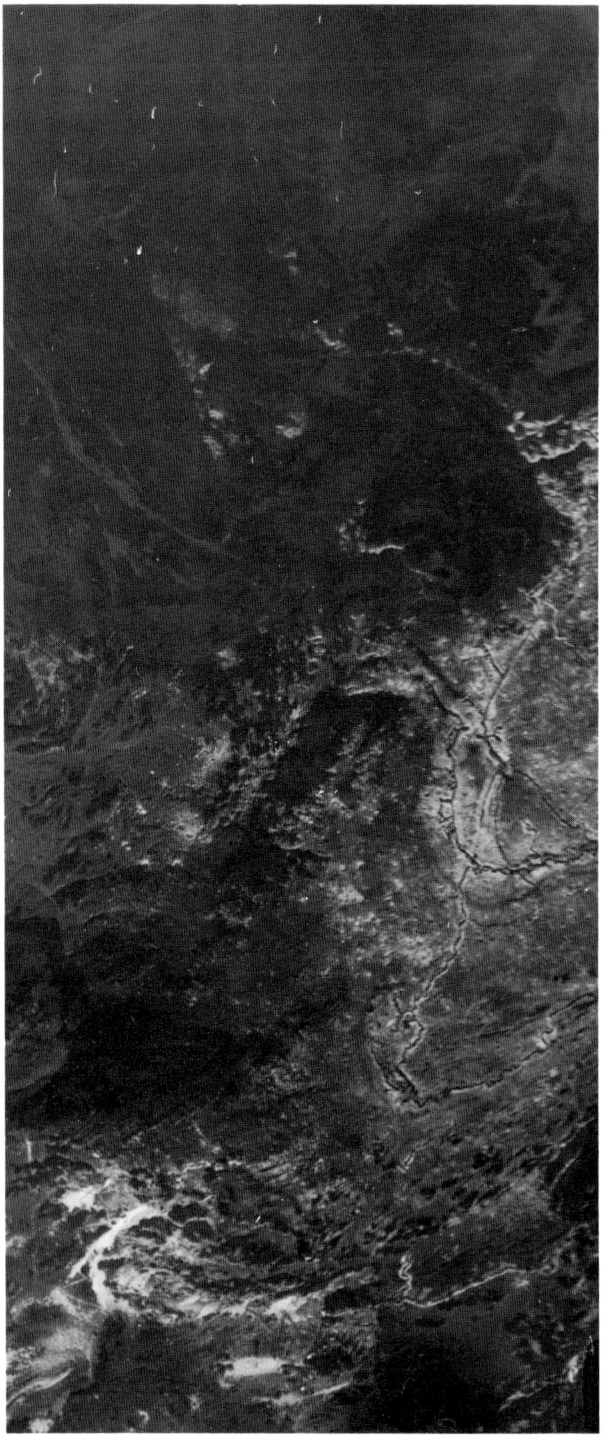

◄

Links Luftbild des Monte Solarolo der Grappafront. Am Monte Solarolo liefen die österreichischen und italienischen Stellung ganz dicht verzahnt ineinander, so daß hier fast ein Jahr Mann gegen Mann dauernd gerungen wurde.

►

Rechts unten Inspizierung einer Stellung mit Skoda-Mörser. Erschütternd die Toten (rechts oben), die es in diesem Ringen durch den Feind, durch Lawinen (Bild !) dauernd gab. Viele Tote fand man nie mehr, weil die Körper durch Granaten zerfetzt wurden, weil Lawinen sie nicht mehr freigaben. Alle jene Fälle wurden als »vermißt« in den k.u.k. Verlustzuweisungen genannt.

►

Ehe Feltre nach der 12. Isonzoschlacht eingenommen wurde, war die Stadt wichtige, italienische Basis, die wir hier mit dem Flugfeld sehen (nahe am rechten Bildrand). Vor den Hangars zwei italienische Farman-Doppeldecker, mit Lupe zu erkennen.

An der Grappafront selbst hatte dann die K.u.k. Luftwaffe fast nichts mehr zu melden. Italienische, englische, französische Flugzeuge besaßen an der Grappafront die totale Luftüberlegenheit, bekämpften die ungeschützt stehenden österr.-ung. Soldaten direkt und andauernd, warfen sehr viele Bomben erfolgreich ab, konnten schließlich mühelos alle Positionen und Bewegungen Österreich-Ungarns auf den Frontbergen aufklären, leiteten weiters das italienische Artilleriefeuer sehr oft aus der Luft.

Zur Verstärkung der Grappa- und Piavefront entsandten Italiens Alliierte folgende Verstärkung: Fünf britische Divisionen des XI. und XIV. britischen Korps unter Generalleutnant Sir Richard Haking bzw. unter Lord Cavan. Sechs französische Divisionen des XI. und XII. französischen Korps unter den Generälen Colin bzw. Rozée de Infreville kamen dazu. Aber auch die italienische Armee hatte sich längst gefangen und stand hier stärker, besser denn je. Außerdem waren die ohnedies sehr patriotischen, italienischen Soldaten am Grappa und Piave seelisch noch mehr motiviert, weil sie hier ja erstmals mitten in der eigenen Heimat kämpften. Den Gegner mit allen Mitteln niederzuringen, das war auch für den vielleicht zaghaftesten Italiener hier nun eine völlig plausible Sache.

Fassen wir nun hier den Gebirgskrieg 1915–1918 im Großen zusammen! An keiner Gebirgsfront konnten beide Seiten je durchbrechen. Daher sagen internationale Militärexperten bis heute, daß dieser Krieg gelehrt habe, wie begrenzt der Stellungseinsatz von Gebirgstruppen ist. Und das stimmt. Nur eine Ausnahme, umso weltberühmter bis heute, durchbrach dieses aus blutigen Erfahrungen gemachte Gesetz. Im härtesten Kampf, in einer zu Beginn Tage dauernden, blutigen Schlacht, der 12. Isonzoschlacht, gelang es eine komplette gegnerische Hochgebirgsfront total zu vernichten, zu überrennen. Österreichisch-ungarische und deutsche Soldaten haben dieses kriegsgeschichtlich einmalige Exempel statuiert. Dieser Erfolg ist umso höher zu bewerten, als an allen anderen Gebirgsfronten für beide Seiten nichts mehr ging. Und die Zerschlagung der italienischen Gebirgsfronten östlich der Etsch war nur möglich, weil im benachbarten Tiefland die Offensive der Österreicher und Deutschen bis zum Piave vorging, so daß die italienische Gebirgsfront im Rücken abgeschnitten wurde.

Kriegsgeschichtlich ist der Angriffsraum im Gebirge der Julischen Alpen bei Flitsch-Tolmein-Karfreit wichtiger und viel, viel interessanter als jede andere Gebirgsfront! Wer diese unerhört wild, steilst aufragenden Berge des Rombon, des Canin, des Krn, des Vrsic je selbst gesehen hat, der kann sich gar nicht vorstellen, daß dieselben Berge, gespickt mit Italienern, von den drei Talorten aus erobert werden konnten.

Dabei betrugen die im Kampf, in Felswänden überwundenen Höhenunterschiede immer 1500 bis 1700 m! Kein anderes Ereignis der Gebirgsfront kommt an die Bedeutung jenes Sieges auch nur annähernd heran.

Nachwort – oder die Wahrheit über den Waffenstillstand 1918 kommt nach fast 70 Jahren zutage!

Seit den Tagen des Waffenstillstandes am 3. und 4. November 1918 hieß es in allen Darstellungen, daß darüber ein Geheimnis schweben würde und daß letztlich ungeklärte Rätsel bestehen bleiben. Auch ich habe in allen meinen Büchern über den Ersten Weltkrieg diese These übernommen, habe sie aber entsprechend persönlicher Interviews mit Augenzeugen und zahlreicher offizieller Stellungsnahmen Tirols immer in Frage, ja als suspekt hingestellt. Mit dem Inhalt dieses Nachwortes sind alle meine bisherigen Stellungnahmen und Vermutungen nun bestätigt bzw. revidiert. Darüberhinaus muß die Welt akzeptieren, daß italienischerseits die Verhandlungen zum Waffenstillstand sowie deren Protokoll mit höchster Genauigkeit eingehalten wurden. Die alte Mär, daß Italien dabei bewußt falsch gespielt hätte, um Hunderttausende österr.-ung. Soldaten gefangen nehmen zu können, entspricht einer Verfälschung der Tatsachen. Verhandlungen und Durchführung des Waffenstillstandes wurden österreichischerseits vom Armee-Ober-Kommando geleitet, das absolut alles verpfuscht hatte, was zu verpfuschen war. Und ich sage hier, daß nach dem Krieg aus interessierten Kreisen des einstigen A.O.K. bewußt jene Mär vom Verrat Italiens ins Spiel gebracht wurde, um von der eigenen, größten Schuld abzulenken. Diese Fakten werden auch bestätigt, weil nach 1918 in Österreich darüber zahlreiche, strenge Untersuchungen gemacht wurden: Man war sich auf staatspolitischer Seite sehr wohl bewußt, daß da jemand mit ziemlicher Sicherheit absichtlich ein falsches Spiel getrieben hatte.

Wir wollen nachfolgend, der Übersichtlichkeit wegen, alle Fakten in Punkten auflisten:

1. Am 3. November 1918 teilte das Armee-Ober-Kommando (A.O.K.) allen österr.-ung. Truppen mit, daß an diesem Tage der Waffenstillstand eintritt, daß alle Waffen niederzulegen sind. Alle österr.-ung. Truppen befolgten diesen Befehl, waren spätestens ab Mitternacht vom 3. zum 4. November 1918 waffen- und wehrlos.

2. Die italienische Armee erfuhr auf dem dienstlichen Befehlswege, daß der Waffenstillstand am 4. November um 15 Uhr in Kraft treten wird. Zu diesem Zeitpunkt legen beide Seiten die Waffen gleichzeitig nieder. Den Italienern wur-

de also der Waffenstillstandstermin gegenüber den Österreichern deutlich später verordnet.

3. Am 4. November 1918 traf die noch bewaffnete italienische Armee auf österr.-ung. Truppen, die alle die Waffen bereits niedergelegt hatten, nahmen daher logischerweise, so wie es jede Armee tun würde, Hunderttausende Österreicher gefangen. So lief das Drama, wie bisher geschildert, ab. Sofort nach Kriegsende wurde die Mär verbreitet, Italien habe in Punkto Zeitpunkt des Waffenstillstandes bewußt Verrat begangen, um sich der vielen Soldaten Österreich-Ungarns bemächtigen zu können. Jene Soldaten Österreich-Ungarns, die gefangen genommen wurden, mußten diese Version später zeitlebens glauben, denn rein vom Ablauf der Dinge sprach alles dafür. Jahrzehntelang wurde mit dieser Lüge bis heute gelebt, die dazu diente, primitive, chauvinistische Vorurteile gegenüber Italien zu nähren. Doch die Wahrheit, hier erstmals aufgedeckt, war ganz anders.

4. Mir liegt der Waffenstillstandsvertrag in französischer Originalfassung sowie in amtlicher deutscher Übersetzung vor. Beide Vertragswerke haben in der mir vorliegenden Originalfassung völkerrechtlichen Status. Was steht darin?

Bereits am 3. November 1918 unterzeichneten das Vertragsdokument zweier kriegführender Staaten der General Viktor Weber Edler von Webenau (für Österreich-Ungarn) und Generalleutnant Pietro Badoglio (für Italien). Die Einzelheiten und Durchführungsbestimmungen für den Waffenstillstand werden exaktest, ohne jeden Irrtum, völlig logisch, klar aufgelistet. Dieser Vertrag zwischen zwei Staaten wurde am 3. November 1918 bereits um 15 Uhr unterzeichnet! Im Kapitel »Militärische Bestimmungen« lautet es sofort unter Punkt 1 wortwörtlich, ungekürzt:

»1. Die Feindseligkeiten zu Lande, zur See und in der Luft werden auf allen Fronten Österreich-Ungarns 24 Stunden nach der Unterzeichnung des Waffenstillstandes, d. h. um 15 (fünfzehn) Uhr des 4. November (mitteleuropäischer Zeit) eingestellt werden. Von diesem Zeitpunkt angefangen werden sich die italienischen und associierten Truppen enthalten, über die bis zu diesem Augenblick erreichte Linie vorzugehen«.

Der gesamte Vertrag enthält absolut keine weiteren Details über den Zeitpunkt, so daß man ihn etwa anders interpretieren könnte. Es geht klipp und klar hervor, daß am 4. November der Waffenstillstand um 15 Uhr in Kraft tritt – und sehr wichtig, daß zu diesem Zeitpunkt die italienische Armee keinen Meter mehr vorgeht. Es gibt weiters nicht den geringsten Sachtatbestand, der erkennen ließe, warum das österr.-ung. Armee-Ober-Kommando der eigenen Truppe einen viel früheren Termin zur Waffen-Niederlegung als Befehl übermittelte.

Dazu nun der damalige General d. R. Emil Ratzenhofer: »Sie (die Mitglieder des A.O.K.; Anm. d. Verf.) haben die Wut der hungernd und plündernd heimkehrenden Massen gefürchtet, riefen harte Kritiker der Heeresleitung, der Generalität und militärischen Ordnung, denn sie fürchteten die Rache der Gequälten an jenen, die sie zur Schlachtbank geführt hatten. Daher hat das Oberkommando die Festhaltung von Hunderttausenden herbeigeführt. Sie haben die Gefangennahmen gewünscht, weil sie sich außerstande sahen, die zurückströmenden Massen zu versorgen und weil der Radikalismus der ausgehungert Heimgekehrten das politische Pendel noch weiter nach links geworfen hätte«.

Anton von Mörl berichtete dazu unter anderem: »Der Armeewitz, A.O.K. heiße Alles-ohne-Kopf war Wahrheit geworden. Beinahe noch sonderbarer benahmen sich die Armeekommandos. Kaum hatten sie die Waffenstillstandsdepesche an die Front gegeben, machten sie sich, ohne sich um die ihrer Führung anvertrauten Truppen zu kümmern, aus dem Staube. Während in den Abendstun-

►

Nochmals, rechts oben, ein Bild vom Alltag des Krieges. Ein Schwerverwundeter wird zu Tal getragen. Angesichts der im Krieg erbrachten Opfer mutet das Chaos der Waffenstillstandszeit ungeheuerlich an. Wir Menschen von heute stehen diesen Schlußereignissen völlig fassungslos gegenüber. Vielleicht aber urteile ich zu hart, wenn ich das Verhalten zum Zeitpunkt des Waffenstillstandes so nüchtern beurteile. Wahrscheinlich war es immer schon so, wird es auch in Zukunft so sein, daß beim Zusammenbruch eines Weltreiches, und das war Österreich-Ungarn, unvorstellbare Szenen sich abspielen müssen. Theoretisch gesehen spielt es auch überhaupt keine Rolle, wenn beim Zusammenbruch eines Weltreiches derartige Dinge passieren, da ja ohnedies alles, das bisher war, in Trümmer geschlagen wird. Doch das könnte man nur theoretisch gelten lassen, solange nicht Menschen dadurch zugrunde gehen.

Auch die damals noch so junge K.u.k. Luftwaffe geriet vollends in den Strudel der Ereignisse, ebenso die Kriegsmarine Österreich-Ungarns, die völlig intakt den Siegern übergeben wurde. Die Feldpiloten versuchten bei Kriegsende mit dem letzten Tropfen Treibstoff den Flugplatz in Hall in Tirol (rechts unten) zu erreichen.

Viele Piloten schafften dies. Am Flugplatz in Hall in Tirol wurden die Flugzeuge stehen gelassen. Danach kam es zur völligen Demontage der Flugzeuge.

An der Westfront des Ersten Weltkrieges sah man am raschesten, wie groß die Bedeutung des Flugzeuges bei der Kriegführung ist. An der Front gegen Italien, die sich aufgrund des Gebirges primär von Anfang an als Gebirgsfront entwickeln mußte, erkannte man die Bedeutung des Flugzeuges erst viel später. Im letzten Kriegsjahr 1918 allerdings zeigte sich, daß hier erstmals die Luftwaffe ein gewichtiges Wort über Sieg oder Untergang mitsprechen wird. Doch da war es für den modernen Ausbau der altösterreichischen Luftwaffe längst zu spät. Auch in der Luft hatte in diesem Krieg Italien mit seinen Alliierten die Überlegenheit vollkommen errungen. Eine militärgeschichtliche Beurteilung des Krieges, die im nachhinein gewiß sehr einfach ist, unterstreicht, daß spätestens ab Jahresbeginn 1918 Österreich-Ungarn ruhigen Gewissens den Waffenstillstand hätte herbeiführen müssen. Denn militärisch bestand ab da absolut nicht mehr der Hauch eines Sieges über Italien. Die Opfer des letzten Kriegsjahres wurden völlig umsonst erbracht. Die politische und militärische Führung Österreich-Ungarns wußte auch ab Anfang 1918, daß der Krieg nicht mehr zu gewinnen war. Dieses letzte Kriegsjahr war identisch mit dem langsamen, qualvollen Sterben der alten Armee.

►

Unvorstellbare Szenen müssen sich in den Tagen des Waffenstillstandes abgespielt haben. Auf den Trittbrettern, auf den Dächern, auf den Kupplungen der Waggons versuchten die geschlagenen Soldaten einen Platz zur Heimfahrt zu finden. Oder es kam zur Besetzung von Lokomotiven und Tendern durch Soldaten und Kriegsgefangene, wie wir es im Bild rechts oben sehen, das in Bruneck aufgenommen wurde. Durch die vorzeitige Waffenniederlegung der Soldaten Österreich-Ungarns setzten sich diese in Bewegung, um die Heimat zu erreichen. In allen Tälern Südtirols wälzte sich die geschlagene Armee nach Norden, um den Brenner und den Reschenpaß zu erreichen. Dabei wurden unzählige Kolonnen von noch unter Waffen stehenden Italienern überholt und gefangen genommen. Im vom Krieg unversehrten Hinterland müssen sich tragische Szenen abgespielt haben, als die fast verhungerten Soldaten um ein Stück Brot bettelten, das ihnen nicht gegeben wurde, obwohl man es hatte. So kehrten nur wenige der müden, ausgelaugten Feldgrauen in die Heimat zurück.

Doch es gab keine Heimat mehr, Österreich-Ungarn war zerschlagen, in seine Nationalitäten aufgesplittert. In den großen Städten herrschte unvorstellbare Hungersnot, es gab kein Brennmaterial. Kinder starben zum Beispiel zu Tausenden an ansonsten zu überstehenden Grippe-Epidemien. Ein Weltreich war besiegt, zerschlagen, vernichtet worden. Und letztlich mußten Jahrzehnte vergehen, bis Europa sich von den Folgen des Ersten Weltkrieges, der indirekt auch den Zweiten nach sich zog, erholen konnte.

Mit der Frage der unglücklich geführten Waffenstillstandsangelegenheiten habe ich mich auch im Rahmen meiner Forschungsarbeiten an der Universtität Innsbruck intensiv und langjährig beschäftigt. In der Geschichtswissenschaft macht es einen sehr wesentlichen Unterschied aus, ob man nach 40 Jahren, oder nach 70 Jahren etwas Bestimmtes erforschen will. Noch Anfangs der 60iger Jahre wurden mir z. B. in Wien zahlreiche Quellen verweigert (indirekt; indem man sagte, diese Quellen gäbe es nicht). Bei zu kurzem Zeitabstand zwischen Ereignis und Bearbeitung gibt es immer Leute, die gewisse Fakten, um andere Menschen zu schonen, hintanhalten wollen. Genauso verhielt es sich bis heute mit der Wahrheit, wie der Waffenstillstand tatsächlich ablief. Um Tirol so hochverdiente Männer wie Anton von Mörl, konnten vor wenigen Jahrzehnten noch nicht an den wahren Sachverhalt herankommen! Genauso verhielt es sich auch in Sachen »Verrat am Piave«, der zuverlässig stattgefunden hatte. Auch dieser Punkt wurde in der offiziellen Geschichtsschreibung in punkto Fakten verfälscht.

Zwei wichtige Aspekte der Geschichte des untergehenden Österreich-Ungarns konnte dieses Buch klären. Es existieren aber immer noch andere Hauptereignisse jenes einstigen Großreiches, die in Wahrheit bis heute nicht geklärt sind: Die Ermordung des Thronfolgerpaares in Sarajewo 1914, die Ermordung Kaiserin Elisabeths in der Schweiz, der gewaltsame Tod des Kaisers Maximilian von Mexiko und der gewaltsame Tod von Kronprinz Rudolf sind mit Sicherheit nicht so abgelaufen, wie bezüglich der Hintergründe aller dieser Ereignisse bisher behauptet wird. Alle bisherigen Darstellungen dazu stützen sich nur auf (fiktive) Behauptungen, vermeiden bewußt das Aufgreifen der wahren Hintergründe.

II

den des 3. November die Truppen ins Ungewisse marschierten oder gefangen wurden, saß das Armeekommando bereits wieder im Posthotel in Landeck beim Schmaus«.

Das sind die harten, bitteren Fakten, die einen sehr tragischen Nachgeschmack hinterlassen müssen. Warum das A.O.K. so gegenüber den Fronttruppen handelte, ist völlig unklar. Die wahren Motive werden kaum mehr ans Tageslicht treten. Jeder Kommentar sich zu allem erübrigt. Nur eines sei gesagt, daß das A.O.K. seine Leute, die jahrelang an vielen Fronten standen, im Stich ließ.

Die menschliche Schuld aber wiegt sehr, sehr schwer, denn in Gefangenschaft starben viele Soldaten Altösterreichs, im chaotischen Wirbel der Waffenniederlegung kam es vereinzelt noch zu Schießereien, die völlig sinnlos Tote auf beiden Seiten forderten. Mir liegt weiters das gesamte Protokoll des Ablaufes der Verhandlungen vor, aus denen penibel die Rolle, die Argumentation aller Beteiligten aufgelistet wird. Auch hier zeigt sich absolut nichts, das etwa erlauben würde zu sagen, daß es Interpretationsschwierigkeiten gegeben habe. Die Gespräche liefen völlig sachlich, logisch ab. Die Atmosphäre war seitens der Italiener höflich, korrekt. Es gab nicht die geringsten Spuren von demütigender Behandlung gegenüber dem Verlierer. Beide Seiten übten große Ritterlichkeit aus.

Im Jahre 1985 also gelangte die nackte, sehr brutale Wahrheit an das Tageslicht. Zu einem Zeitpunkt, da fast niemand mehr von den einstigen Kriegsteilnehmern lebt. Und für uns Menschen von heute ändert die Wahrheit auch nichts mehr. Sie hätte auch nie etwas ändern können. Wir sollten daher nur eines im Auge behalten: den unvorstellbar großen, treuen, ritterlichen Einsatz, den die Frontsoldaten von Vater Radetzkys Armee geleistet haben. Das, mit dem bisher nicht dagewesenen Mittel der damaligen Luftbildfotografie zu dokumentieren, war der Zweck dieses Buches.

Bildnachweis

Die Luftbildaufnahmen der Pasubio- und Passo-Brizio-Front (Adamello) entstammen dem Gebirgskriegarchiv Lichem.

Alle anderen Abbildungen, auch das Titelbild entstammen dem Archiv-Steiger.

Alle verwendeten Aufnahmen sind urheberrechtlich geschützt.

Quellenhinweis

Alle textlichen Aussagen sind das Resultat langjähriger Forschungen des Verfassers, die an der Universität Innsbruck durchgeführt wurden. Die fotohistorischen Angaben stützen sich auf langjährige Arbeiten des Verfassers, darunter sehr viele fototechnische Bücher.

☆

H.G.
BOZEN
Brixen
Klausen
Predazzo
Moena
Neustift
Villanders
Seis
Deutschnofen
Welschnofen
Cavalese
Tesero
Campitello